KB008933

소셜 미디어 프리즘

BREAKING THE SOCIAL MEDIA PRISM
Copyright ⓒ 2023 by Chris Bail.
Korean translation rights ⓒ SangSangSquare 2023
All rights reserved.

This edition is published by arrangement with Brockman Inc.

이 책의 한국어판 저작권은 Brockman Inc. 와의 독점 계약으로 주식회사 상상스퀘어가 소유합니다.
저작권법에 의하여 한국 내에서 보호를 받는 저작물이므로 무단전재 및 무단복재를 금합니다.

소셜 미디어 프리즘

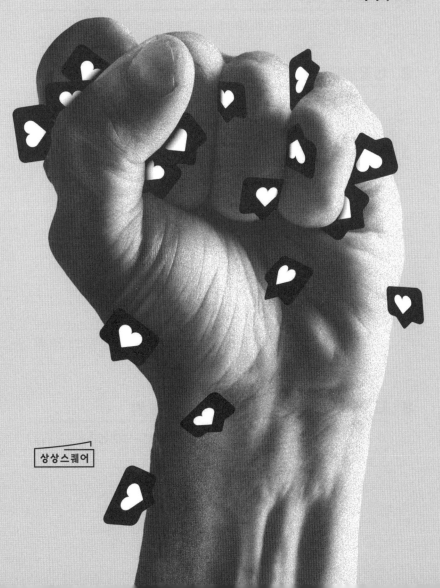

BREAKING
THE SOCIAL MEDIA
PRISM

크리스 베일 지음
서미나 옮김

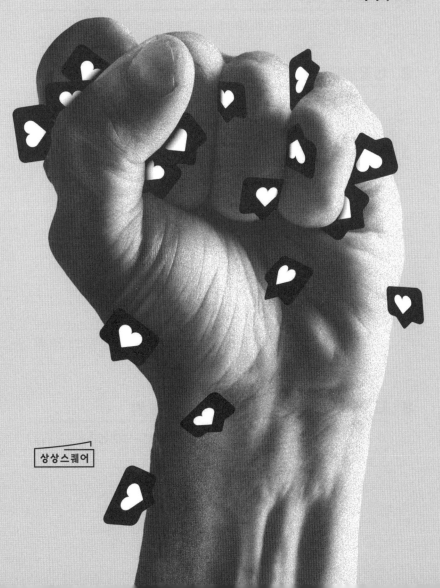

상상스퀘어

● 차례

반향실의
전설

＊＊＊

2018년 9월 초 어느 금요일 오후 4시 30분. 광고 회사에 다니는 데이브 켈리는 업무를 마치고 자신의 낡은 차의 오디오에 CD를 꽂아 넣었다. 공휴일이 끼인 주말이 시작되면 뉴저지의 고속도로는 만만치 않은 전쟁터가 되므로 전투를 치를 마음의 준비를 단단히 했다. 한 시간을 훌쩍 넘기고 마침내 동네로 진입하는 고속도로 출구에 다다르면, 금요일의 의식을 시작한다. 동네 도서관에서 책 대여섯 권을 빌려와서는 비싼 수제 맥주 한 캔을 따고 한 시간은 자리 잡고 앉아 읽는 것이다. 손때가 묻어 닳은 소설 몇 권, 암 연구의 최신 동향을 다룬 책, 진화 인류학자가 쓴 인간 본성에 관한 두꺼운 책이 이번 주의 선택이었다.[1]

도널드 트럼프 지지자 하면 떠오르는 전형적인 인물상에 부합하진 않지만 데이브는 2016년 미국 대선에서 전 부동산 업계의 거물인 트럼프에게 한 표를 던졌다. 민주당을 지지하는 중도 성향의 가족들 사이에서 자랐지만 로널드 레이건의 리더십에 크게 감명받은 그는 1980년대에 보수로 서서히 눈을 돌렸다. 그렇다고 공화당의 당원 card-carrying member이라는 말은 아니다. 1990년대에는 빌 클린턴을 두 번이나 찍었고 시민의 평등권 문제에는 진보적인 편이다. "저는 동성 결혼에 전적으로 찬성합니다. 이 문제를 두고 다퉈야 하다니 이해가 가지 않는군요." 데이브가 말했다. 하지만 경제적인 문제로 넘어가면 그는 자유주의자에 가깝다. 고용인을 다섯 명 이상 둔 고용주는 피고용인에게 2주의 유급 휴가를 제공해야 한다는 법안을 뉴욕시가 검토한다는 소식을 들었을 때 그는 말했다. "그 법을 피하려고 직원을 해고하는 회사가 아주 많아질 겁니다. 유급 휴가의 부담을 견디지 못해 결국 문 닫는 회사가 한둘이 아니겠죠."

진보 성향이 강한 필라델피아 외곽에 살며 민주당 지지자들이 대부분인 직종에 종사하는 만큼 데이브는 보수적인 성향을 숨길 때가 많다. "어떤 친구들과는 정치 이야기를 하지 않습니다. 저도 그들도 견해를 바꾸지 않을 테니까요. 굳이 이야기할 필요가 없죠." 이런 주제로 대화를 몇 번 시도한 적은 있지만 순식간에 격론으로 변했다고 했다. 그가 뉴저지의 혼잡한 도로보다 더 싫어하는 한 가지가 바로 정치 싸움이다. 그는 일상생활에서 자신이 남들에게 반갑지 않은 소수자라고 느낄 때면 소셜 미디어를 도피처로 삼는다고 했다. 정치에서 벗어나 좋아하는 텔레비전 프로그램 소식을 보려고 페이스북과 트위터에 가입했지만 자기도 모르게 자꾸 '정치 논쟁에 빨려들게' 된단다.

소셜 미디어에서 본명을 사용하지 않는 데이브는 최근 몇 년간 트위터에서 민주당 지지자들과 언쟁을 벌이느라 밤잠을 설친 날이 많았다. 한 사건을 떠올리며 그가 입을 열었다. "저를 너무 나쁘게 생각하진 마세요……. 그날 맥주를 몇 잔 마셨습니다." 백인 우월주의자 집단이 근처 대학 캠퍼스로 움직일 계획이라고 지역 라디오 방송이 보도한 날이었다. "알고 보니 그런 일은 없었습니다. 모든 게 거짓말이었어요." 그가 말했다. 이 사건을 찾아보면서 데이브는 진보 성향의 남부빈곤법률센터Southern Poverty Law Center에서 지어낸 경보라는 사실을 알았다. "카를 마르크스를 기준으로 오른쪽에 있는 사람은 모두 혐오 단체라고 주장하는 사람들입니다." 이 사건이 진실이 아니라고 그가 트위터에서 이야기하자 반대편에서 그를 인종차별주의자라며 재빨리 반격했다. "저는 그쪽이 '멍청이'라고 말했습니다." 데이브는 한쪽 이야기만 접하고, 제대로 알지도 못하면서 말을 내뱉는다고 생각했다.

하지만 그건 데이브도 마찬가지였다. 정보를 잘 파악한다고 자부하지만 보수 성향의 라디오 방송, 보수로 치우친 웹사이트 데일리 콜러dailycaller.com와 트위터로 뉴스를 접한다. 트위터에서 팔로우하는 수백 개 계정 중 '중도'라고 말할 수 있는 사람은 《뉴욕 타임스》 칼럼니스트인 브렛 스티븐스뿐이었다. 데이브는 수년간 소셜 미디어에서 보수주의 견해를 꾸준히 접해 왔다. 매일 그의 타임라인은 〈폭스뉴스〉의 보도, 트럼프 대통령과 유명한 공화당원들이 올린 글, 진보주의자들의 위선을 한탄하는 수십 개의 밈들memes로 가득 찬다. 미국 보수주의자를 가장한 러시아 선동가들의 게시물을 리트윗한 일도 있었다. 지역 대학에서 백인 우월주의자들의 행진 소동을 놓고 벌인 취중 논쟁은 어땠을까? 데이브는 사실 그날 밤 진보주의자 적수에게 '멍청이'보다 훨씬 강한 표현을 사용했다.

반향실에 관한
반향실²

무슨 일이 일어나는지 짐작이 가는가? 데이브가 반향실echo

chamber*에 갇혔다고 생각하는가? 소셜 미디어 웹사이트에서는 자신이 보고자 하는 정치적 정보를 선택할 수 있다. 물론 저스틴 비버 같은 연예인이 어제 저녁으로 무엇을 먹었는지 볼 수도 있지만 말이다. 문제는 기존에 지닌 견해를 강화하는 정보를 찾는 사람이 대다수라는 사실이다. 우리는 세계관을 우리와 공유하는 뉴스, 전문가, 블로거들과 연결된다. 당신이 데이브와 같은 보수주의자라면 정부의 재정 활동이나 불법 이민에 목소리를 높이는 〈폭스뉴스〉의 진행자 터커 칼슨을 높게 평가하여 그를 자주 볼 것이며, 진보주의자라면 인종 불평등이나 기후 변화에 관해 자주 언급하는 CNN의 돈 레먼을 긍정적으로 평가하여 그를 자주 볼 것이다.[3]

자기가 보고 싶은 것을 택할 수 있기 때문에 근시안적 사고방식을 일으키는 반향실에 갇힌다고들 말한다. 우리 편에서 제공하는 정보에 노출될수록, 우리는 우리의 신념이 공정하고 합리적이고 신뢰할 만하다고 굳게 믿게 된다. 의견이 비슷한 사람들만 있는 연결망에 깊이 빠져들면서 우리는 균형 감각을 잃는다. 결국 모든 이야기에는 양면이 있다는 사실을 인정하지 못하거나 현실과 전혀 다른 이야기 diffeerent stories altogether만을 듣기 시작한다. 논리적으로 보면 반향실의 가장 치명적인 결과는 데이브 같은 사람들이 이 사실을 인지하지 못할 때 발생한다. 다시 말해 어떤 문제를 알아본다고 생각하지만 보고 싶은 것만 보는 실상이다. 상대 당 지지자와 맞닥뜨리면 자연스레 그들의 의견을 비합리적이고 이기적이라고 여기게 되며 상대 의견을

---

*　반향실. 소리가 새어 나가지 않고 되울리도록 설계된 방을 가리킨다. 여기에서 유래한 '반향실 효과'란 생각이 비슷한 사람들끼리 모여 신념이 강화되고 증폭되는 현상을 가리킨다.

11

거짓으로 치부하는 무서운 극단에 치닫기도 한다. 우리가 반향실에서 한 걸음 물러설 수만 있다면 정치 양극화는 감소하리라고 많은 사람들이 주장한다.

소셜 미디어가 생기기 훨씬 전에도 반향실이라는 개념은 존재했다.[4] 정치학자 V. O. 키는 1960년대에 이 개념을 소개하면서 한 가지 언론 매체에만 반복적으로 노출되는 현상이 투표에 미치는 영향을 해석했다.[5] 최근 몇십 년간 24시간 돌아가는 케이블 방송이 떠오르면서 반향실이라는 개념은 한층 주목받았다. 일찍이 사회 과학자들은 방송의 영향으로 민주당과 공화당 지지자들이 현실을 극명히 다르게 인식함을 발견했다.[6] 반향실 효과의 대표적인 사례는 2002년 미국의 이라크 침공 때다. 당시 〈폭스뉴스〉는 이라크의 독재자 사담 후세인이 9·11 테러를 주도한 알카에다와 협력했다고 지속적으로 주장했다. 후에 그 주장은 거짓으로 밝혀졌다. 〈폭스뉴스〉 시청자들은 다른 언론 매체 시청자보다 사담 후세인과 알카에다가 연관되었다고 믿는 비율이 두 배나 되었다.[7] 당신이 민주당 지지자라고 하더라도 안심하기는 이르다. 최근 연구는 반향실에 갇힌 민주당 지지자들의 수가 공화당 지지자의 수를 능가한다고 밝히고 있다.[8]

인터넷과 소셜 미디어가 부상하면서 반향실의 영향을 우려하는 목소리가 커졌다. 2001년 출간돼 반향을 일으킨 도서 『리퍼블릭닷컴 Republic.com』에서 법학자 캐스 선스타인은 편파적인 웹사이트와 블로그가 케이블 뉴스보다 훨씬 효과적으로 반대 견해를 피하게 한다고 경고했다.[9] 인터넷 운동가 일라이 패리저는 2012년 『생각 조종자들 The Filter Bubble*』(알키, 2011)에서 이를 강력하게 주장했다.[10] 큰 규모의 기술회사에서 사용하는 알고리즘이 반향실 효과를 강화한다고 말했다. 페이스북, 구글을 비롯한 거대 기업은 유저의 구미에 맞는 정보를 더욱 많이 노출함으로써, 기존 가치관과 일치하는 정보를 찾는 유저의 본성을 부추긴다. 패리저는 소셜 미디어 유저들이 이런 사실을 모른다는 점이 알고리즘의 위험한 요소라며, 필터 버블이 양당의 소통 가능성을 막아 깊숙이 뿌리내린 편향된 견해를 의문 없이 받아들이게 한다고 경고했다.

한편 사회 과학자들은 소셜 미디어에서 발생하는 반향실에서 중요한 사실을 찾기 시작했다. 2015년 페이스북의 데이터 과학자들이 실시한 조사에 따르면 공화당 지지자들이 올린 게시물 중 4분의 1만이 민주당 지지자에게 읽혔으며 그 반대도 마찬가지였다.[11] 트위터의 조사도 비슷했다. 게시물을 리트윗하거나 공유한 유저 중 4분의 3 이상은 게시자와 같은 당을 지지했다.[12] 이러한 발견은 소셜 미디어가 미국인들의 뉴스를 접하는 주요 경로로 빠르게 자리잡아가게 된 이래로 더 중요해졌습니다. 2016~2018년 사이에 소셜 미디어로 뉴스를 보는 사람의 수가 신문을 보는 사람의 수를 뛰어넘었다. 2018년 18~29세 젊은이들은 소셜 미디어에서 뉴스를 가장 많이 본다고 대답했다.[13]

그렇다면 우리는 기술계의 리더, 전문가, 정책 입안자들이 하나

---

* 필터 버블은 인터넷 정보 제공자가 이용자에게 맞춤형 정보를 제공함에 따라 선별된 정보에 둘러싸이게 되는 현상을 말한다.

같이 입을 모아 모든 정치 논쟁이 부족주의*로 쉽사리 넘어가는 암울한 미래를 경고하는 상황을 받아들여야 한다. 우리는 반향실을 파괴하거나 적어도 그 벽을 강화하는 알고리즘을 바꿔 달라고 소셜 미디어 기업에 항의하는 사례를 듣는다. 소셜 미디어 기업이 응하지 않는다면 유저가 스스로 반향실에서 걸어 나와야 할 것이다. 그래야만 플랫폼에서 발생하는 양극화를 극복하기 위한 기나긴 대화를 시작할 수 있다.

소셜 미디어 플랫폼을 구축하는데 힘을 보태고, 지금은 그들의 행동을 후회하는 이들의 이야기는 설득력 있게 들린다. 하지만 나는 소셜 미디어, 반향실, 정치적 양극화에 대한 상식적 이해the common wisdom가 옳지 않을 뿐 아니라 역효과를 낳는다고 본다.

양극화를 바라보는
새로운 시각

상식common sisdom은 입증하기 어려우므로 종종 반론하기조차 어렵게 된다.14 사회 과학자들은 수십 년 동안 반향실[효과]가 사람들의 정치적 신념을 형성했는지 파헤치려 했지만 그 과정을 밝히기란 매우 어렵다.15 앞서 예시로 든 수제 맥주를 즐기는 트럼프 지지자 데이브 켈리 같은 사람을 분석할 수는 있다. 하지만 그의 경험은 일반적

---

* tribalism. 동질적인 전통과 문화를 지닌 집단을 추구하는 이념. 소규모이고 상대적으로 고립되어 있으며 정치적 통합의 정도가 낮은 상태를 이상으로 한다. 부족주의를 정치적으로 해석한 에이미 추아는 집단 본능이 국가의 운명을 좌우하는 방식을 밝히며, 대립과 혐오의 원인을 부족주의에서 찾았다.

인가? 반향실은 시간의 흐름에 따라 복잡한 패턴으로 진화하는 사회망에 흩어져 있는 수백만의 사람들이 보여 주는 조직화된 행동이 일으키는 현상이다. 데이브 켈리와 비슷한 사람 수천 명을 조사할 시간과 자원이 있어서 그들이 서서히 편파적인 의견을 키워 나가는 모습을 본다고 하더라도 반향실이 그들의 정치적 신념을 형성하는지, 정치적 신념이 반향실을 형성하는지 어떻게 구분할 수 있을까? 우리의 정치적 신념이 이 세상을 이해하도록 도와준다면 우리는 그것을 쉽게 포기할 수 있을까? 만약 데이브 켈리에게 당장 남부빈곤법률센터 같은 진보적 집단의 소셜 미디어 게시물을 보여 준들 자신의 입장을 누그러뜨리기 시작할까?

당신이 반향실을 어떻게 생각하든 페이스북, 트위터, 여러 소셜 미디어 플랫폼은 이를 조사할 흥미롭고 새로운 기회를 만들어 내고 있다. 한때 사회 과학은 다른 학문과 비교했을 때 '데이터가 부족하다 data poor'고 여겨졌다. 하지만 여러 플랫폼 덕분에 지금은 몇 초 만에 수백만 명의 정보를 수집한다. 게다가 더 중요한 것은 사회를 바라보는 신념이 시간의 흐름에 따라 더 큰 사회망으로 어떻게 퍼져 나갔는지 그 역학을 짚을 수 있다는 사실이다. 대량의 디지털 데이터를 이용한 인간 행동 연구인 전산 사회 과학**의 시대는 실험에도 새로운 가능성을 제공한다. 이를테면 소셜 미디어 플랫폼에 통제된 실험을 무작위로 넣음으로써 투표와 장기 기증을 비롯해 여러 긍정적인 행동을 증가하도록 만들었다.[16] 앞으로 살펴보겠지만 이런 종류의 실험은 반향실을 바라보는 통찰력을 기르는 데 큰 도움을 준다.

** 계산 사회 과학이라고도 부른다.

전산 사회 과학에는 어두운 면도 존재한다. 2013년 심리학자인 미할 코신스키는 소셜 미디어의 데이터에 있는 패턴('좋아요'를 누른 콘텐츠 또는 팔로우하는 계정에 관한 정보)이 우리의 인종과 성적 취향부터 지적 수준까지 예측하는데 사용될 수 있는지 알아보는 연구에 착수했다.[17] 코신스키 연구진은 페이스북 유저들의 계정에서 얻은 데이터로 성격을 알아맞히는 애플리케이션을 만들기도 했다. 그런데 정치 컨설팅 기업인 케임브리지 애널리티카Cambridge Analytica가 비슷한 애플리케이션을 만들어 학문 연구 외의 목적으로 데이터를 수집한다고 밝혀지며 오명을 입었다.[18] 선거를 뒤흔들기 위해 특정 유권자 집단을 대상으로 캠페인을 벌이기 위해서였다는 것이다. 사회 과학자 다수는 효과를 의심하겠지만, 이 사건은 전산 사회 과학이 다른 용도로 사용되면서 개인정보 보호를 보장하지 않고 상호 합의도 없이 사람들의 행동을 조종했다는 위험한 선례를 남겼다.[19]

전산 사회 과학에는 다른 문제도 있다. 우리가 소셜 미디어 플랫폼에 남기는 흔적이 인간 행동의 불완전한 기록이라는 점이다.[20] 케임브리지 애널리티카가 만든 애플리케이션에 데이브 켈리의 데이터를 넣어 생각 실험을 해 보자. 그가 '좋아요'나 '팔로우'를 누른 뉴스 기관이나 권위자들을 분석하면 데이브가 공화당 지지자라는 사실이 쉽게 나온다. 정치 캠페인 기관은 데이브가 보는 텔레비전 프로그램을 알아낼 수도 있고 그와 비슷한 사람들에게 선전하기 위한 광고 구좌를 사들일 수도 있다. 그런데 중요한 정보가 잘못 분석될 위험도 있다. 트위터 게시물만 보면 그는 "미국을 다시 위대하게Make America Great Again"를 외치는 분노에 찬 전사처럼 보일 것이다. 하지만 애플리케이션이 분석한 정보는 데이브가 기후 변화를 염려하고 동성애자를 대하는 공화당의 입장에 실망했다는 사실은 보여주지 않는다. 데이터에는 그가 트럼프를 불한당이라고 생각하며 경찰의 권력 행사에서 발생하는 인종차별을 걱정한다는 정보도 나오지 않는다. 미디어 기관이 돈벌이를 위해 인종 간 긴장감을 부추긴다고 느꼈기에, 앞서 언급한 백인 우월주의자 집단의 대학 행진을 경고한 라디오 방송에 회의적이었다는 점도 나타나지 않는다. 데이터는 푸에르토리코인의 피가 섞였다는 이유로 어린 시절 끔찍한 차별을 당한 데이브에게 이런 주제가 왜 특히 중요한지를 가늠하지 못한다. 디지털 기록이 얼마나 많은 우리 삶의 부분들을 배제하는지 보여 주기 위해 세부 사항을 나열하는 것은 아니다. 소셜 미디어와 현실 생활 사이에 급속도로 벌어지는 간극이야말로 우리 시대의 정치 양극화를 만들어 내는 가장 근본적인 원인임을 말하려는 것이다.

어떻게 이러한 결론에 나는 도달하게 되었을까? 나는 소셜 미디어가 정치 양극화를 낳은 양상을 조사하는 데 연구 인생을 바친 전산 사회 과학자다. 몇 해 전 정치적 부족주의를 우려하며, 교수로 재직하는 듀크 대학에 사회 과학자, 통계학자, 컴퓨터 공학자로 이루어진 '양극화 연구실Polarization Lab'을 설립하기도 했다. 우리 팀은 과학적 연구 방법으로 현재 플랫폼의 문제를 진단하고 방향을 바꾸기 위한 기술을 개발했다. 동료들과 수천 명의 소셜 미디어 유저가 수년간 보여준 행동을 나타내는 어마어마한 데이터를 수집했다. 더불어 자동화된 소셜 미디어 계정으로 새로운 실험에 착수하여 외국에서 유입된 거짓 정보가 사람들에게 미치는 영향을 연구했고, 소셜 미디어 기업이 양극화에 대항하는 일에 뛰어들어 노력했다. 학문 연구를 목적으로 한 소셜 미디어 플랫폼을 직접 만들어, 사람들과 연결되는 나은 방법을 알아내기 위해 여러 기능을 추가하고 제거해 보기도 했다.

이 과정에서 나는 소셜 미디어의 반향실[효과]을 다룬 기존 이론에 의문을 제기하고, 나아가 더 깊은 질문을 던지도록 영감을 주었다. 소셜 미디어에서는 왜 모든 사람이 극단으로 치닫는 것처럼 보일까? 다른 사람의 마음을 바꾸지 못한다고 생각하면서도 데이브 켈리 같은 사람들은 왜 낯선 이와 몇 시간이나 말다툼을 벌일까? 소셜 미디어는 흡연과 같은 일시적인 중독일까, 아니면 자기 자신과 다른 사람을 바라보는 관점을 근본적으로 재정립하는 도구일까? 데이터 과학이 아무리 신통하더라도 이런 질문에는 대답하지 못한다. 따라서 나는 소셜 미디어를 매일 사용하는 사람들의 관점으로 보기로 했다. 우리 팀이 수백 시간 이상 데이브 켈리 같은 사람들을 면담하고 그들의 온라인과 오프라인 일상을 면밀하게 재구성한 이유가 바로 이것이다. 모텔에 살면서 눈을 뜨는 순간부터 잠들 때까지 〈폭스뉴스〉를 시청하는, 최근에 가족을 잃은 극단주의자, 그리고 학교 총기 사건을 심각하게 걱정하면서도 소셜 미디어에 의견을 게시했다가 직장을 잃을까 봐 불안해하는 온건한 민주당 지지자를 소개하려는 것도 같은 이유에서다. 이런 사례들은 소셜 미디어에서 정치 양극화가 펼쳐지는 모습을 더 넓고 구체적으로 보게 했을 뿐 아니라, 동료들과 나에게 규모가 큰 새로운 실험을 하게끔 동기를 불어넣었다.

소셜 미디어 유저들의 관점에서 연구를 진행하는 또 다른 중요한 이유는 공개 토론이나 정치적 부족주의 현장에서는 그들이 드러나지 않는다는 점에 있다. 우리의 지금 대화는 플랫폼 형성에 기여한 기술 회사의 기업가나 소프트웨어 기술자들 몇 명이 장악하고 있다. 실리콘밸리를 떠난 사람들은 자신들이 만든 기술이 인간 심리에 전례 없는 영향을 휘두르고 있다고 경고한다. 우리를 반향실에 가두었을 뿐 아니라 우리가 무엇을 구매하고 생각하고 느낄지에도 영향을 주는 바로 그 기술 말이다. 영악한 외국인들이 소셜 미디어 유저들을 조종하려고 작전을 벌일 때 페이스북, 트위터를 비롯한 여러 플랫폼은 알아차리지 못했거나(실리콘밸리를 떠난 사람들의 주장이다) 유저가 늘어나는 만큼 커지는 수익만 생각하고 계획적으로 이를 모르는 척했다. 이 서사는 현재 상황의 희생양을 찾는 사람들에게 솔깃하게 들릴 것이다. 하지만 과연 사실일까? 소셜 미디어 회사가 현재 상황에 책임이 없다는 말은 절대 아니다. 하지만 특정한 유권자 집단을 겨냥한 선거 유세, 외국 유저들의 작전, 콘텐츠를 추천하는 알고리즘에 쉽게 속아 넘어간 사람들은 놀랍게도 소수일 뿐이다.

이에 대신하여 나는 실리콘밸리에 우리가 집중하는 것이 훨씬 더 진실을 가린다고 주장할 것이다. 소셜 미디어에서 일어나는 정치적 부족주의는 우리 내면 깊이 뿌리를 내렸다는 불편한 진실 말이다. 우리는 페이스북이나 트위터 같은 플랫폼을 정보를 구하고 잠깐 오락거리를 즐기는 공간으로 여긴다. 하지만 사회적 고립이 증가하는 시대에 소셜 미디어 플랫폼은 자기 자신과 다른 사람을 이해하는 가장 주요한 수단이 되고 말았다. 우리가 소셜 미디어에 중독되는 이유는 현란한 오락물이나 기분 전환 거리가 넘쳐서가 아니라 인간에 내재한 행동, 즉 나 자신의 다른 면모를 보여 주고 다른 사람이 나를 어떻게 생각하는지 관찰하고 이에 맞추어 정체성을 조정하도록 돕기 때문이다. 다만 소셜 미디어는 전체 사회를 보여 주는 거대한 거울이 아니라 우리 정체성을 굴절하는 프리즘에 가깝다. 따라서 타인은 물론, 나 자신마저 왜곡해서 이해하게 된다. 소셜 미디어 프리즘은 인정받으려는 욕구가 강한 극단주의자를 부추기는 동시에 정치 논쟁을 해 봤자 득될 것이 없다고 생각하는 중도주의자의 입을 다물린다. 그리고 많은 사람이 반대편 진영과 양극화의 간극 자체에 엄청난 불안을 느끼게 된다.

소셜 미디어 플랫폼이 민주주의에 이 정도로 해롭다면 계정을 삭제하면 되지 않을까? 내가 최근에 저스틴 비버에 관해 진지하게 쓴 글을 전서구傳書鳩로 전달해도 재미있었을 것 같다. 하지만 계정을 삭제한다는 방안은 현실적이지 않다. 소셜 미디어는 우리 삶, 특히 젊은 세대의 일부분으로 확고하게 자리 잡았기에 앞으로도 없어지지 않을 것이다. 다행스러운 사실은 만약 소셜 미디어 유저가 정치 양극화의 주범이라면 우리가 그에 대항할 힘도 가지고 있다는 점이다. 나는 소셜 미디어 프리즘을 보는 방법과 이 프리즘이 어떻게 정치 상황을 왜곡하는지 설명하고자 한다. 또한 우리의 행동을 바꿈으로써 프리즘을 깨는 방법을 제시하며 양극화 연구소에서 동료들과 내가 개발한 도구를 소개하겠다. 이런 '상향식' 해결책에 더해 새로운 하향식 해결책도 제시할 것이다. 그리고 서로 밀어내는 공간이 아니라 화합하는 공간을 만들기 위해 소셜 미디어 플랫폼을 재설계하는 방법을 설명할 것이다. 우선 반향실을 부수는 것이 잘못된 출발점인 이유부터 설명하겠다.

반향실을
부술 수는 없을까

$\bigcirc\ \heartsuit\ \triangleleft$

2019년 1월 초였다. 데이브 켈리는 민주당의 대통령 후보 경선에서 버니 샌더스가 제시한 '메디케어 포 올Medicare for All' 정책에 불만을 토로했다. 그는 영락없는 필라델피아 억양으로 "정부가 제 문제를 해결해 주길 바라지 않습니다……. 내 스스로 초래한 문제이고, 내 스스로 그 문제를 해결합니다."라고 말했다. 알다시피 이 책의 초반부에 소개한 데이브는 보수 진영의 반향실에 깊숙이 빠져 있었다. 그가 소셜 미디어에서 팔로우하는 사람은 대부분 우파 성향이었으며, 자신과 상이한 견해는 보지 않는 편이었다. 그러다 지난달에 데이브는 독특한 실험에 참여했다. 소셜 미디어에서 반대되는 견해에 노출되었을 때 사람들의 변화를 보도록 설계된 실험이었다. 매일 그는 진보 성향의 여러 정책 입안자, 권위자, 지지 집단, 미디어 기관이 발행하는 메시지를 스물네 개씩 봤다. 귀여운 동물 사진과 함께 도착하는 메시지라서 참을 만했다.

2018년 중순, 미국은 이민자 자녀와 부모가 분리되는 사건으로 큰 논란에 휩싸였다. 멕시코에서 미국으로 넘어오는 불법 이민자를 막기 위해 트럼프 정부가 제정한 정책 때문이었다. 이야기를 나눈 초반에 데이브는 이 정책을 비판하는 민주당 지지자들의 의견에 동감했다. 한 달 동안 진보적인 메시지를 꾹 참으며 읽고 나서 다섯 달 뒤, 그가 다시 면담에 참여했을 때 그의 관점은 판이했다. 마침 그달은 온두라스, 엘살바도르, 과테말라에서 이민자들의 캠핑카caravan 행렬이 미국으로 향한 시점이었다. 여성과 아이가 다수인 수천 명 인파가 미국·멕시코 국경에 오겠다는 희망으로 4,300킬로미터가 넘는 거리를 이동했다. 보수와 진보 미디어는 이 행렬을 다른 관점에서 보도했다. 〈폭스뉴스〉는 트럼프의 표현을 강조해 범죄가 난무한 국가에서 넘어온 위험한 갱단과 "신원 미상의 중동 사람들……"이라고 보도했다.[1] 한편 CNN, MSNBC를 비롯한 진보 방송은 폭력과 박해로부터 도망치는 난민이라 묘사했다.

진보 측 이야기the liberal narrative에 노출되었는데도 데이브는 통속적인 음모론을 지지했다. "그 사람들이 진짜 난민들이라고 생각하지 않아요. 정치적 책략입니다. 누군가가 계획하고 그들에게 돈도 줬을 테죠……. 가족 단위로 온다고들 하는데 대체 누가 자식들을 4,000킬로미터씩 끌고 온답니까?" 실험에 참가한 뒤에 데이브는 다른 문제도 한층 보수적인 시각으로 바라봤다. 한때 기후 변화는 어느 정도 염려한 그였지만 이제는 음모론을 줄줄 읊었다. 2018년 후반에 캘리포니아 북부를 덮친 대형 산불 '캠프파이어Camp Fire'에 관해서 그는 말했다. "캘리포니아 주지사가 체포되어야 합니다. 그는 그 화재에 직접적인 책임이 있습니다. 내가 생각하기에 그가 고의로 저지른 일이에요."

데이브는 원래 자유당 후보인 게리 존슨을 지지했고, 얼마 전까지는 트럼프에게 대단한 열의가 없었지만 이제는 옹호하고 나섰다. 첫 면담에서는 전 미국 연방수사국(FBI) 국장인 로버트 뮬러의 대통령 특검에 관해 언급조차 하지 않았지만 이제는 "100퍼센트 정치적 이유일 겁니다. 트럼프보다 오히려 클린턴 쪽이 러시아와 결탁했을 거예요."라고 말했다. 트럼프의 허풍을 좋아하지 않았던 데이브는 이제 트럼프의 질 낮은 문제마저 옹호했다. 포르노 여배우 스토미 대니얼스와의 불륜 혐의까지도 말이다. "형편없는 행동이지요. 하지만 현실을 직시합시다. 우리는 절대…… 완전히 흠 없는 사람을 뽑지 못합니다. 그런 사람들은 정치판에 들어오고 싶어 하지 않아요."

반향실
부수기

2016년 11월 3일, 우리는 데이브 켈리를 비롯한 수백 명의 사람에게 반향실에서 나오기를 촉구한 원인이 되는 이야기가 시작됐다. 인기 있는 여론조사 웹사이트인 파이브서티에이트fivethirtyeight.com의 설문에 따르면 11월 3일 대통령 선거에서 힐러리 클린턴이 도널드 트럼프를 이길 확률은 87.4퍼센트였다.[2] 내가 아는 명석한 정치학자들은 트럼프가 선거 유세 전술의 금기를 죄다 어겼다는 데 하나같이 동의했으므로 그 수치에 신뢰가 갔다. 게다가 매일 밤 소셜 미디어의 게시물을 훑어보며 나는 8년 전 버락 오바마를 승리로 이끈 엄청난 열광적 지지가 트럼프 진영에는 부족하다고 판단했다. 그러나 트럼프가 믿기지 않는 승리를 거머쥐자 다음 날부터 긴급한 사후평가가 시작됐다. 여론조사 기관은 오차 범위를 지적했고 어떤 사람들은 전 연방수사국 국장 제임스 코미가 수사한 힐러리 클린턴의 그 유명한 이메일 서버 사건을 비난했다. 또한 클린턴의 승리를 과신한 나머지 투표율이 낮았다는 주장도 더러 있었다.[3] 이러한 설명들에는 모두 나름의 장점이 있었지만 내 생각은 자꾸 한 가지 단순한 사실로 움직였다. 어떻게 이 많은 사람이 트럼프의 승리를 눈곱만큼도 예측하지 못했을까? 우리가 무엇을 놓쳤기에 클린턴의 패배가 이렇게 충격적으로 다가올까?

여기에 명쾌한 설명을 제시하는 것이 반향실 개념이다. 내 소셜 미디어가 중도 좌파적 성향을 지닌 교수들의 게시물로 가득하지 않다면 나는 트럼프가 오바마에 버금가는 감동적인 에너지를 끌어내는 모습을 보았을지도 모른다. 혹은 얼마나 많은 투표자가 클린턴을 싫어했는지를 제대로 봤으리라. 이런 현상을 설명할 선례는 이미 존재한다. 2차 세계대전 직후 폴 라자스펠드와 로버트 머튼은 오늘날 사회과학의 중요한 원리 한 가지를 발견했다. 바로 동종 선호(homophily) 현상이다.[4] 새로운 미디어 기술이 어떻게 정치적 신념을 형성하는지 연구하기 위해 그들은 사람들이 자신과 비슷한 사람과 관계 맺는 사회적 현상을 관찰했다. "같은 깃털끼리 함께 다닌다"라는 속담을 확인하기 위해 연구팀은 수년간 사람들을 면담하며 정교한 사회적 연결망 지도를 그렸다.[5] 그들이 트위터에서 매일 생산되는 사회연결망 데이터는 경이롭다. 공교롭게도 트위터 로고 역시 깃털 달린 새다.

많은 전산 사회 과학자와 마찬가지로 나도 소셜 미디어 반향실의 수수께끼가 코드 몇백 줄이면 풀리리라 자만하고 밀고 나갔다. 엄청난 규모의 반향실 지도를 상당히 수월하게 완성했지만 머지않아 더 큰 문제에 직면하고 말았다. 소셜 미디어의 반향실[효과]이 정치적 신념을 어떻게 형성하는지 제대로 이해하려면 닭이 먼저인지 달걀이 먼저인지를 알아야 했던 것이다. 다시 말해 소셜 미디어가 우리의 정치적 신념을 형성하는지, 애당초 우리가 정치적 신념이 비슷한 사람과 관계를 형성하는지부터 파악해야 했다. 소셜 미디어 반향실이 어떻게 작용하는지 알아보기 위해서 동료들과 나는 일단 반향실을 부숴야 했다.

나쁜 봇,
좋은 봇

일반적으로 사회 과학자들은 닭이 먼저냐 달걀이 먼저냐의 문제를 실험으로 해결한다. 우리 주제로 실험할 것 같으면, 공화당 지지자와 민주당 지지자 집단을 모집하고 그들의 정치적 신념을 이야기하게 한 다음 그중 절반씩만 실험실로 불러서 반대 정당의 메시지를 보게 하는 식이다. 하지만 이렇게 진행한다면 그들에게 반향실에서 빠져나오라고 요청했을 때 무슨 일이 일어나는지 정확한 결과를 알 수 있을까? 이 실험이 매개 효과*를 낸다면 피험자들이 반향실로 돌아갔을 때, 온갖 콘텐츠, 스포츠 뉴스, 연예인들의 사생활로 넘쳐나는 소셜 미디어로 돌아갔을 때 그 효과를 어떻게 알 수 있을까? 사람들로 하여금 자신들의 견해가 반향실에서 형성된다는 사실을 깨닫게 하거나 양쪽 이야기를 모두 보게 하는 데 너무 오랜 시간이 걸린다면?

우리는 사회 과학에서 말하는 현장 실험이 필요하다는 결론을 내렸다. 현장 실험에서 연구자들은 실제 생활 환경 내에서 피험자들에게 처리treatment와 통제control 조건을 부여하고 전후의 행동 변화를

---

* 제3의 변인이 예측 변수와 결과의 관계에 영향을 주는 현상.

지켜본다.[6] 우리의 목적에 맞는 현장 실험은 오랫동안 피험자들의 소셜 미디어에 그들의 생각과 반대되는 의견을 노출하는 방법이 이상적이다. 소셜 미디어에서 전산 사회 과학자들은 "사회적 압력이 사람들의 투표율에 영향을 미치는가?"와 같은 주제들로 흥미로운 현장실험을 진행한 바 있다. 하지만 1장에서 언급한 케임브리지 애널리티카 정보 유출 사건에 뒤이어 페이스북에서 감정의 전파를 조사하기 위해 고안된 실험도 논쟁이 커지며 소셜 미디어와의 협업이 성사될 가망은 없어 보였다.[7] 2017년 후반, 정치 양극화라는 민감한 주제로 플랫폼의 협조를 구하는 일은 허사였다. 법적인 위험 부담은 물론, 대외적으로 일으킬 물의는 말할 것도 없었다.

그러다 갑자기 예상 밖의 해결책이 떠올랐다. 봇bots, 즉 미디어 플랫폼에 메시지를 공유하는 자동화된 계정이었다. 그 당시 봇은 러시아 정부와 연관된 인터넷연구에이전시(Internet Research Agency, IRA)와 같은 악의적인 세력이 만들어 내는 잘못된 정보나 분열을 조장하는 메시지를 퍼뜨린다고 악명이 높았다.[8] 하지만 우리는 봇의 용도를 수정하면 귀중한 연구에 사용될 수 있겠다고 기대했다. 잘못된 정보를 퍼뜨리는 대신 사람들에게 다양한 견해를 보여 주며, 봇을 이용한 실험이 윤리적인 방법으로 고안되었으며 사람으로 위장하지 않음을 밝히면 과학 연구의 새로운 도구가 되지 않을까.[9] 우리는 두 개의 봇을 만들었다. 하나는 공화당 유명 인사들의 메시지를, 다른 하나는 민주당 유명 인사들의 메시지를 리트윗하는 봇이었다. 우리는 두 정당 지지자들이 자신과 반대 정당의 봇을 팔로우하도록 사례비를 주고 전후를 비교해 그들의 견해가 어떻게 바뀌었는지 조사하기로 했다.

안타깝게도 앞서 언급한 논쟁이 커진 후 페이스북에서는 학문적 실험조차 엄격하게 제한했다. 결국 유저 수가 훨씬 적고 공개적 형식을 띠는 트위터에서 실험하기로 결정했다.[10] 2017년 10월 말, 우리는 일주일에 적어도 세 번은 트위터를 사용하는 미국인 1,220명을 모집했다. 정치적 신념과 행동을 다루는 다양한 질문에 대한 답변으로 미루어 민주당이나 공화당 지지자로 확인된 사람들이었다. 설문에는 인종 불평등, 환경 문제, 정부의 경제 정책과 같은 사회 정책 문제에 관한 수십 가지 질문이 담겨 있었다. 우리는 그들의 대답을 바탕으로 각 응답자가 매우 진보에서 매우 보수에 이르는 스펙트럼의 어느 지점에 있는지 분류했다. 예를 들어 정부의 경제 규제를 지지하지 않고 인종 불평등에 크게 관여하지 않는 응답자들은 보수적인 성향으로 분류되었다. 공적인 주제에 관해 묻는 일반적인 설문으로 신념을 측정할 뿐 아니라 피험자로부터 트위터 아이디를 공유받았다. 실험 전후의 행동 변화를 관찰하고 그들이 우리 봇을 팔로우하기 전에 얼마나 견고한 반향실에 갇혀 있었는지 가늠하기 위해서였다.

봇은 피험자들에게 상대 정당의 다양한 관점을 모두 노출하도록 고안되었다. 이전 연구를 기반으로 우리는 각 정당의 다양한 견해를 보여 주기 위해 진보와 보수 진영의 유명한 트위터 계정에서 추출한 데이터베이스를 정밀화했다.[11] 여론 주도층(선출된 공직자, 권위자, 활동가, 영향력 있는 리더), 미디어 회사, 정당 지지 단체의 트위터 계정을 기반으로 했다. 실험 봇은 한 시간마다 이 계정 중에서 한 시간 내에 게시하거나 리트윗한 메시지를 무작위로 선택한다. 따라서 진보 봇을 팔로우하는 공화당 지지자는 낸시 펠로시, 가족계획연맹Planned Parenthood, MSNBC의 메시지를, 반대로 보수 봇을 팔로우하는 민주당 지지자는 미치 매코널, 헤리티지 재단, 〈브레이트바트 뉴스Breitbart

News〉의 메시지를 보게 된다. 우리는 봇에 특성 없는 이름을 붙이고 평범한 프로필 사진을 게시했다.[12] 봇이 메시지를 리트윗하면, 트위터의 시스템대로 그 메시지를 처음 게시한 계정의 이름과 프로필 사진이 크게 보이고, 봇의 이름은 각 메시지의 왼쪽 상단에 작은 글자로 나타났다.

실험 봇 덕분에 현장에서 반향실을 연구할 새로운 기회를 마련하긴 했지만 모든 현장 실험은 곤경을 마주하기 마련이다. 사람은 실험용 쥐가 아니기 때문이다. 따라서 다양한 집단을 모집하고 그들이 알아차리지 못하게 무작위로 조건을 부여하고, 실험자가 원하는 방식대로 그들에게 실제로 적용되었는지 확인하기란 쉽지 않다. 매일 상대 정당에 관한 수십 개의 메시지에 노출된다고 밝혔을 때 그만두는 사람이라도 생긴다면, 우리는 참을성이 아주 강한 피험자들과만 실험을 진행해야 한다. 게다가 이 피험자들이 상대 정당을 수용할 성향이 높은 이들이라면 이 연구는 반향실에서 나왔을 때 얻는 영향을 과대평가하게 된다. 이를 방지하기 위해 연구팀은 피험자들에게 반대 정당의 메시지라는 사실은 밝히지 않은 채, 한 달 동안 스물 네 건의 메시지를 리트윗하는 봇을 팔로우하면 11달러를 받게 된다고 알렸다.

연구에 참여한 사람들이 생각을 쉽게 바꾸지 않는 성향일지라도 참을성 없는 몇몇이 실험 봇의 리트윗을 무시해 버린다면 우리는 그 사실을 어떻게 알 수 있을까? 최악의 경우, 그들이 트위터를 한 달 동안 사용하지 않는다면? 의학 실험이라면 환자가 알맞은 양의 치료제를 복용했는지 혈액 검사로 알아볼 수 있다. 하지만 사회 과학자들은 실험실의 과학자들보다 창의적이기를 요구받는다. 우리는 피험자들이 보는지 확인하기 위해 매일 봇을 팔로우하는 피험자를 추적 관찰하는 코드를 만들었다. 하지만 이 방법은 피험자들이 실제로 우리의 메시지를 주의 깊게 보는지까지는 알려 주지 못한다. 그래서 귀여운 동물 이미지를 동원했다. 우리가 피험자들에게 부여한 처리 조건을 얼마나 제대로 살펴봤는지 확인하기 위해 연구가 진행되는 동안 봇이 리트윗한 동물과 메시지의 내용에 관해 제대로 대답하는 피험자에게 는 추가로 8달러를 지급하기로 약속했다(리트윗은 일정 시간이 지나면 삭 제됐다). 이 질문들은 사실에 기반을 두고, 쉽게 답을 찾을 수 없게 했 고, 시사에 박식한 피험자들에게 유리하지 않도록 설계되었다.[13]

귀여운 동물을 동원해 문제 일부는 해결했지만 또 다른 어려움 이 기다리고 있었다. 바로 호손 효과Hawthorne effect였다. 이 현상의 이 름은 1920년대 후반 공장 노동자들을 대상으로 한 연구에서 유래했는 데, 실험 사실을 알고 난 노동자들의 생산성이 즉각 높아진 현상을 말 한다.[14] 연구에 참여한 민주당 지지자가 자신이 보수적 견해에 노출 된다는 사실을 알고 단순하게 우리 실험이 참을성을 강화하는 데 목 적을 둔다고 생각한 나머지 고의로 보수적인 견해를 표현할까 봐 우 려스러웠다. 또는 실험에 불쾌감을 표현하려고 견해가 실제로 바뀌 지 않았는데도 실제보다 진보적으로 자기 자신을 표현하는 상황도 염 려스러웠다. 호손 효과를 줄이기 위해 우리는 두 단계를 거쳤다. 우선 완전히 다른 실험을 하는 것처럼 설명하고 설문을 완성하도록 한 다 음, 피험자 중 일부에게 우리 봇을 팔로우하도록 요청했다. 이렇게 함 으로써 우리는 피험자들이(그들 다수는 매달 수십 개의 설문조사에 참가한 다) 이 두 과제가 같은 연구의 일부라는 사실을 깨닫지 못하기를 바랐 다.[16] 둘째, 연구를 확실하게 감추기 위해 처음 며칠 동안은 봇이 자연 풍경 사진을 리트윗하게 설정해 두었다.

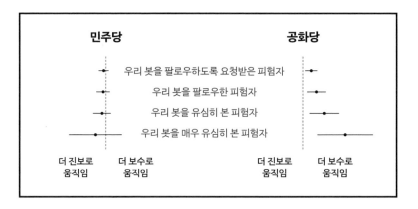

표1. 일주일에 최소한 세 번 이상 트위터에 접속하는 공화당과 민주당 지지자들을 대상으로 사회 정책 문제에 관한 그들의 반향실에 한 달 동안 혼란을 준 결과다.

주의: 연구 동안 일주일에 한 번씩 봇이 리트윗한 내용을 피험자들에게 묻고 그 결과로 실험 봇에 주의를 기울인 정도를 추적했다. 피험자들을 분류한 방법은 부록에 명시했다.

2017년 11월 중순, 우리는 모든 피험자에게 한 달 전과 동일한 설문지를 보냈다. 봇을 팔로우한 실험집단이 정치 성향 척도에서 움직인 정도와 통제집단이 움직인 정도를 비교함으로써 우리는 마침내 반향실에서 나왔을 때 사람들이 보인 변화를 관찰할 수 있었다. 일반적인 견해wisdom에 따르면 반향실에서 나온 사람은 온건해진다고 하지만 우리가 목격한 풍경은 암울했다. 표1은 한 달 동안 봇을 팔로우한 결과를 보여 준다. 가로축은 처리에 반응하여 피험자들이 더 진보적으로 또는 더 보수적으로 바뀌었는지를 나타낸다. 세로축은 피험자들이 봇에 주의를 기울인 정도를 나타내는데, 봇이 트윗한 내용에 관한 질문에 답을 맞힌 수에 따라 등급을 나누었다.

표가 보여 주듯 민주당 지지자도 공화당 지지자도 실험 봇을 팔로우하고서 온건해지지는 않았다. 오히려 그 반대였다. 민주당 봇을 한 달 동안 팔로우한 공화당 지지자들은 평균적으로 연구의 시작점보다 두드러지게 보수적인 견해를 표현했다.[17] 봇에 주의를 기울인 정도가 높을수록 한층 보수적으로 움직였다. 한편 민주당 지지자들은 주목할 만한 결과를 내지 않았다. 평균적으로 공화당 봇을 팔로우한 민주당 지지자들 역시 약간 진보적으로 변하긴 했지만 통계적으로 의미 있는 결과는 아니었다. 그들이 봇의 메시지에 노출돼 영향을 받은 정도가 0에 가깝다는 가능성도 배제할 수 없다. 그러나 민주당 지지자들도 봇에 주의를 기울이는 정도가 높을수록 변화의 정도가 컸으므로, 더 많은 피험자를 모집한다면 의미 있는 결과가 나올 가능성이 존재했다. 비록 이 문제를 명확하게 해결하지는 못했지만 전반적인 결과는 분명했다. 상대 정당의 견해에 노출돼도 피험자들은 이전보다 온건해지지 않는다. 오히려 기존의 견해가 강화될 뿐이다.

처음 이 결과를 보았을 때 우리는 코딩에 실수가 있었는지 의심할 정도였다. 몇 시간 동안 우리가 거친 단계를 확인하고 조사했지만 결과는 같았다. 다른 하위집단에서도 결과는 모두 일관되었다. 피험자가 정당 활동을 열심히 하든 정치에 대체로 무관심한 중도든 상관없었다. 실험에 참여하기 전 어떤 반향실에 있든, 견고하든 약하든 상관없이 봇을 팔로우하고 나서 보인 반응은 비슷했다. 다양한 인종 집단 역시 같은 결과를 보였으며 이 결과는 성별, 나이, 사는 지역, 우리가 분석한 100개가 넘는 변수와도 무관했다. 혹시 봇이 극단적인 메시지를 지나치게 리트윗했는지 검토했지만 그런 것도 아니었다. 게다가 사람들이 소셜 미디어에서 반대되는 견해에 노출되었을 때 기존의 견해를 더 완강하게 밀어붙인다는 사실을 발견한 연구팀은 우리만이 아니었다. 우리가 연구를 진행하고 2년 후, 매사추세츠 공과대학과 예일 대학의 개인 연구팀이 다른 피험자들을 상대로 우리 연구를 그대로 진행해 똑같이 당황스러운 결과를 냈다.[18] 이 결과를 다른 맥락에서도 입증할 만한 연구를 진행해야 하겠지만 반향실에 관한 상식화된 견해를 재고해야 한다는 점만큼은 확실하다.[19]

퍼즐 **맞추기**

반향실에서 나왔는데도 왜 사람들은 온건해지지 않을까? 20세기 중반부터 사회 과학자들은 적절한 상황을 설정한다는 조건 아래, 경쟁하는 집단의 구성원들을 서로에게 노출하면 상대를 향한 편견이 줄어든다고 주장했다.[20] 경쟁 집단의 구성원을 접촉하게 하면 고립되어 있을 때 생긴 고정관념이 옳지 않다고 깨닫는 경험을 한다는 주장이었다. 이 연구는 여러 시대에 걸쳐 수십 개의 나라에서 다양한 사람들을 대상으로 진행되었다.[21] 비록 트위터와 같은 온라인 환경에서 집단 사이의 접촉을 다룬 연구는 이루어지지 않았으나, 경쟁 집단 구성원들의 접촉이 긍정적일 때 긴장이 완화된다는 연구는 많았다. 그러므로 공화당과 민주당 지지자들이 반향실에서 나온다면 견해를 누그러뜨리리라는 이론은 당연해 보였다.[22]

한편 새로운 정보에 사람들을 노출하면 역효과가 난다는 연구도 있다. 예를 들어 사회 심리학자들과 정치학자들은 공중 보건이나 정치에 관한 소문을 믿지 않게끔 사람들을 설득하려 시도할 때 부정확한 믿음이 강해진다는 사실을 발견했다.[23] 백신이 자폐증을 일으킬 가능성이 있다고 믿는 사람들을 설득하려고 하면 그들은 오히려 자녀에게 예방 접종을 더 맞추지 않으려고 할 수 있다는 것이다.[24] 그러나 우리 연구의 목적은 오류를 바로잡으려는 것이 아니라 사람들에게 완전히 다른 가치관을 노출시키려는 데 있다.[25] 과거에 실험실 환경에서 사람들에게 단순히 한 가지 교정적 메시지를 노출한 연구는 있었지만 우리 연구는 일상생활 환경에서 피험자들에게 다양한 사람의 다양한 메시지를 노출한다는 점에서 차이가 있다.

일상생활의 복잡한 환경 때문에 연구의 결과는 해석하기가 매우 어려웠다. 사람들이 소셜 미디어에서 상대 정당의 메시지를 지속해서 봤을 때 어떤 결과가 생길지 예측할 수 없었다. 특정한 메시지, 사건, 개인이 양극화의 주범일까? 단 한 가지 이유가 기존 신념을 굳힐까, 혹은 다양한 사람들이 다양하게 반응할까? 실험 봇을 팔로우한 경험이 피험자들의 일상생활에서 어떤 자리를 차지했을까? 그들의 온라인 경험이 오프라인의 실제 행동에도 영향을 미쳤을까?

전산 사회 과학은 규모가 큰 집단을 조사하고 새로운 실험을 할 수 있는 귀중한 기회를 제공한다. 하지만 사람들이 기존의 신념을 강화한 까닭을 알아내기 위해서는 대량의 데이터가 필요하지 않았다. 그보다는 범위가 넓은 데이터가 필요했다. 즉 우리가 요청한 사람들의 관점에서 반향실에서 빠져나온 경험이 어떤지 살펴봐야 했다. 전산 사회 과학자들은 피험자들을 추상적인 데이터 정도로 취급하는 경우가 많아서 디지털 자료 사이에 있는 공백을 이해하기 힘들게 한다. 하지만 우리는 피험자들의 성장 과정, 친구, 가족 이야기를 듣고, 삶이라는 큰 그림 속에서 소셜 미디어와 정치적 양극화가 어떤 자리를 차지하는지 찾아내 그들이 어떤 사람인지 알고자 했다. 무엇보다도 봇을 팔로우한 결과 그들의 관점이 달라졌는지 알고 싶었다.

처음에는 피험자 몇 명에게 다시 연락해 심층 면담을 요청하려고 했다. 반향실에서 나온 경험이 어땠는지 그들의 관점이 어떻게 변했는지 물어볼 예정이었지만, 올바르지 않은 계획임을 금세 깨달았다. 첫째, 우리는 피험자들이 연구라는 사실을 의식한 채 대답하고 결과의 이유까지 설명할 것이라 확신했다. 오래전부터 사회 과학자들은 사람들이 보통 자신의 태도나 행동을 설명할 때 전후 인과의 오류를 범하고 부정확하게 합리화한다는 사실을 알았기 때문이다.[26] 둘째, 이 방법을 사용하면 피험자들이 실제로 한 경험이 아닌 우리가 듣고 싶어 하는 대답을 할 수 있다는 위험이 있다. 마지막 이유는 우리가 그들에게 봇을 팔로우한 경험에 관해 물어보려는 시점이 실험 후 거의 1년이나 지난 데 있었다. 1년 전 받은 소셜 미디어 메시지가 어떤 영향을 주었는지 누가 기억하겠는가.

기존 연구에 참여한 피험자들에게 다시 연락하는 대신 우리는 새로운 실험을 진행했다. 내용은 같지만 인원을 좁혀, 실험 전후 그리고 실험 기간에도 그들을 더 깊이 알 수 있도록 계획했다.[27] 2018년 중순 우리는 공화당 지지자 마흔네 명, 민주당 지지자 마흔 명과 각자 최소 한 시간 이상 심층 면담을 진행하고 이후에 절반의 피험자에게 우리 봇을 한 달간 팔로우해 달라고 요청했다. 그리고 이 기간이 지나고 봇을 팔로우한 피험자와 하지 않은 피험자를 비교하기 위해 다시 모든 참여자와 면담했다. 면담은 참여자들이 어떻게 처음으로 소셜 미디어를 사용하게 되었는지, 매일 사용하는 방식이 어떤지를 묻는 질문들로 시작했다. 피험자와 신뢰 관계를 구축하고 나면 우리는 첫 연구에서 성향을 파악하기 위해 사용한 네 가지 사회문제(경제, 이민, 인종 간 불평등, 기후 변화)와 정치에 관해 질문한다. 또한 상대 정당을 지지하는 사람들을 어떻게 생각하는지, 궁극적으로 온라인 경험이 본인의 오프라인 삶에 어떻게 영향을 주었는지도 묻는다.

실험이 진행되는 동안 몇몇 중요한 사건이 일어나며 뉴스에 보도되었다. 브렛 캐버노가 미국 연방대법관 후보로 지명돼 논란을 일으켰고 이 장의 초반부에 언급했듯이 이민자들의 캠핑카 행렬이 줄을 이었다. 전 연방수사국 국장 로버트 뮬러의 트럼프 대통령 수사가 막바지로 접어들었고 캘리포니아에서 대형 산불 캠프파이어가 발생했다. 일리노이에서 범인을 쫓던 26세 흑인 보안 요원이 경찰의 총에 맞고 쓰러진 사건도 일어났다. 《워싱턴 포스트》의 기자 자말 카슈끄지가 터키에서 암살되었고 미국 연방 정부가 일시적으로 업무를 중지하는 '셧다운'을 시행했으며 조지 H. W. 부시 미국 전 대통령이 사망했다. 우리는 두 번째 면담에서 이 모든 사건에 관해 질문함으로써 봇을 팔로우한 피험자와 팔로우하지 않은 피험자를 비교했다.

상대 견해에 노출된 사람들이 기존 신념을 강화하는 까닭을 이해할 중요한 단서는 심층 면담에서 얻었다. 길면 두 시간 반까지 진행된 면담 덕분에 우리는 피험자들을 더 알 수 있었을 뿐 아니라 그들이 온라인에서 하는 행동을 유심히 살필 동기를 얻었다. 우리는 피험자들이 게시하거나 공유한 메시지와 사진, 자기 자신을 나타내는 프로필을 비롯해 그들에게서 나온 수백, 수천 개 데이터를 수집했다. 이 데이터와 면담에서 얻은 정보를 비교해 피험자들이 온라인과 오프라인에서 자기 자신을 나타내는 방법을 비교했다. 또한 모든 피험자에게 우리가 첫 봇 연구에서 사용한 온라인 설문조사를 보냈는데, 그 결과 각 피험자가 실험 전체에서 어디에 속하는지, 면담과 비밀이 보장되는 온라인 설문에서 일관성 있게 대답했는지 알 수 있었다. 방대하고 다양한 데이터는 실험 전과 후, 그리고 실험하는 동안 소셜 미디어 유저를 다방면으로 보여 줄 뿐 아니라 정치적 양극화가 소셜 미디어에서 전개되는 모습을 폭넓은 시각으로 바라보는 귀중한 사례 연구를 진행하도록 도왔다.[28]

　다음 장에서는 민주당 지지자와 공화당 지지자 두 여성을 만나 볼 것이다. 둘은 극과 극을 달리지만 우리가 수수께끼를 푸는 데 기여한 피험자들이다.

반향실을
부수면
어떻게 될까

패티 라이트는 뉴욕 북부의 작은 마을에 사는 63세 여성이다. 남편과 함께 농자재 회사에서 일했지만 패티는 만성질환이 있다는 이유로 퇴직을 강요받았다. 부부는 가을이면 단풍으로 유명한 고즈넉한 마을에서 세 아이를 키웠다. 띄엄띄엄 느리게 말하는 그 지역 특유의 말투로 그는 상황을 솔직하게 털어놓았다. 드문드문 과거를 그리워하면서. "우리가 어릴 때는…… 자부심이 있었지요. 미국인이라는 사실이 그렇게 자랑스러울 수가 없었어요. 대통령 이야기를 하는 것도 좋고…… 대통령이 국민을 위해 노력한다는 걸 알았으니까요." 1960년대 후반에 세상은 완전히 바뀐 것만 같았다. "고등학교 마지막 해에 미국 군인들이 베트남 전쟁에서 돌아왔지요. 그 전과는 상황이 달라졌죠." 과거에는 전쟁에서 싸운 군인들이 영웅이 되어 돌아왔다고 설명했다. "하지만 베트남전을 치르고 집으로 돌아온 군인들은…… 대접을 받지 못하더군요." 작은 마을로 다시 돌아온 참전 군인들은 외상 후 스트레스 장애로 직장조차 제대로 구하기 힘들었던 것이다.

패티는 베트남전에서 싸운 군인들이 이전과는 완전히 달라진 나라로 돌아왔다고 보았다. 전쟁을 바라보는 시선 차이가 그 세대의 많은 사람에게 급진적인 영향을 미쳤기 때문이다. 사회 정의를 옹호하게 된 사람도 있었고 힘으로 평화를 쟁취해야 한다고 믿은 신보수주의자도 있었다. 당시 패티는 정치 자체를 부정적인 시선으로 보았다. "한때는 다른 나라들이 우리를 보고 우와, 미국인은 참 대단하다 생각들 했지요." 그는 회상에 잠겼다. "하지만 이제는 미국인과 미국 정치 체제를 한심하게 바라봐요." 정치에 느끼는 환멸이 깊은 나머지 우리와 처음 만났을 때 패티는 정치에 관한 주제를 자꾸 피했다.

정치에 열정을 기울이는 사람들은 다른 사람도 정치에 관심이 많으리라고 지레짐작할 때가 많다. 하지만 정치학자 필립 컨버스가 오래전에 발견했듯, 대다수는 패티와 비슷하다.[1] 정치를 향한 혐오감은 미국 사회에 널리 퍼져 있다. 이런 현상이 심한 나머지 사회학자인 니나 엘리아소프는 패티와 비슷한 미국인들이 정치나 시사 이야기를 피하거나 방향을 돌리는 수십 가지 대화 기술을 정리해 밝히기도 했다.[2]

패티는 다수 미국인과 달리 소셜 미디어에 발을 들인 지 얼마 되지 않은 초보자였다.[3] "저는 컴퓨터를 잘 다룰 줄 몰라요."라며 그는 몇 년 전에 아들이 페이스북 계정을 만들어 준 덕분에 겨우 손주들, 남동생네 아이들과 연락하고 지낸다고 했다. 그런데 페이스북에 올라오는 손주들의 게시물에 빠져들다 보니, 다른 소셜 미디어의 매력도 알아차리기 시작했다. 핀터레스트에 가입해 레시피도 알아내고 트위터 계정을 만들어 연예 뉴스도 챙겨보았다. NBC에서 방영하는 노래 경연 리얼리티 쇼 〈더 보이스〉를 비롯해 좋아하는 텔레비전 프로그램을 팔로우했고, 좋아하는 컨트리 가수와 유명한 가수들도 팔로우했다. 결국 소셜 미디어에서 음악, 오락, 유명인의 정보를 얻는 수준을 넘어서 좋아하는 회사와 제품까지 찾았다.

처음 만났을 때 그는 자신의 소셜 미디어 관계망에서 정치에 관련된 정보를 보지 못하도록 설정해 둔 상태였다. 유명인 정보를 보며 주로 시간을 보냈고, 정치 뉴스를 게시하는 계정은 지역 방송국과 NBC 〈투데이쇼〉뿐이었다. 아침 7시면 〈투데이쇼〉를 시청했고 가끔 지역 방송이나 CNN을 틀어 뉴욕의 험한 날씨 정보나 다른 지역에서 일어나는 자연재해 뉴스를 보았다. 편향된 견해를 보도하는 〈폭스뉴스〉에 불쾌감을 느껴 피했지만 그렇다고 진보 성향의 뉴스를 챙겨 보지도 않았다. 패티는 CNN의 유명한 앵커인 돈 레먼을 언급하며 "그가 진행하는 프로그램과 다른 프로그램 한두 가지는 본 적이 있어요."라고 말했다. "예전의 뉴스는 편향되지 않았어요. 하지만 요즘은 예전 같지 않더군요……. 의견이 아니라 사실을 보도했으면 해요." 미디어의 치우친 시각에 느끼는 좌절감은 소셜 미디어로 그를 이끌었다. 텔레비전의 편향된 정치 보도를 피하고자 소셜 미디어를 사용한다고 소개했지만 패티 역시 —혹 전보다는 약해졌을지 몰라도— 여전히 진보 성향 반향실에 갇혀 있었다.

우리가 패티에게 지지하는 정당이 있냐고 물었을 때 자신은 보수도 진보도 아닌 중도라고 말했다. 하지만 대체로 어느 정당에 표를 던지냐고 묻자(보통 여론조사에서 사람들의 성향을 알아낼 때 질문하듯) 민주당이라고 대답했다. 하지만 알아 갈수록 놀랍게도 우리는 그녀의 관점이 공화당과 일치한다는 사실을 알게 되었다. 이를테면 미국이 이민자를 너무 많이 수용한다고 생각했다. "이민자들이 오자마자 정부가 의료비를 부담하고 세제 혜택을 주는 것은 옳지 않습니다." 부부의 경제 상황은 넉넉하지 않다. 또 자신은 만성질환으로 몸이 나빠지기 전까지 힘들게 일했지만, 정작 의료비와 세금 혜택을 더 많이 받는 사람은 이민자들이라고 말했다. "우리야말로 여기 오래 있었지만 그런 혜택은 못 받아요……. 공짜로 나눠 주는 나라는 아니잖아요." 다수의 공화당 지지자들처럼 이민자들이 미국 문화를 위협한다고 생각했다. "이제 핼러윈을 핼러윈이라고 부르지도 못하고 추수기라고 해야 할 지경이지요. 이민자들의 기분을 상하지 않게 하려고 우리 문화를 모조리 바꿔야 한다니요."

패티는 2018년 본인이 사는 지역을 비롯해 미국 전역에서 치솟은 의료비의 희생자였지만 경제 문제에는 흥미가 없어 보였다. 정부의 경제 규제가 심하다고 생각하냐는 질문에 잘 모른다고 대답했다. 미국에서 왜 어떤 사람은 부자가 되고 어떤 사람은 가난하게 되냐는 일반적인 질문을 던지자 톡 쏘듯 말했다. "글쎄요. 부자가 돼 본 적이 없어서 모르겠어요." 여러 면에서 패티는 트럼프 대통령의 '오물 청소'식 포퓰리즘을 좋아할 법한, 환멸을 느끼는 민주당 지지자다워 보였다.[4] 하지만 트럼프를 어떻게 생각하냐고 묻자 진보적 정서가 뚜렷하게 드러났다. "저는 트럼프를 좋아하지 않아요. 형편없는 사람이에요. 대통령답게 행동했으면 합니다." 그렇다고 민주당 정치인들을 좋게 이야기하지도 않았다. 그리고 2018년 후반, 많은 민주당 지지자들이 느끼는 바와는 달리 트럼프를 부정적으로 생각한다고 해서 그의 문제 해결 방식까지 나쁘게 생각하지도 않았다. 패티는 트럼프가 임기 첫 2년 반 동안 경제를 개선하고 일자리를 창출한 공로를 인정했다.

패티, 정당 충성도를 키우다

첫 면담을 하고 나서 몇 주 후, 패티는 실험 봇을 팔로우해 달라는 요청을 받았다. 우리 연구팀이 아니라 다른 연구팀의 요청으로 보이게끔 고안한 봇이었다. 피험자가 우리 실험 결과에 맞추어 대답하는 호손 효과나 실험 자체에 분풀이하는 일을 막기 위해 연구팀이 떠올린 방안이었다. 대다수 피험자와 마찬가지로 그도 사례비를 받고 봇을 팔로우하는 데 동의했다. 봇이 트위터 피드에 보수 성향 메시지의 수를 점차 늘림에 따라 어떤 일이 생길까 무척 궁금했다. 열정이 식은 민주당 지지자 전형에 꼭 맞아떨어지는 패티는 조금만 쿡쿡 찔러도 보수로 넘어갈 듯했다. 이미 보수의 주장과 일치하는 견해가 상당수였고 그때까지만 하더라도 여러 정치 문제를 바라보는 뚜렷한 관점이 없어 보였다.

하지만 내 예상과는 달리 패티는 호락호락 넘어가지 않았다. 첫 번째 실험에서 냉담했던 민주당 지지자들 다수와 마찬가지로 한 달 동안 실험 봇을 팔로우하고 나서(또한 봇이 리트윗한 메시지에 관한 질문에 정확하게 대답할 만큼 주의를 기울였다) 훨씬 진보적인 성향으로 기울었다. 그리고 정치 문제를 바라보는 견해가 확연히 달라져 있었다.

첫 면담에서 패티는 자기 자신을 '민주당에 가까운 중도'라고 표현했다. 하지만 봇을 팔로우하고 한 달이 지나고 나서는 '열성적인 민주당 지지자'라며, 자신의 견해가 민주당과 정확하게 일치하지는 않지만 공화당과는 완전히 다르다고 했다. 이민과 경제에 관한 질문에도 훨씬 진보적인 견해를 보였다. 처음에는 반이민 정책에 다소 동의하는 태도였지만, 몇 달 후에는 트럼프의 국경 장벽 건설에 강력하게 반대했다. 이전에는 언급도 하지 않았던 국경 장벽에 관해 이제는 국경 일부분에 분할선은 필요하지만 물리적인 긴 장벽은 필요 없다는, 진보적인 논의를 펼치기 시작했다.

패티는 당시 미국과 멕시코 국경으로 향하는 이민자들의 캠핑카 행렬을 보는 태도도 확연하게 한층 진보적으로 바뀌었다. 책의 초반부에 소개한 데이브 켈리는 이민자들이 부유한 민주당원들에게 돈을 받는다는 보수 음모론을 주장했지만, 패티는 이민자 행렬 자체가 아예 없었다고 믿는 진보 음모론에 찬성했다. "그들이 말한 이야기 전부 믿지 못하겠어요. 정말 그렇게 많은 사람이 이동했을까요, 순전히 거짓말 아닐까요?" 데이브와 정반대로 패티는 트럼프 행정부가 국경 장벽을 지지하는 세력을 돕기 위해 이민자들의 캠핑카 행렬을 꾸며냈다고 생각하기에 이르렀다. "똑같은 사건을 반복해서 자꾸 보도해요. 한 가지를 물고 놓질 않는 데다 지지층을 유지하자고 사건을 부풀리고요."

경제 문제를 보는 관점도 진보로 기울었다. 처음에는 정부의 경제 규제에 별다른 생각이 없었지만 한 달 동안 봇을 팔로우하고 나서는 민주당과 견해가 같아졌다. "규제가 있다고 해서 경제가 주춤하지는 않습니다. 오히려 경제를 살리지요." 패티는 자신이 사는 주에 도움을 주었다고 생각하는 몇 가지 규제를 예시로 들기까지 했다. 경제 불평등에도 목소리를 높였다. 처음에 가족의 어려운 경제 상황을 이민자의 탓으로 돌리던 그가 이제 불평등을 낳은 구조적인 요인을 언급하며, 심지어 빈곤층의 세금 부담을 줄이기 위해 만들어진 근로소득 세액공제 제도Earned Income Tax Credit 이야기를 꺼냈다. "제가 아이들 키울 때만 해도 그런 정책은 보지도 못했어요. 있었다면 더할 나위 없었겠죠."[5]

봇을 팔로우한 두 정당의 미온적 지지자들과 면담한 전사 자료를 읽으면서 나는 실험 기간에 대다수 피험자가 패티와 비슷한 경험을 했음을 발견했다. 그들은 자신이 지지하는 정당에 열의를 보였을 뿐 아니라 그 전에는 잘 몰랐던 주제에도 당파적인 생각을 키웠다. 패티의 사례를 보자면, 첫 면담에서 드러낸 이민 문제를 향한 관점도 다소 바뀌었지만 경제 문제에서 태도 변화가 가장 분명하게 드러났다. 물론 우리 실험에 참여했다고 패티가 급속도로 변해 이민 보호 구역에서 팻말을 흔드는 열성 지지자가 된 것은 아니었다. 하지만 변화는 확연히 눈에 보였다. 이 변화는 심층 면담에서뿐 아니라 봇을 팔로우하기 전과 후에 피험자들에게 보내는, 비밀이 보장되는 온라인 설문에서도 드러났다. 패티는 전반적으로 한층 진보적인 태도를 표현할 뿐 아니라, 경제 문제에서 특히 진보적으로 기울었다.[6]

대체 무슨 일이 일어난 걸까? 소셜 미디어에서 패티 같은 미온적인 지지자들은 반대의 견해에 노출되었을 때 새로운 정보를 꼼꼼하게 살펴보고 그에 따라 견해를 조정하지 않았다. 오히려 그 대신에 반향실에서 나온 경험을 본인 정체성에 대항하는 공격으로 경험한 것이다. 패티는 중도 보수의 트위터 계정이 리트윗한 온건한 메시지에는 집중하지 않고 민주당을 향해 무례하게 인신공격적인 발언을 하는 극단적인 보수주의자들의 메시지에 정신을 빼앗겼다. 이전에는 진보 반향실에 갇혀 상대편이 퍼붓는 최악의 공격을 보지 못했으나 처음으로 처절한 정치 싸움을 경험했다. 우리와 면담한 통제집단의 미온적인 지지자들과는 달리 패티는 전쟁을 목격하고 어느 편에 설지 선택해야 했다. 이런 공격에 자극받아 처음으로 트위터에 정치 게시물을 올리기도 했다. "저는 소셜 미디어에서 공화당 지지자에게 험한 말을 하지 않아요. 공화당 견해를 읽는 것도 괜찮고요. 하지만 제가 민주당 지지자라고 하고 무언가를 게시하면 악성 댓글이 달립니다." 극단적 보수주의자들의 이런 행동은 인신공격으로 느껴지기 마련이다.

소셜 미디어 정치 싸움의 끔찍한 전쟁터에 발을 들인 패티는 진보적 정체성에 자극을 받았을 뿐 아니라 당의 정책을 따르는 방법까지 배웠다. 봇을 팔로우한 한 달 동안 어떻게 소셜 미디어를 사용했는지 이야기하면서 "텔레비전보다 온라인에 상세한 정보가 많아요."라며 텔레비전에서는 한 정당의 견해만 보도하지만 소셜 미디어는 상호작용이 원활하게 이루어진다고 덧붙였다. 매일 봇이 리트윗하는 보수주의자들의 메시지를 읽고 그와 대조를 이루는 진보적 관점을 검색할 수 있다는 의미였다. 우리 봇을 팔로우한 대다수 미온적 지지자들과 마찬가지로 패티 역시 상대 정당에 노출되는 경험을 했다고 해서 양쪽 이야기를 모두 살피게 된 것은 아니다.[7] 오히려 자신과 당이 공격당하면서 진보적 관점으로 무장해 스스로 방어하게 되었다. 패티는 당에 충성하는 법을 배웠다.

재닛

재닛 루이스는 30대 후반의 미용사로 남편과 플로리다 게인즈빌의 교외에 산다. 멀지 않은 곳에 독립한 자녀도 둘 있다. 패티와 달리 재닛은 매일 수 시간씩 정치 기사를 읽고 손님들과도 시사에 관해 이야기하는 열성적인 공화당 지지자다. 그런 점에서는 대다수 미국인과 다르다. 그는 정치학자 필립 컨버스의 표현에 따르면 정치적 참여도가 높은 층으로 묘사한 작지만 열성적으로 목소리를 높이는 소수 집단에 속한다. 재닛이 정치 이야기에 열성적이고 남들이 전향하도록 설득한다는 점은 첫눈에 알 수 있었다. 다른 사람의 정치 견해 바꾸기를 좋아하는 사람이 대개 그렇듯, 재닛도 소셜 미디어에서 매우 적극적으로 활동했다.[8] 패티와 마찬가지로 처음에는 멀리 사는 가족들과 연락하려고 페이스북에 가입했지만, 페이스북으로 시작해서 나중에는 트위터에서도 매일 몇 시간 씩 정치 게시물을 보게 되었다. 그녀는 2018년에만 거의 2천 개 트윗을 게시했고 대부분이 정치, 시사에 해당했다.

재닛은 침례교 가정에서 자라 1990년대에 성인이 되었다. 가족은 원래 민주당을 지지했지만 기독교적 가치관을 강조하는 공화당으로 결국 전향했다. "예전에는…… 정치를 꼬박꼬박 챙겨 보지 않았어요. 정치에 별로 관심도 없었습니다." 어린 시절 이야기가 나오자 남부 억양이 더 자주 튀어나왔다. 20대 후반에 접어들 즈음, 버락 오바마가 대통령 첫 번째 임기에 당선되면서 재닛은 전환점을 맞았다. "처음에는 괜찮았어요. '오바마는 아직 젊잖아. 기회를 줘야지. 아주 잘할지도 몰라.' 하고 생각했거든요. 하지만 하는 일을 지켜볼수록 화가 치밀어 올랐어요." 결국 오바마의 얼굴을 보기만 해도 기분이 나빠지는 지경에 이르렀다. "그의 얼굴을 보면 볼수록 진실성이 점점 없어 보여요."

재닛은 오바마 행정부가 활성화한 거의 모든 정책에 깊은 불신으로 엄청난 분노를 느꼈다. 예를 들어 오바마의 외교 정책에 극도로 실망하며 미국의 군사력이 명성을 잃을까 봐 걱정했다. "오바마는 사우디아라비아든 어디든 달려가서 미국이 잘못했다고 사과할 사람이에요." 또한 여러 행정 정책이 미국 시민보다 비자 없는 불법 이민자에게 혜택을 준다고 느꼈다. "민주당은 이런 식이죠. '그냥 문 열어 주자……. 자, 어서 들어와라. 법은 집어치우고.'" 재닛이 말을 이었다.

소셜 미디어 프리즘

"냉정한 사람이 되고 싶지는 않아요. 하지만…… 그들의 의료비를 부담해야 하는 사람은 바로 저예요. 그들의 식료품 할인권을 부담해야 하는 사람도 저고요. 우리도 겨우 먹고살아요. 불공평합니다." 게다가 침례교인으로 성장했기에 동성 결혼을 합법화한 오바마의 정책에 우려가 컸다. 두 번째 임기가 끝날 무렵 재닛은 오바마로부터 실존을 위협받는 두려움을 느낄 정도였다. "이 나라의 대통령으로서 그가 하는 행동을 보니 정치에 관심을 둘 수밖에 없었어요……. 개인이 촉각을 곤두세우지 않으면 나라를 지키지 못하겠다 싶었습니다."

면담에 참여한 온건한 공화당 지지자 다수는 트럼프의 거친 정치 방식을 불쾌하게 여겼지만 재닛은 받아들였다. 트럼프는 약자를 위해 싸우는 척하면서 재닛의 생계를 저버리는 여당을 향한 분노의 상징이었다. 트럼프가 미국 정치 토론에서 전례 없는 즉흥성을 보이자 그는 눈을 떼지 못했다. 그 후 트럼프 집회에도 서너 번 참석했고 페이스북에서도 열정적인 옹호자가 되었다. "몇 년 전 트럼프가 당선됐을 때 저도 트위터를 시작했어요. 그곳에서 주로 소통하죠…… 트럼프가 무슨 말을 하는지 보고 싶어서요." 재닛이 농담을 던졌다. "트럼프가 당선되기 전까지는 트위터 계정이 없었어요." 그의 타임라인을 검토한 결과, 트위터에 가입하고 얼마 후 트럼프의 열렬한 지지자가 되었던 것으로 보인다.

패티와 달리 첫 면담부터 재닛은 뉴스에 관심을 기울이는 일을 아주 중요하게 생각한다고 했다. 시사 정보를 입수하는 경로를 묻자 보수 웹사이트 세 군데를 들었다. "〈폭스뉴스〉, 〈드러지 리포트Druge Report〉를 봅니다." 재닛은 거의 한 시간에 한 번은 트위터에 접속했다. "저를 팔로우하는 계정도, 제가 팔로우하는 계정도 대부분 보수예요." 트위터 관계망을 심층 분석 한 결과, 재닛은 아주 강한 보수적 반향실에 갇혀 있었다. 트럼프를 팔로우하고 나서 〈폭스뉴스〉에서 좋아하는 진행자 몇 명, 여러 보수 활동가 집단도 팔로우했다. 가장 좋아하는 패스트푸드 가맹점 계정이 그나마 정치와 무관한 몇 안 되는 계정에 속했다.

재닛은 신빙성이 없는 음모론에 찬성하기도 했다.[9] 오바마가 이슬람교도이며 최근 선거에서 불법 이민자들이 떼를 지어 투표했다고 믿는 식이었다. 하지만 자신이 지지하는 정당은 전혀 비판하지 못했다. 미디어의 가짜 정보가 걱정되냐는 질문에 "대답하기 어려운 질문이네요. 보수에도 가짜 뉴스가 있으니까요."라며 보통 스놉스Snopes*에서 진상을 꼼꼼하게 확인한다고 했다. 재닛은 전 미국프로농구NBA 스타 마이클 조던에 관해 읽은 내용을 들려주었다. 조던은 미국 프로 미식축구 경기 시작 전, 국가를 부를 때 무릎을 꿇은 선수**를 지지한 나이키에 대항하는 의미로 에어조던 라인을 중단하라고 요청했다고 한다. "제가 찾아봤는데 사실이 아니었어요. 마이클 조던은 그런 요청을 한 적이 없습니다."

옳은 편에
서는 게 좋아

---

* 오보, 루머, 민담에 관한 사실을 확인하기 위해 만들어진 웹사이트.
** 국가를 부를 때 기립하는 대신 무릎을 꿇어 인종차별에 시위한 선수인 콜린 캐퍼닉을 이른다.

진보 성향의 봇을 팔로우하는 데 동의한 시점의 재닛은 패티와 상반되었다. 패티는 정치와 거리를 둔 데다 시사에 무관심했지만 재닛은 이야기한 모든 문제에 매우 보수적인 견해를 보였다. 패티가 양당의 치열한 싸움을 서서히 인식하고 어느 편에 설지 결정했다면 재닛은 이미 최전방에 출동할 준비를 하는 2성 장군 같았다. 하지만 막상 그녀가 거기 도착했을 때, 상황은 그녀가 생각한 수준보다 훨씬 심각했다.

첫 번째로 충격을 받은 것은 공화당, 특히 트럼프를 향한 무지막지한 공격이었다. "끝이 없더군요." 진보에서 밀려오는 트럼프 비판 행렬에 놀라며 말했다. "우리 대통령을 쓰러뜨리려는 사람들을 보면 정말 지긋지긋해요." 반향실에서 나오기 전에도 비판의 존재는 알았지만 실험 봇은 재닛이 지금껏 보지 못한, 차원이 다른 공격을 개시했다. 특히 실험 봇이 유명한 배우 새뮤얼 L. 잭슨의 반트럼프 발언을 줄줄이 리트윗하자 실망감을 감추지 못했다. "가장 좋아하는 배우였는데 말이죠. 이제는 아니죠." 또한 봇은 기저귀를 차고 아기처럼 소리를 지르는 대통령이 큰길에 둥둥 떠다니는 이미지같이 가지각색의 희화화된 반트럼프 문구와 그림을 보여 주었다. "다들 이런 게 재밌는 모양이에요. 저는 화가 치밀어 오릅니다. 보수주의자들은 분노하겠지요. 우리가 뽑은 대통령이잖아요."

재닛이 두 번째로 알아차린 사실은 민주당이 공화당의 긍정적인 면조차 전혀 주목하지 않는다는 점이었다. 트럼프를 긍정적으로 보도하는 미디어가 많다고 기대하진 않았지만 아예 없다는 사실에는 충격을 받았다. 나아가 보수주의적 사안에 대한 긍정적인 보도가 거의 없다는 사실에 당혹했다. "예를 들자면 생명 존중 운동pro-life 시위에 백만 명이 넘는 인원이 참가했어요." 2019년 1월 말에 열린 낙태를 반대하는 '생명을 위한 행진March for Life'에 대한 언급이었다. "주류 언론은 고작 1천 명이 왔다며 제대로 보도하지도 않았어요……. 반면 여성 행진Women's March이 열리면 온통 그 이야기밖에 하지 않지요……. 정말 거슬립니다." 재닛은 트럼프가 취임한 바로 다음 날, 여성 인권 신장을 위해 열린 대규모 반트럼프 시위를 가리키며 말했다.

생명을 위한 행진은 빙산의 일각이었다. 재닛과 면담한 시기에 진보 진영은 전국적으로 퍼진 어느 영상에 열을 올렸다. 켄터키 커빙턴에 있는 기독학교의 한 학생이 워싱턴 D.C.에서 권리를 외치는 원주민 남성을 조롱하는 듯 보이는 영상이었다. "10대 학생이 그 남성을 괴롭혔다고 말들 하는데 영상을 보세요. 사실이 아니라는 걸 알 수 있으니까요." 머지않아 재닛의 말은 입증되었다. 고대 유대인의 자손이라 믿는 아프리카계 미국인들로 구성된 시위자 집단의 공격을 받은 그 학생이 원주민 남성과 맞닥뜨리는 모습이 담긴 새로운 영상이 올라왔기 때문이다. 미국과 멕시코 국경에서 젊은 어머니와 아이들 둘이 바로 옆에 떨어진 최루가스를 피해 도망치는 사진 때문에 격분하는 진보 진영의 모습에 그는 혼란스러워했다. "그들이 우리 국경 순찰대에게 돌을 던지고 장벽을 넘어와 사람들을 괴롭히는 걸 보면 화가 나요." 재닛은 특히 이중 잣대에 분노를 느꼈다. "오바마가 임기 중에 그런 명령을 내렸을 때는 아무도 이야기 안 했습니다. 오바마도 최루가스를 던졌다고요."

오바마에 관한 음모론을 믿는 재닛의 주장은 미심쩍었다. 하지만 내가 아는 오바마는 여러 방면에서 이민자를 대변한다. 그는 미국에

체류하는 드리머DREAMer*의 권리를 위해 싸웠고, 미국의 기초 가치로 다양성을 주장했다. 그리고 조지 W. 부시 행정부가 이라크, 관타나모만 수용소, 미국 중앙정보국의 블랙사이트**에서 행한 인권 침해와 잔혹성을 비난했다. 오바마 행정부가 우리 국경에서 오도 가도 못하는 불행한 이민자들에게 최루가스를 쓴다고는 생각지 못했다. 나는 급히 스놉스에 접속해서 재닛이 가짜 뉴스의 피해자라는 내 생각을 확인하기 위해 문의했다. 하지만 내가 틀렸다. 미국 관세국경보호청에 따르면 오바마의 두 번째 임기 동안 국경 순찰대는 최루가스를 한 달에 1.3회 빈도로 사용했다.[10]

잘못된 정보에 관해 내가 알아가는 동안 재닛은 공격할 대상을 늘렸다. 패티 같은 온건한 지지자들은 봇과 거의 소통하지 않았지만, 재닛같이 열정 넘치는 지지자들은 봇이 리트윗하는 메시지를 꾸준히 공격했다. 재닛은 민주당 지도자 척 슈머와 낸시 펠로시가 게시하는 반트럼프 콘텐츠를 언급했다. "다른 사람 계정에서 혐오 발언을 보면 제 생각을 전합니다. 일깨워줘야 해요. 당선자는 트럼프라는 사실을요. 트럼프를 조롱하면 자기 정당 지지자뿐만 아니라 다른 많은 사람에게 상처를 준다는 사실도요." 재닛은 대체로 진보 진영의 명백한 위선을 비방으로 일축하거나(바로 위에 언급한 최루 가스에 관한 주장이 그예다) 자신이 생각하기에 미국적이지 않은 트윗을 게시하는 사람들을 모욕했다.

정당 충성도가 높은 참여자들은 자기편을 옹호하는 행동을 의무

---

* 정식 비자가 없는 젊은 이민자 집단.
** 미국 국외에 있는 비밀 군사 시설.

로 여겼다. 그렇게 행동함으로써 기분도 나아지는 듯했다. 슈머나 펠로시 같은 진보 진영의 지도자를 공격한 행동에 관해 묻자 재닛은 "그들이 제 메시지를 읽었는지는 모르겠지만 최소한 제 의견을 말한 것만으로 기분은 나아졌어요."라고 대답했다. 그리고 같은 보수주의자들이 자신을 응원할 때는 기분이 더 좋다며 그런 일이 자주 있다고 말했다. 그는 자신이 올린 게시물의 '좋아요'와 지지하는 댓글을 언급했다. "화면을 쭉 내리면서 저와 같은 신념을 지닌 사람들을 발견하면 정말 기분이 좋아요." 이런 지지와 경험은 보수주의 정체성을 더욱더 굳건하게 할 뿐 아니라 보수적인 반향실에 깊이 빠지게 만든다. 실험봇을 팔로우하고 6개월 후, 연구에 참여한 다수의 열정적인 지지자들과 마찬가지로 재닛은 소셜 미디어에서 더 많은 보수주의자를 팔로우했다. 나는 반향실이 단순히 우리 연구에 참여하기 전에 주로 본 비슷한 종류의 정보만을 노출하는 것이 아니라, 상대 정당의 공격으로부터 보호하는 역할도 한다는 사실을 깨달았다.

다시 **시작하기**

잠시 멈춰 생각해보자. 통속적인 이야기에 따르면 반향실에서 나온 사람들이 어떻게 변할 거라고 말하는가? 첫째, 반대 의견에 직면하면 자기 성찰을 하게 되고 모든 이야기에는 양면이 있다는 점을 깨닫는다고 한다. 나은 경쟁 구도를 만들어 새로운 아이디어가 싹틀 수 있게 될 뿐 아니라 서로를 인간답게 보고, 편 가르기보다 연합할 영역을 발견하는 데 도움이 된다고들 한다. 시간이 지나면 이런 경험이 우리 모두를 제대로 된 정보를 숙지하는 온건한 시민으로 만들어, 다양한 정보를 고려해 견해를 형성하는 책임을 충실히 완수하리라 기대할 만하다. 이런 경험이 쌓이면 우리가 상대 당의 타당한 주장을 같은 당의 극단주의자들에게 들려주리라 내다본 사람도 있었다.

패티와 재닛을 비롯한 면담자들의 이야기를 분석하니, 위의 주장이 먼 나라 이야기처럼 들린다. 한 달 동안 실험 봇을 팔로우하고서도 두 여성은 《뉴욕 타임스》의 칼럼니스트 데이비드 브룩스나 몬태나의 주지사 스티브 불럭 같은 온건주의자들이 제시한 정책 의견을 고려해보지 않았다. 봇을 팔로우한 대다수 피험자가 사회 정책에 관한 새로운 의견을 보고도 언급하지 않았다. 반향실에서 나왔다고 서로를 인간답게 대하지도 않았는데 제 당의 극단주의자들을 비판할 리는 더욱더 없었다. 오히려 '우리'와 '그들'의 다름을 한층 분명하게 인식했다.

상대의 공격은 패티 같은 미온적인 지지자들에게서는 잠들어 있던 정치 정체성을 일깨운 듯 보였다. 재닛 같은 열성적인 지지자들은 '우리'와 '그들'의 차이를 크게 느끼는 계기가 됐다. 두 지지자 모두 나은 경쟁 구도를 만들기보다는 정체성을 지키기 위한 사나운 경쟁에 진입했다.

소셜 미디어에서 상대 의견에 노출될 때 기존 의견이 강화되는 까닭을 이해하기 위해 진행한 연구의 결과는 우리에게 해답 대신 심오한 질문을 던졌다. 상대 정당에 노출된 사람들은 어째서 새 견해를 알려고 하지 않고 정체성을 강화하는가. 왜 패티는 반향실의 안락함 밖에서 기다리고 있는 정당 전쟁을 쉽게 무시하지 못하는가. 왜 재닛은 상대를 바꾸는 노력이 무용지물임을 알면서도 더 깊이 전투에 뛰어드는가.

소셜 미디어 프리즘

1973년 7월 중순, 세계에서 가장 뛰어난 사회 심리학자가 뉴욕 미들 그로브의 숲을 걸으며 산불을 낼 이상적인 장소를 찾고 있었다. 당시 동시대 심리학자들이 하나같이 실험실 쥐로 연구할 때 무자퍼 셰리프 는 인간의 정체성이 어떻게 폭력적인 갈등을 만들어 내는지 이해하려 고 고심했다. 터키인과 아르메니아인들의 오랜 경쟁 구도를 보며 성 장한 그는 공통점이 아주 많은 집단 사이에서 걷잡을 수 없는 격차가 벌어진 원인을 알고 싶었다. 그래서 뉴욕 북부의 숲으로 뒤덮인 조용 한 마을에서 불을 내는 기이한 연구를 설계했다. 록펠러 재단에서 받 은 변변찮은 연구비로 그는 가짜 여름 캠프를 열어, 열한 살 남자아이 마흔 명을 불러 모았다. 최대한 비슷한 아이들이 선별되었는데, 모두 백인 개신교도이자 또래에, 비정상적abnormal 심리적 특성을 지닌 아 이도 없었으며, 캠프 전 알고 지낸 아이들도 없었다. 셰리프는 아이들 이 어울려 놀면서 친구가 되도록 둔 다음 무작위로 팀을 만들어 여러 시합에서 경쟁하도록 계획했다. 아이들이 '비단뱀'이나 '검은 표범' 팀 에 배정받고 나면, 집단 정체성이 있다는 이유만으로 상대 팀을 향한 반감이 커지리라 예상했던 것이다. 이 실험은 소속감을 느끼려는 인 간 고유의 욕구가 어린 시절 그가 목격한 집단 간의 비극적 증오를 낳

는지 살피기 위한 것이었다.[1]

하지만 셰리프의 예상은 빗나갔다. 아이들은 비단뱀과 검은 표범 팀으로 나뉘었지만 사이좋게 잘 지냈고 부여받은 정체성에 신경 쓰지도 않았다. 몇 년 동안 설계한 실험을 살리려는 조급한 마음에 셰리프는 연구 보조원 두 명에게 아이들의 텐트에서 몰래 물건을 훔쳐 오라고 지시했다. 하지만 아이들을 자극해 갈등 상황을 만들려는 시도는 또 실패하고 말았다. 아이들이 침착하게 상황을 논의한 뒤 서로 결백하다고 맹세하고 캠프 세탁장에서 물건이 없어졌으리라는 현명한 결론을 내렸기 때문이다. 나중에 아이들이 '캠프 지도원'(연구 보조원)을 의심하기 시작하자 술을 마시던 셰리프는 연구 보조원 둘을 숲으로 데려가 분풀이했다. 그가 연구원 한 명을 칠 듯이 주먹을 올리자 젊은 대학원생 연구원이 "박사님, 저를 때리시면 저도 박사님을 때릴 겁니다"라고 맞섰다.[2] 다행히도 셰리프는 정신을 차리고 씩씩거리며 자리를 떠났다. 세 명의 연구원은 우습게도 아이들이 갈등을 해결하는 구체적인 상황을 관찰하지는 못했지만 결국 그날 밤 산불을 낼 필요가 없다고 결정했다. 산불은 아이들이 공통된 위험을 해결하기 위해 다른 팀과도 화합하는지 보려고 설정한 사건이었다.

셰리프의 기이한 연구는 여기에서 끝나지 않는다. 뉴욕 북부에서 진행한 실험의 실패에도 단념하지 않고 그는 1년 뒤 오클라호마 로버스케이브에서 가짜 여름 캠프를 다시 열었다. 이번에도 비슷하게 어린 남자아이들을 모집했지만 이 악명 높은 실험에서는 팀을 정하기 전까지 아이들이 어울리지 못하도록 호수의 양편에 방울뱀과 독수리 팀으로 나눠 놓았다. 이 두 팀은 서로의 존재를 모른 채 1970년대 중반 미국 보이 스카우트 캠프에서 주로 하던 교육 활동에 참여했다. 같은 팀끼리 유대감을 형성하고 나서 얼마 후, 각 팀은 다른 팀이 있다는 사실 그리고 두 팀이 다음 날 경쟁할 것이라는 정보를 듣는다.

첫 실험은 실패로 끝났지만 새로운 실험은 순식간에 윌리엄 골딩의 소설 『파리대왕』과 비슷한 전개로 흘렀다. 이 소설은 1950년대 인기를 얻은 작품으로 외딴 섬에 발이 묶인 소년들이 갈등을 해결하기 위해 결국 살인이라는 방법을 택한다는 이야기이다. 캠프에 참가한 아이들은 '평범'했고 서로 싫어할 이유가 없었다. 그러나 그들은 별다른 사건도 없이 서로를 놀리기 시작했다. 독수리 팀이 거친 줄다리기 게임에서 방울뱀 팀을 이기자 방울뱀 팀은 독수리 팀의 깃발을 태워버렸다. 머지않아 각 팀은 함께 앉아서 식사조차 하지 않겠다고 했으며 밤늦게 다른 팀을 습격해서 개인 물건을 훔쳐 오기도 했는데, 그 전해에 셰리프의 연구 보조원들이 한 행동과 소름 끼치게 흡사했다.

두 번째 실험은 그의 가설을 입증하며 성공했다. 집단끼리 서로 적의를 품는 데 필요한 요소는 공동의 정체성뿐이었다. 실패한 첫 실험과 성공한 두 번째 실험의 유일한 차이점은 두 팀이 서로 분리되어 있으면서 정체성을 구축할 시간이 있었다는 점이다. 셰리프의 실험 이후 수십 년간 진행된 여러 연구가 밝힌 결과는 사회 집단에서 구성원으로 소속된 사람들이 대개 자기 집단 사람을 선호하고 경계선 밖에 있는 사람은 꺼린다는 사실이다.[3] 이것은 아이들에게만 나타나는 현상이 아니다. 자기 집단의 구성원을 선호하는 인간의 성향은 지구상 모든 문화에서 나타난다.[4] 또한 사회 과학자들은 여러 연구에 걸쳐 독수리와 방울뱀 팀보다 의미 없는 집단에 소속되더라도 내집단 선호 in-group favoritism가 나타날 수 있고 외집단 구성원에게 가혹할 수 있다는 점을 발견했다. 그런 행동으로 심지어 자기 집단이 대가를 치르게

되더라도 개의치 않았다.[5]

　독수리와 방울뱀 팀처럼 철저하게 임의로 만든 정체성만으로도 쉽게 적대감을 형성한다면, 정치학자 릴리아나 메이슨이 언급한 대로 정교하게 계획된 캠페인, 미디어 전문가, 오랜 시간에 걸쳐 조직화된 활동으로 무장한 정당이 공화당과 민주당 지지자 사이에 뿌리 깊은 적대감을 조성할 수 있다는 사실은 놀랍지 않다.[6] 그리고 이 정당들이 아주 효과적으로 우리의 열정에 불을 지필 수 있다면, 오클라호마 시골의 호수 양쪽에 머문 여름 캠프 학생들에게 일어난 일과 마찬가지로 우리가 반향실에 갇히는 순간 정당의 세력이 커진다는 사실도 받아들여야 한다.

비이성적인
대중

　이성적 사고가 나은 사회를 낳는다는 믿음은 유구하다. 개인이 다양한 사실을 바탕으로 자신의 의견을 정립할 때 사회가 순조롭게 돌아간다는 이 생각은 민주주의의 기반이 되었다. 오늘날 우리가 소중히 여기는 여러 이상적 목표와 마찬가지로 이 생각은 계몽주의 시대에 번성했다. 드니 디드로가 주장하듯 이성은 과학자들이 자연 세계를 정복하도록 힘을 보탰다. 그렇다면 나은 사회를 건설하기 위해 이성을 사용하면 어떨까? 이 진보적인 발상이 꽃을 피운 산실은 살롱이었다. 이탈리아에서 시작해 프랑스에서 대중화된 살롱은 영향력 있는 상류 인사들이 주최한 시사 토론을 위한 소모임이었다. 역사학자들은 재치와 학식을 고루 갖춘 사람들이 모인 살롱이 공론장을 제공했기에 현대 민주주의의 중요한 선구 역할을 했다고 주장한다. 물론 와인과 성관계를 위한 구실일 뿐이었다고 설명하는 역사학자도 있다.[7]

민주주의를 탄생시킨 모태까지는 아니더라도 살롱의 역할을 강조하는 사회 과학자는 많다.[8] 독일의 사회학자 위르겐 하버마스는 살롱이 20세기에 떠오른 대중 매체 체계의 준비작업이라고 했다.[9] 그는 신문, 라디오, 텔레비전이 많은 사람에게 탁 트인 장을 마련해 주었기에 공론의 출현을 가능하게 했다고 한다. 정보를 효과적으로 확산하는 새로운 기술은 경쟁 구도를 발전시킨다. 이런 믿음은 공론에 관한 현대 이론의 기초를 제공했다.[10] 최근 몇십 년간 제임스 피시킨 같은 정치학자들은 소수 인원을 모집하여 사회문제를 해결할 방법을 토론시키는 공론조사 개념을 대중화했다. 피시킨은 사람들이 본인 견해를 온건하게 하고 최선의 해결책을 찾으며 심지어 정치에 더 열정을 느끼게 된다고 주장한다.[11]

인터넷의 초기 참여자들이 거대하고 열린 생각의 시장을 만듦으로써 살롱 문화를 확대하는 소셜 미디어의 가능성을 기뻐한 것은 자연스럽다.[12] 그들은 소셜 미디어 사이트가 모두에게 열려 있을 뿐 아니라 공론장의 경계를 엄격하게 감시하는 형식적인 정보 통제자(텔레비전 프로듀서, 신문 기자 등)가 없어도 된다고 주장했다. 게다가 소셜 미디어는 사람들의 의견을 정립하는 데 필요한 정보를 무한히 제공하며, 오프라인 환경에서 만나는 것보다 훨씬 다양한 사람과 정보를 공유하게끔 돕는다.

오늘날에는 소셜 미디어를 완벽하게 보는 비전이 이상해 보일 수 있지만, 사람들을 연결하면 더 효과적인 민주주의를 실현한다는 논리는 여전히 많은 기술회사 지도자들의 원동력으로 작용한다. 페이스북의 CEO 마크 저커버그는 페이스북 유저들이 실제로 가짜 뉴스를 분별할 능력이 있다고 믿는다. 가짜 뉴스라는 용어 자체가 정치 논쟁의 불씨인데도 말이다.[13] 마찬가지로 트위터의 CEO인 잭 도시는 사람들에게 더 다양한 견해를 보여 주기 위해 알고리즘 수정을 고려했다. 온건주의자들이 증가한다고 믿어서였다.[14] 당신은 어떤가? 신중하게 조사해서 올린 흥미로운 게시글이 당신 아이, 고양이, 강아지 사진보다 조회 수가 낮은 이유를 궁금하게 여겨 본 적 있는가?

3장에서 패티와 재닛의 이야기가 준 교훈처럼 소셜 미디어는 18세기의 살롱이라기보다는 드넓은 미식축구 경기장 같다. 우리의 본능은 전두엽 피질이 아니라 유니폼의 색깔을 보고 나아간다. 사실 우리 견해가 정치 정체성을 결정하는 게 아니라 정치 정체성이 견해를 결정하는 경향은 수년 전 심리학자 제프리 코언의 기발한 실험으로 확인된 바 있다.[15] 코언은 진보와 보수 성향의 학생들을 모집해 가상의 복지 정책을 평가시켰다. 민주당 지지자들이 전형적으로 선호하는 좋은 복지 혜택과 경제 재분배에 엄격한 공화당 지지자들이 선호하는 정책이 주어졌다. 하지만 연구의 처리 조건에서 이 두 가상의 정책을 반대 정당에 집어넣었다. 민주당을 지지하는 학생들은 복지 혜택이 후하든 엄격하든 상관없이 민주당의 정책을 선택했고 공화당을 지지하는 학생들도 마찬가지로 정책의 내용을 검토하고도 공화당의 정책을 지지했다.

이 실험 이후에 진행된 많은 연구는 미국인의 사회 정책에 관한 견해가 생각보다 훨씬 덜 양극화되어 있다는 사실을 보여 준다.[16] 사회 정책에 관한 의견 불일치 비율은 과거 몇십 년 동안 변함이 없었지만, 서로를 바라보는 태도는 훨씬 부정적으로 변했다. 1960년부터 미국 선거연구기관(ANES)은 수천 명의 미국인에게 자녀가 반대 정당 지지자와 결혼한다면 어떤 기분일지 물었다. 그때는 공화당 지지자의 5퍼센트, 민주당 지지자의 4퍼센트만이 불쾌할 것이라고 대답했다.[17] 하지만 2010년에 그 수치는 공화당 지지자의 경우 27퍼센트, 민주당 지지자의 경우 20퍼센트로 늘었다.[18] 2018년에는 양당 지지자의 50퍼센트 가까이가 불쾌할 것이라고 답했다.[19] 미국 남부에서 일어나는 정치 갈등을 조사한 권위 있는 민족지학 연구*에서 사회학자 앨리 혹실드는 민주당과 공화당 지지자들이 서로 싫어할 뿐 아니라 인간으로 대하지 못하는 '공감의 벽'을 둘 지경이라고 말했다.[20]

사회 과학은 정치적 정체성 때문에 이성적인 본능, 공감 능력, 심지어 정치와 상관없는 문제를 두고 서로 가까워지는 능력이 얼마나 쉽게 사라지는지 나타내는 불편한 지표를 수없이 쏟아냈다.[21] 어느 연구는 온라인 인력 시장에서 민주당과 공화당 지지자들이 함께 일하는 상황을 피할 수 있다면 낮은 보수를 받겠다고 대답한 사실을 보여 주었다.[22] 타인에게 가상의 직장과 대학교 장학금을 수여하는 다른 연구에서는 상대 당 지지자가 자기 당 지지자보다 자격 조건이 좋아도 같은 당 지지자에게 보상을 준다는 결과가 나왔다.[23] 우리 자의식에서 정치적 정체성은 상석을 차지했고, 우리는 이에 따라 타인의 매력에 점수를 매긴다. 어느 정치학자 집단은 무작위로 정당을 부여한 사람들을 응답자에게 보여 주며 그 사람들이 얼마나 매력적인지 판단하도록 했다. 학자들은 응답자들이 다른 당 지지자들에게 훨씬 엄격한 점

---

* 특정 집단의 문화를 이해하기 위해 현장에서 자료를 수집하고 기록하는 학문.

수를 준다는 사실을 발견했다. 같은 정당 지지자라고 들은 다른 응답자들은 그 사람들을 아주 매력적이라고 평가했는데도 말이다.[24] 두 정당의 차이는 여기에서 끝나지 않는다. 공화당 지지자들은 포드의 픽업트럭을 좋아하고 민주당 지지자들은 도요타의 프리우스를 선호한다. 진보주의자들은 카페라테를 좋아하고 보수주의자들은 드립커피를 선호한다. 연구에 따르면 이제 민주당과 공화당 지지자들은 각각 다른 텔레비전 프로그램을 시청하고 음악마저 다른 종류를 듣는다.[25]

정치적 정체성이 우리가 주변 세상을 이해하는 방식을 형성한다는 증거가 불어나면서 사회 과학자들은 사람들이 냉정하게 상대 주장의 가치를 숙고한다는 주장을 거의 포기했다.[26] 하지만 학자들이 풀지 못한 깊은 문제가 더 있다. 민주당과 공화당 지지자들은 독수리와 방울뱀 팀이 아니고 소셜 미디어 플랫폼은 여름 캠프와 완전히 다르다는 사실이다. 패티와 재닛이 보여 주었듯, 정치적 정체성은 소셜 미디어를 켜고 끌 때마다 단순히 입고 벗는 팀 유니폼이 아니다.[27] 우리 정체성은 소셜 미디어에서 다른 유저들과 정보를 주고받으며 발달한다. 그렇다면 이제 중요한 질문을 던져야 한다. 소셜 미디어 플랫폼은 자기 자신과 타인을 바라보는 방식을 어떻게 형성하는가.

소셜 미디어와
지위

잠시 생각 실험을 한 가지 해 보자. 만약 당신이 내게 소셜 미디어 계정을 모두 볼 수 있도록 접근 권한을 준다면, 그래서 모든 게시글, 사진, 영상을 분석한다면 나는 과연 당신이 누구인지 파악할 수 있을까? 페이스북, 트위터, 인스타그램, 뭐가 됐든 자주 쓰는 플랫폼에서 최근 게시물 몇 개를 살펴보라. 당신은 끝없이 넓은 피드에 무엇을 남길지 어떻게 결정하는가? 아니 소셜 미디어에 게시하지 않는 것은 무엇인가? 대다수 사람과 비슷하다면 "엄청 많아요"라고 대답할 것이다. 데이트 앱을 사용해 본 적이 있다면 지나치게 많은 정보를 게시한 결과를 아마 직접 경험해 봤을 것이다. 이 생각 실험의 요점은 소셜 미디어가 나타나기 전의 소개팅이 나왔다는 말이 아니라(과거에도 소개팅은 어려웠다) 가장 기본적인 인간 본성을 조명하는 데 있다. 우리 인간은 독특한 생명체이다. 다른 사람이 우리를 어떻게 생각하는지 깊이 생각하기 때문이다. 강아지의 관점에서 보자면, 우리는 의식적으로든 무의식적으로든 여러 사회 환경에서 자신의 다른 모습을 보여주는 데 많은 에너지를 쏟는다. 어떤 모습이 남들에게 '통하는지' 찾기 위해서다.

사회적 지위를 얻으려는 집착은 소셜 미디어가 나타나기 오래전부터 존재했다. 물론 소셜 미디어에서 지위를 얻기 위해 남들보다 더 열심인 사람도 있다. 하지만 정체성은 모든 사람이 얻으려고 노력하는 자아 존중감을 주기 때문에 지나치게 집중하게 된다. 이 이론은 노르베르트 엘리아스나 어빙 고프먼 같은 사회학자들의 초기 연구에서도, 심지어 최첨단 신경 과학 연구에서도 찾아볼 수 있다.[28] 연구의 일반적 결론은 스스로 만족감을 느끼는 정체성을 선택하고, 수치심이나 부끄러움을 느끼게 하는 정체성을 피한다는 것이다. 정당을 비롯해 사회적 집단의 구성원이 되려는 주된 이유는 스스로 얻지 못하는 자아 존중감을 얻을 수 있어서다.[29] 다른 사람과 유대감을 돈독하게 함으로써 긍정적으로 자기 가치를 확인하며 자아 존중감을 마련하기도

하지만, 유능하지 못하고 부정직하고 비도덕적인 타인과 우리 편의 경계를 명확하게 구분하는 과정에서 자아 존중감은 자주 얻어진다.[30] '우리'와 '그들' 집단을 분류하는 데서 오는 우월감은 지위를 얻고자 하는 본능적 욕구를 채워 준다.

우리 같은 학자들이 가장 좌절감을 느끼는 점은 정체성이 끝없이 진화한다는 사실이다. 이 장을 시작할 때 등장한, 무작위로 팀이 정해진 여름 캠프 학생들과 달리 보통 사람들은 이유 없이 공화당 또는 민주당 지지자가 되지 않는다. 사람들이 자신의 자아 존중감을 개선하는 정체성을 개발한다는 사실은 알아냈지만, 다른 사람의 신호를 어떻게 읽는지는 분석하지 못했다. 바로 이 지점에서 사회적 관계를 다루는 사회학은 필수적인 학문으로 작용한다. 사회적 맥락이 신념, 행동, 그리고 현재 논의에서 가장 중요한 정체성을 어떻게 형성하는지 연구하는 학자가 사회학자이기 때문이다.

사회적 맥락이 정체성을 개발하는 데 어떤 영향을 미치는지 보여 주는 중요한 예시가 사회학자 찰스 호튼 쿨리의 거울 자아looking-glass self이론이다.[31] 쿨리에 따르면 우리는 다양한 사회 환경에서 자신이 보여 주는 여러 모습에 반응하는 타인을 관찰하며 자아 개념을 개발한다. 정체성은 그저 상황에 따라 입는 옷의 종류가 아니라 사회 실험의 복잡한 과정에서 나온 결과다. 다시 말해 우리는 계속해서 다르게 행동하며 어떤 모습이 타인에게서 긍정적인 반응을 끌어내는지 관찰하고 그 결과에 따라 행동한다.[32] 예를 들어 가족과 친구들에게 내가 브레이크 댄스를 아주 잘 춘다고 하면 믿을 수 없다는 듯 웃을 것이다. 하지만 사람들이 나 자신을 낮추는 농담을 잘 받아 준다는 사실을 알게 되었다. 적어도 내가 생각하기에는 그렇다. 핵심은 '내가 생각하기에 사람들은 스스로 놀림감이 되기를 자처하는 내 성격을 좋아하는 것 같다'이다. 우리는 의식적으로든 무의식적으로든 주변 환경을 유심히 살피지만 다른 사람의 생각을 못 맞힐 때가 많다.

고프먼은 사지나 신체의 부분이 심하게 부풀어 오르는 상피병 같은 신체적 기형이 있는 사람들을 대상으로 민족지학적 연구를 수행해, 타인의 반응을 잘못 읽는 경향을 발견했다.[33] 고프먼은 기형이라는 오명을 입은 사람들이 남에게 차별받을 것을 지레 예상한다는 사실을 알아냈다. 하지만 차별을 예상하며 하는 행동은 오히려 다른 사람들을 더 불편하게 하거나 일반 사람이 오명을 입은 사람들 전체를 무시하기 쉽게 만든다. 그는 사회 환경을 읽을 때 발생하는 그런 오류가 여러 종류의 자기충족적 예언을 낳으며, 이것은 오명을 입은 여러 다른 집단의 구성원들이 경험하는 더 광범위한 편견까지 설명할 수 있다는 점을 밝혔다.[34]

고프먼은 우리가 표정, 여러 가지 몸짓, 어조를 비롯해 언어와 비언어적 신호의 결합으로 사회적 환경을 읽는다고 생각했다. 그의 유명한 말을 빌려 설명하자면 완벽히 다르게 '자아 연출'이 가능한 곳이 소셜 미디어이다.[35] 실제 삶의 의사소통에서 정체성의 어떤 부분은 가리고 어떤 부분은 강조하는 능력을 발휘하기란 매우 어렵다. 하지만 소셜 미디어는 신중하게 잘 고른 자신의 모습을 연출할 융통성을 제공한다. 커뮤니케이션학자 앨리스 마워과 정보 과학자 대나 보이드가 말한 것처럼, 최소한 몇몇 플랫폼에서는 우리 삶의 세세한 모든 장면을 보여 줄 수도 있고 철저하게 익명으로 남을 수도 있다.[36] 하지만 이 양극단을 선택하는 사람은 극소수이다. 아주 흥미로운 사회학적 질문은 대체 왜 여러 모습 중에서 특정한 모습을 선택해 연출하느냐는 것이다.

우리에게 자아 연출 통제권을 주는 데 더해 소셜 미디어는 과거와 달리 사회적 환경의 많은 부분을 효율적으로 추적하고 관찰하게 해 준다. 팔로우하는 사람들이 자주 올리는 새 소식을 볼 수 있는 뉴스 피드는 관심 있는 문제에 관한 정보를 얻는 편리한 방법일 뿐 아니라, 전례 없는 속도와 규모로 자신과 타인을 비교하는 사회 비교social comparison를 가능하게 한다.[37] 소셜 미디어 안팎에서 사회 비교 빈도수를 조사한 에린 보걸과 심리학자 집단은 페이스북 이용자가 비이용자보다 훨씬 자주 사회 비교를 한다는 사실을 발견했다.[38] 이와 연관된 연구에서 심리학자 클레어 미즐리는 페이스북 유저를 관찰하며 누구와 비교하는지, 자아 존중감에 어떤 영향을 미치는지 조사했다.[39] 그녀는 소셜 미디어 유저들이 자신과 사회적으로 거리가 먼 사람, 지위가 더 높은 사람과 비교하는 경향이 있다는 사실을 발견했다. 대부분은 상향 비교를 하고 나면 자아 존중감이 떨어지는 경험을 한다.[40]

또한 뉴스 피드는 사회적 환경을 관찰하도록 내장된 도구를 제공한다. 소셜 미디어 사이트는 자아 연출이 타인에게 통하는지 확인할 수 있는 즉각적인 측정 기준을 주기 마련이다. 이같이 지위는 소셜 미디어 웹사이트의 구조에 깊이 장착되어 있다.[41] 좋아요, 리트윗, 공유 횟수를 확인함으로써 다른 사람들이 우리 게시물에 어떤 반응을 보이는지 지켜본다. 우리는 종종 사람들이 매우 부정적으로 반응하는 콘텐츠를 게시하기도 하는데, 그들은 우리 게시물에 심한 댓글을 달기도 한다. 긍정적 반응보다 부정적 반응이 더 많은 게시물을 지칭하는 이름이 있을 정도이다. 또한 소셜 미디어는 유저의 팔로워나 친구의 수를 버젓이 드러냄으로써 지위를 공개한다. 트위터와 인스타그램의 최상류층에 속하는 유저들은 반짝이는 파란색 체크를 달고서 중요 인사라는 정체성을 입증하는 반면, 나머지에 해당하는 우리는 하층민처럼 이 플랫폼에서 간신히 살아남아야 한다.

물론 소셜 미디어에서 '좋아요'와 팔로워 수가 얼마나 있든 전혀 신경 쓰지 않는 사람도 있지만, 연구 결과는 대다수 사람이 신경 쓴다는 사실을 보여 준다. 2015년, 커뮤니케이션 학자들은 페이스북 유저 141명에게 그들의 뉴스 피드를 연구자들과 공유해 달라고 요청한 후, 각 게시물을 어떻게 생각하는지 말해 달라고 했다. 응답자들은 게시물을 올리고 댓글이나 반응이 많을 때 긍정적인 감정을 느낀다고 대답했다.[42] 신경학적 이유로 이런 결과가 나타난다고 주장하는 학자들도 있다.[43] 신경과학자로 구성된 어느 연구팀은 10대 청소년 집단을 모집해 기능적 자기공명영상fMRI 기계 안에서 사진 공유 사이트인 인스타그램의 모형을 보게 했다. 다른 유저들에게 '좋아요'를 많이 받은 게시물을 본 청소년의 뇌는 보상 처리, 사회적 인정, 친밀감, 주목과 관련된 뇌의 부위가 활발하게 작용하는 현상을 보였다.[44]

프리즘의 **영향력**

소셜 미디어가 중독성이 강하다고 생각하는 사람이 많다. 우리가 스마트폰과 태블릿을 절대 내려놓지 못하도록 실리콘밸리의 마케팅 전문가들이 만든 정교한 시각 자극제를 끝없이 방출한다고 믿기 때문이다.[45] 자료를 꼼꼼하게 살펴보고 수년 간 소셜 미디어 유저 수천 명을 조사한 결과, 우리의 집중력 지속 시간이 급속도로 짧아지는 현상은 큰 그림의 일부일 뿐이었다. 나는 소셜 미디어에 중독되는 근본적인 이유를 다음과 같이 결론 내렸다. 인간에게 공통적으로 있는 본성 (다양한 정체성을 연출해서 보여 주고, 다른 사람들이 어떻게 반응하는지 관찰하고, 소속감을 느끼게끔 자아 연출을 수정하는)을 너무나 쉽게 실현할 수 있기 때문이다.[46]

정치적 양극화에 중대한 영향을 미친 소셜 미디어는 사회적 환경을 잘 읽지 못하는 우리 능력을 악화하며 크나큰 비극을 초래했다. 우리는 사회에서 자신의 위치를 이해하는 데 필요한, 커다란 거울로 소셜 미디어를 바라본다. 그러나 소셜 미디어는 사회적 환경을 굴절하고 구부려, 우리 정체성과 타인을 향한 시선을 왜곡하는 프리즘에 가깝다. 따라서 사람들이 프리즘의 존재를 인식하지 못할 때 소셜 미디어는 지대한 영향력을 행사한다. 다음 장에서는 소셜 미디어 유저와 진행한 면담을 자세하게 분석하고 프리즘이 어떻게 작용하는지 설명하고자 한다. 소셜 미디어에서 지위를 좇는 행동이 극단으로 치달을 때 어떻게 정치적 극단주의의 악순환을 낳는지 보여 줄 것이다.

프리즘이 극단주의를 유도하는 방식

○♡◁

어느 늦은 화요일 밤, 의료 기사인 제이미 러플레이스는 앨라배마 헌 츠빌 근처의 대형 병원에서 야간 근무를 마무리했다. 낡은 아이폰을 꺼내 들고 가장 좋아하는 밴드 콜드플레이에 관한 트윗을 쭉 훑다가 트럼프 대통령의 전 백악관 수석 전략가인 스티브 배넌의 영상에서 시선을 멈췄다. 진보 성향의 트위터 유저들은 이 영상을 보고 부정적 인 반응을 쏟아냈다. 제이미도 상당히 난폭한 트윗으로 맞장구를 쳤 다. "성병이라니 꼴좋다." 배넌의 불그레한 뺨에 큰 붉은 자국이 헤르 페스 바이러스로 생기는 입술 발진을 닮았다고 비꼬는 말이었다. 그 는 계속해서 화면을 내리며 보수 인사들을 모욕하는 트윗을 몇 개 더 게시한 후 귀가했다.

트위터 게시물을 대충만 훑어봐도 제이미는 플랫폼에서 가장 극 단적인 진보주의자에 속했다. 그러나 우리가 처음 그를 만났을 때 온 라인에서 드러내는 별난 모습은 전혀 찾아볼 수 없었다. "새로운 앨범 이 나왔는지 보려고 트위터를 켭니다. 다른 사람이 제 견해를 보든 말 든 신경 안 써요. 저는 스포츠 경기 점수를 확인하거나 콜드플레이가 새 앨범을 냈는지 보거나, 그러니까…… 그저 정보를 찾으려고 트위 터를 사용하는 게 다입니다." 나중에 알게 됐지만 제이미는 우리를 속였다. 그가 말하는 자신의 모습과 소셜 미디어에서 야유를 퍼붓는 선동가의 부조화는 가히 충격적이었다. 우리가 고용한 조사 기관까지 속이고 자신이 '열렬한 공화당 지지자'라고 응답할 정도의 그럴듯한 위장이었다.

공화당 지지자는 분명 아니지만 제이미는 그들 속에 둘러싸여 살아간다. 미국에서 가장 공화당 성향이 짙은 지역에 사는 부모님이 진보 성향을 지녔다. 그래서 친척 대부분은 제이미 가족과 의견이 다르다. "트럼프가 대통령이 되고 나서 우리 집안은 말 그대로 완전히 찢어졌습니다. 이제 풋볼 경기조차 함께 보지 못해요." 그가 불만을 터뜨렸다. 공화당이 지배적인 주에서 제이미와 민주당 지지자들은 스포츠 경기 시청 이외에도 부딪히는 문제가 많다. "목숨을 내놓아도 아깝지 않은 친구들이 있습니다. 하지만 그 녀석들이 도널드 트럼프를 찍고 나서 저는 말을 섞지 않아요." 10년 전 대학을 그만두고 연봉 4만 달러도 채 받지 못하는 직장에서 야간 근무를 하는 30대 후반 미혼에 무신론자인 제이미에게 이런 상황은 깊은 좌절감과 외로움을 안긴다. 가끔 고등학교 친구들과 마주칠 때도 있지만 정치 이야기만 나오면 분위기가 급격히 싸늘해진다. "정말이지 너 같은 멋진 녀석이 트럼프의 터무니없는 말에 속다니…… 이제 크리스마스 휴가 때 맥주 한잔하자고 내게 전화도 안 하겠구나."

비록 우리 연구팀에 거짓말은 했지만 그는 자신의 강한 진보적 성향을 말하는데 거침이 없었다. 공화당 지지자들을 "나쁜 놈들"이며, "그들이 주장하는 건 무조건 반대"하고, 공화당 지지자들과 일치하는 면은 "눈곱만큼도 없다"고 대답하는 식이었다. 대다수 열렬한 민주당 지지자들과 마찬가지로 그는 트럼프에게 반감이 엄청났다. 트럼프가 잘하는 점을 하나라도 찾을 수 있냐는 질문에는 "전혀요."라고 대답하더니 말을 멈추었다. "글쎄요. 만약에 누가 제 머리에 총을 들이댄다면…… 죽도록 고문당해서 꼭 무언가를 말해야 한다면…… 교도소 개혁이겠죠. 언젠가는 해야 할 일이었으니까요." 하지만 그는 재빨리 돌아서 비아냥댔다. "어이쿠, 대단하십니다. 부자가 아닌 사람들을 위해 딱 한 가지 일을 하셨군요, 트럼프 양반. 분명 더 조사해 보면 그 일에서도 어떻게든 돈을 빼내고 있을 겁니다." 제이미는 자신과 비슷하게 경제 수준이 낮은 많은 미국인에게 매력적으로 다가오는 한 가지, 즉 트럼프의 당선으로 매달 월급이 조금 인상된 사실마저도 기뻐하지 않았다. 또한 2017년 트럼프의 세제 개혁으로 하류층과 중산층은 큰 혜택을 보지 못했다고 잘못 알고 있었다.[1] "앞으로 돌려받을 세금은 오바마 정부 때보다 훨씬 적을 겁니다"라고 말했다.

소셜 미디어 플랫폼은 제이미 같은 정치적 극단주의자의 견해와 행동에 어떤 방식으로 영향을 미칠까?[2] 전문가, 정책 입안자, 기술 분야의 지도자들 사이에서는 이 질문의 대답이 이미 많이 오갔지만, 정치적 극단주의자나 트롤*에 관한 학문적 연구는 상대적으로 매우 적다.[3] 이유가 있다. 정치적 극단주의자들은 연구 대상이 되기를 거부하며, 혹여 사회 과학자들이 그들을 조사하거나 면담할 기회가 생기면 제이미처럼 중요한 세부 정보를 숨길 때가 많기 때문이다.[4] 그러므로 소셜 미디어의 극단주의에 관한 거의 모든 연구는 플랫폼에서 보여 주는 행동에만 집중할 수밖에 없다.[5] 이런 전략은 제이미의 이야기가 보여 주듯 극단주의의 일부만 나타낼 뿐이다. 이번 장에서 나는 극

---

*   troll. 인터넷상에서 고의로 악의적인 게시물이나 댓글을 작성하는 사람.

단주의자들이 소셜 미디어 프리즘을 통해 자기 자신과 타인을 어떻게 왜곡해서 보는지 설명하고, 그런 행동을 함으로써 타인을 더 멀리 밀어내는 자기충족적 예언이 이뤄지는 과정을 짚고자 한다.

외로운 **트롤**

소셜 미디어의 극단주의자들을 관찰하며 발견한 한 가지 공통점은 그들이 실제 삶에서 지위가 낮다는 사실이다.[6] 제이미가 보수 성향의 친구들과 어울리기 힘들어하는 점은 앞서 설명했다. 앨라배마에서 수천 킬로미터 떨어진 곳에 아주 비슷한 이야기가 펼쳐지고 있었다. 네브래스카에 사는 에드 베이커는 아내와 사별한 60대 초반 남성으로 모텔에 산다. 그는 콜로라도에 있는 심각하게 고급화된heavily gentrified 도시인 포트 콜린스에 돌아가길 소망한다. 그가 태어나서부터 대학을 졸업할 때까지 산 곳이다. 1980년대에 금융권에서 일하며 우리 연구팀과 만나기 몇 년 전에 세상을 떠난 아내와 편안하고 안락하게 살았지만, 그 분야에서 일하는 많은 사람과 마찬가지로 에드에게도 시련이 닥쳤다. 큰 금융 회사들이 대거 정리 해고를 하는 바람에 직장을 여기저기 옮겨 다녀야 했다. 살기 위해 어쩔 수 없이 퇴직연금 401K**를 일찍 받아야 했을 때 오바마 행정부에 분노를 금치 못했다. 우리를 만날 무렵 그는 정부가 제공하는 식료품 할인 구매권에 의지하며 살고 있었다. 고향으로 돌아가서 살 형편도 되지 않았다. 야외

** 미국의 확정 기여형 기업 연금 제도. 미국의 근로자 퇴직소득 보장법 401조 K항에 규정돼 있다.

활동을 하기에 아주 좋은 위치에다 세금도 비교적 낮아 기술회사의 부유한 기업가들이 많이 모여드는 바람에 급속도로 고급화되었기 때문이다.[7] 네브래스카로 이사하고서도 그는 직장을 구하지 못한 채 어렵게 살아간다. "이런 작은 동네에서는 어떤 직장에 지원해도 저는 자격 과잉입니다."

에드는 모텔 장기 체류자에게 제공되는 무료 위성방송인 다이렉TV를 보며 아침에 일어나고 저녁에 잠이 든다. 매일 아침 〈폭스 앤 프렌즈〉를 보며 눈을 뜬다. 트럼프 대통령도 아침마다 시청한다고 알려진 인기 있는 아침 뉴스 프로그램이다. 에드는 트럼프를 구원자로 여긴다. 아내가 죽기 전에 든 엄청난 의료비가 오바마 탓이라며, 트럼프에게 미국이 직면하는 여러 문제를 해결할 능력이 있다고 생각한다. "트럼프는 대단합니다. 그를 보면 로널드 레이건 대통령이 떠올라요." 그는 자신이 사는 네브래스카의 작은 마을에 일자리를 창출해 달라고 매주 트럼프에게 손으로 직접 쓴 편지를 보낸다. "그럼 근사한 답장이 옵니다"라고 자랑스럽게 말하며 답장을 읽었다. "관심 가져 주셔서 정말 감사합니다. 사안이 대통령께 전해지도록 최선을 다하겠습니다." 그는 특히 트럼프의 사업가적 감각을 높이 평가하므로 돈을 모아 트럼프의 저서 『거래의 기술The Art of the Deal』(살림출판사, 2016)을 구매했다. 중요한 것은 트럼프가 자기와 비슷한 처지인 사람을 돕기 위해 대통령에 출마했다고 믿는다는 사실이다. "대통령이 할 수 있는 것은 모두 하고 있다고 믿습니다…… 미국인을 위해서요. 정말 존경스럽습니다. 그가 운영하는 호텔에서 근무할 수 있다면 더할 나위 없을 겁니다. 지금은 돈이 없지만 형편이 된다면 빨간("미국을 다시 위대하게"의 글자색) 모자도 사서 쓰고 돌아다닐 거예요."

점점 진보 성향이 우세해지는 고향에서 멀리 떨어져 사는 데다, 실제로 만날 친구와 가족이 거의 없는 에드에게 트위터와 페이스북은 위안처다. 이 책을 집필하기 위해 우리가 면담한 대다수 보수주의자는 트럼프가 너무 자주 트위터 게시물을 올리는 데다 조심성이 부족하다고 생각했지만, 에드는 트럼프의 소셜 미디어 스타일을 좋아했다. "트럼프는 정말 재미있습니다." 북한의 김정은 같은 적을 강하게 공격하는 방식을 설명하며 "트럼프가 만든 별명도 정말 웃깁니다…… 로켓맨이라니 위트 있잖아요."라고 말했다. 그런 공격적인 발언을 리트윗함으로써 트럼프를 칭찬할 뿐만 아니라 에드는 소셜 미디어에서 진보주의자들을 향해 화를 풀기도 한다. 처음 만났을 때 그는 미국과 멕시코 국경에 장벽을 세우지 못하도록 막는 무리를 '멕시코 마피아 민주당 지지자들'이라고 부르며 조롱했다. 또한 다른 보수 극단주의자들과 마찬가지로, 이미 수년 전 대통령 선거에서 패배한 힐러리 클린턴과 그의 가족을 자주 공격하기도 했다. 로버트 뮬러 특검에 관한 게시물만 보면 자신이 생각하는 클린턴 재단의 부정부패나 빌 클린턴이 관계한 여자들 이야기를 댓글로 달았다.

에드는 소셜 미디어에서 극단적인 행동을 함으로써 카타르시스를 느끼거나 사회적 고립을 견뎌 낸다고 했다. 우리는 그런 행동으로 지위가 향상되는 듯한 자신감을 얻는다는 점을 확인했다.[8] 면담하는 동안 그는 팔로워가 1000~2000명 있다고 여러 번 언급하며 특히 몇몇 보수 인사도 팔로워로 둔다고 매우 자랑했다. 몇 달 후 나는 그의 소셜 미디어 계정을 분석하면서 200명 정도의 팔로워밖에 없으며 더군다나 자신의 팔로워라고 말한 보수 인사는 유명인을 가장해 만든 가짜 계정이라는 사실을 발견했다. 소셜 미디어는 에드를 비롯해 면담에 참여한 여러 정치적 극단주의자에게 온라인 유명인사가 될 수 있는 장소였다. 자신의 영향력을 부풀려 말하고 팔로워들 다수는 그의 견해에 특별히 관심이 있는 진짜 사람들이 아니라도 말이다. 어떤 극단주의자는 그런 지위의 영향을 약물 남용에 비유했다. 몸에 나쁘다는 사실은 알지만 기분은 좋아진다는 것이다.

우리가 면담한 많은 극단주의자는 같은 편에게 지위를 인정받는 것 외에도 다른 사람들을 화나게 하는 데서 쾌감을 느꼈다. 인위적으로든 일시적으로든 다른 사람에게 영향을 끼치는 능력은 삶을 통제하지 못하는 사람에게 중요했다. 미국과 덴마크의 정치학자들은 온라인에서 정치 루머나 가짜 뉴스를 퍼뜨리는 사람들을 알아보기 위해, 양국 모두에서 여러 연구를 진행했다.[9] 학자들이 발견한 사실은 다소 놀라웠다. 거짓을 퍼뜨리는 사람은 단순히 자기편의 승리를 위해서가 아니라, 체계 전체가 고통받으며 혼란을 겪는 모습을 보고 싶어 한다는 결과였다. 학자들의 추측에 따르면 이런 욕구는 사회적으로 소외당하는 경험에서 나온다. 이는 에드와 제이미를 비롯한 정치적 극단주의자들의 사례에서 분명하게 드러났다.

당신이 미처 몰랐던 트롤

면담에 참여한 다른 극단주의자들과 한 가지 차이가 있다면 에드는 자신이 온라인 극단주의자라는 사실을 숨기지 않았다는 점이다. 하지만 레이 화이트의 사례는 달랐다. 레이의 트위터 피드는 불쾌한 나머지 이 책을 집필하기로 한 결정에 후회가 밀려올 정도였다. 당신

소셜 미디어 프리즘

이 나처럼 비위가 약한 사람이라면 이 문단을 뛰어넘기를 바란다. 레이의 트위터 페이지에 방문하면(레이는 그의 실명이 아니다) 먼저 눈에 보이는 것은 똥이다. 끔찍스럽게도 말 그대로 똥, 인간 배설물이 보인다. 간이 화장실과 연결된 분뇨 수거차의 반대편에서 긴 호스가 나와 오바마의 얼굴을 조준한 게시물이 내 눈에 먼저 들어왔다. 재빨리 스크린을 내렸더니 더 불쾌한 장면이 펼쳐졌다. 힐러리 클린턴과 진보 진영의 낸시 펠로시, 알렉산드리아 오카시오코르테스 같은 영향력 있는 의원들이 똥에 둘러싸여 있거나 성 행위를 하는 사진이 쏟아져 나왔다.10 역겨움에 바로 페이지를 닫았다. 대체 왜 이런 게시물을 올린단 말인가? 마음이 진정되고 나서 나는 레이의 트위터에 다시 접속했다. 그는 주로 진보 인사들, 가끔은 추가로 밋 롬니 같은 온건한 보수 인사까지 등장시킨 포토샵 게시물을 하루 평균 열 개 정도 공유했다.

놀랄 만한 사실은 따로 있다. 온라인 행동은 단연코 가장 괴씸하지만 레이는 면담에서 가장 예의 바르고 정중했다. 연구팀에서 그와 처음 면담한 사람은 대학원에 재학 중인 여자 학생이었다. 레이는 전화하는 내내 예의 바르게 '선생님'이라고 불렀을 뿐 아니라 정치적으로 무례한 행동을 비판하기까지 했다. 민주당 지지자들 이야기가 나오자 이렇게 말했다. "저는 그들과 대화를 피합니다. 어떤 방향으로 흘러갈지 알기 때문이지요. 결국 소리를 지르고 싸우고 …… 다른 사람과 싸우고 싶지 않아요. 지금은 하늘에 계시는 아버지가 아주 오래전에 가르쳐 주신 것이 있습니다. 제게 말씀하셨지요. '아들아, 살아가면서 공적인 자리에서 다른 사람과 절대 말해서는 안 되는 할 주제가 두 가지 있다.' '첫째는 정치, 둘째는 종교란다.'" 끔찍한 게시물을 올리면서도 면담에서 하는 말은 완전히 달랐다. "저는 이렇게 생각합니다. 자기주장을 한답시고 상스럽고 저급하고 인종차별적인 발언을 할 필요는 없다고요……. 그런 걸 별로 좋아하지 않습니다." 게다가 소셜 미디어에서 가장 자주 공격하는 사람은 유색 인종 민주당 지지자들이 었지만 그는 자신이 인종차별과 거리가 먼 듯 열심히 설명했다. "저는 도시에서 성장했습니다. 제 친구 중에는 아프리카계 미국인, 스페인 인, 라틴계, 중국인, 한국인이 많았습니다. 다들 형제처럼 잘 지냈고 요. 저는 인종차별을…… 주제에 벗어나는 이야기는 하고 싶지 않지 만…… 인종차별은 정말 비열한 짓입니다."

레이와 면담한 내용이 담긴 녹음 자료를 처음 들었을 때 나는 기 가 찼다. 책을 쓰기로 한 결정까지 후회하게 만든 게시물의 주인과 레 이가 동일 인물이라는 사실이 믿기지 않았다. '분명 데이터를 병합하 면서 생긴 오류일 거야'라고 의심도 했다. 여러 번 데이터를 병합해 봤 지만 확실히 오류는 아니었다. 그렇다면 설문 기관을 속인 건지 궁금 해졌다. 이 장의 초반에 소개한 진보주의자 트롤인 제이미도 자신을 열렬한 공화당 지지자라고 말하며 설문 기관을 속이지 않았는가. 레 이도 이 연구가 사생활을 침해한다고 느끼고 대항할 목적으로 다른 사람의 트위터 계정을 사용했을지도 모른다. 나는 그의 트위터에 다 시 들어가 꼼꼼하게 조사했다. 면담에서 언급한 직장이 트위터 프로 필에도 적혀 있었다. 자신이 사는 지역의 작은 단체 몇 군데를 팔로우 한 것이 보였다. 가장 확실한 증거는 면담에서 말한 독특한 발언 몇 가지가 트윗에도 그대로 묻어 나왔다는 점이었다.

면담 참여자가 정말 레이라는 사실을 확인하고 나서 나는 곧장 면담 전사 자료를 집어 들고 내가 가장 좋아하는 질문을 찾았다. "만 약 실제로 만나지 않은 사람이 당신의 소셜 미디어만 본다면 당신이 어떤 사람인지 파악할 수 있다고 생각하는가?" 레이의 답은 "당연하다"였다. 나는 그가 대놓고 숨긴다는 사실을 눈치챘다. 면담 후반에 접어들어 일상생활에서 실제로 마주치는 민주당 지지자와 온라인에서 보는 민주당 지지자의 차이를 생각해 보라는 질문에 이렇게 답했다. "가끔 회사 사무실에서 동료들과 예의를 차리고 대화할 때도 있습니다. 하지만 그날 밤…… 온라인에 접속하면…… 그들은 지킬 박사에서 하이드로 변해 온갖 거칠고 상스럽고 외설적인 말을 쓸 겁니다. 사무실에서는 못 하지만 온라인에서는 하겠지요." 나는 '만약 사무실 동료들이 레이의 소셜 미디어를 보면 어떻게 느낄까?'라고 속으로 생각했다. 그가 이어서 말했다. "소셜 미디어에 접속해서 이런 행동을 하는 사람이 아주 많습니다. 왜 그런지 아십니까? 외로워서입니다. 관심을 받고 싶어서요. 자기 동네에서는 관심을 주는 사람이 아무도 없거나 술을 마시러 가서조차 아무도 만나지 못하기 때문이지요. 그러니 온라인 접속해 거기에서 불만을 푸는 겁니다. 누군가가 반응해 주면 기뻐하지요…… 저는 그런 사람들을 보면 '대체 문제가 뭐야? 무슨 생각을 하면서 사는 거야?'라고 생각합니다." 온라인에서 불만을 표출하는 외로운 사람이라니? 그건 바로 레이 자신이었다. 설문 기관과 부동산 거래 기록에 제공한 통계 자료를 검토하며 나는 그가 지점장으로 근무하는 미혼의 중년 남성이며 85세인 어머니와 함께 산다는 사실을 알게 되었다. 우리가 면담한 많은 극단주의자와 마찬가지로 레이도 온라인에 완전히 다른 세계를 구축했다.

극단주의라는
광신적 종교 집단

정치적 극단주의자들의 온오프라인 행동을 비교하며 놀란 점 또 하나는 조직적 행동이었다. 트롤 한 명은 서로 팔로우하기로 약속한 극단적 보수주의자들의 목록을 말해주었다. "그들은 우리가 애국주의 자라고 부르는, 마음 맞는 사람들의 목록을 보내 줍니다. '미국을 다시 위대하게'를 외치는 사람들 같은 부류지요…… 그러면 저는 목록을 보고 그 사람들을 팔로우하고 그들도 저를 팔로우합니다. 그렇게 돌고 돌죠." 이런 현상은 보수 성향의 극단주의자들에게서만 보이는 일이 아니다. 예를 들면 텍사스에 사는 진보 성향의 극단주의자는 우리에게 자신이 조직한 비밀 페이스북 그룹 얘기를 들려주었다. 텍사스의 보수적인 지역에 사는 진보주의자들을 위한 그룹이었다. 그는 그룹의 회원이 300명이나 있으며 "주도인 오스틴에서 한 달에 한 번씩 점심을 함께 먹는 회원도 있습니다."라며, 폭력적인 활동을 하지는 않지만 정치적 견해를 이유로 소외당하는 사람들에게 아주 의미 있는 소속감을 준다고 설명했다.[11]

극단주의자들이 정치적 적수를 공격하는 계획을 짜면서 유대감을 강화한다는 사실도 알게 됐다. 소셜 미디어의 극단주의자들이 뛰어난 토론 실력(이상적으로는 풍자와 냉소적 유머를 가미한 토론)으로 상대를 무너뜨리는 데 집중하는 것처럼 보일 수 있겠지만, 연구는 공격을 계획하면서 서로 더 가까워지는, 의식적인 기능도 있다는 사실을 보여 주었다. 연구 기간 중 나는 그들이 서로 괴롭히는 모습을 여러 번 보았다. 면담에 참여한 몇 명은 반대 견해를 노출하는 봇을 팔로우하고 사례금도 받았기 때문에, 그들을 관찰할 아주 특별한 기회를 얻었다. 봇으로 연구를 진행하는 동안 나는 알람을 설정해, 누군가가 우리 봇과 소통할 때마다 실시간으로 그 모습을 관찰했다. 진보와 보수의 극단주의자 모두 실험 봇이 리트윗한 메시지를 헐뜯거나 험한 댓글을 남기고 나서 다른 사람들도 합세하는지 지켜보았다. 이런 일이 자주 생기다 보니, 연구에 참가한 가장 극단적인 보수주의자 세 명이 서로 팔로우하게 되었다. 이 삼총사는 조직적으로 우리의 진보 봇이 리트윗한 메시지를 일주일 내내 공격하고, 가면 갈수록 더 극단적인 댓글을 남기도록 서로를 응원했다.

이런 유의 행동은 면담에 응한 정치적 극단주의자들 사이에서 관찰되는 확실한 공통점이었다. 많은 극단주의자들은 온라인에서 오랜 시간을 써 가며(한 달 동안 실험 봇에 분노와 냉소에 찬 댓글을 107개나 단 사람도 있었다) 상대편을 공격하지만 막상 그들의 마음을 바꾸지 못한다는 사실을 안다. 예를 들면 봇에 엄청난 댓글을 단 이 트롤은 트위터에 게시한 자신의 최근 주장을 이야기했다. 멕시코 국경의 미국 구치소에서 이민자 여자아이가 탈수증으로 사망한 사건에 관한 내용이었다. 트위터의 많은 진보주의자들은 아이에게 적절한 치료를 하지 못한 트럼프 행정부를 비난했지만 이 피험자는 아이의 어머니를 비난했다. "사막을 건너게 한 건 부모인데, 아이가 병에 걸려 죽었다고 하나같이 우리 미국의 잘못이랍니다. 비행기를 보내서 병원으로 수송했는데도 아이는 살아나지 못했습니다. 그게 어째서 미국 책임입니까?" 그는 몇 날 며칠 동안 이 문제로 진보주의자들과 논쟁했지만 상대의 마음을 바꾸려는 노력이 헛되다는 사실을 인정했다. "그런 터무니없는 주장은 박살을 내야 합니다. 바뀌지는 않겠죠. 미국 잘못이라고 생각하는 사람은 증거가 있든 없든 그렇게 믿을 테니." 대다수 극단주의자가 비슷하게 이야기했다. 타인을 설득하기보다는 정치 싸움으로 지위를 과시하고 결속감을 느끼는 것이 중요해 보였다.

우리가 수행한 면담과 양적 연구뿐만 아니라, 연구에 참가한 사람들이 게시한 수년 치 소셜 미디어를 훑어보며 그런 유대감이 생기는 과정을 깊이 살폈다. 흥미롭게도 극단주의자 몇 명은 정치적으로 전향한 사람이었다. "힐러리 클린턴이 처음으로 대통령 후보로 출마했을 때 그를 지지했어요." 샌디 브라운이라는 보수적 극단주의자가 말했다. "클린턴이 후보자로 지명받지 못했을 때, 저는 버락 오바마에게 표를 던졌지요. 흑인을 대표할 만한 사람이 당선되어서 인종 간 상처를 아물게 할 수 있다고 생각했거든요…… 지적이고 배려심 많고 이성적인 사람 같았어요." 하지만 머지않아 샌디는 그 결정을 후회했다. "제가 전환점을 맞은 순간은 그가 경찰에 등을 돌리고 이 나라에서 인종 간의 분열을 일으켰을 때였어요. 의문을 가지기 시작한 시점이죠…… 어째서 누구를 뽑아도 상황이 변하지 않을까요? 저는 40년간 투표를 해 왔지만 상황은 나빠지기만 했어요. 제 눈에도 이 나라가 내리막길을 내려가는 게 보였죠. 그때부터 온라인에서 새로운 정보를 찾기 시작했어요." 과거 몇 년간 샌디의 트위터 피드를 검토해 보니 오바마를 가볍게 비판하는 게시물이 눈에 띄었다. 미주리 퍼거슨에서 비무장 흑인 마이클 브라운 주니어가 지역 경찰의 총에 맞아 죽은 사건에 관해 오바마가 퍼거슨 당국을 비판하고 나서였다. 오바마를 비판하는 메시지를 게시하자 조용하던 트위터가 보수주의자들 사이에서 화제가 됐다. 새로운 팔로워와 게시물 '좋아요' 수가 많아졌다. 강하게 비판할수록 반응이 좋았다. 오바마의 두 번째 임기 중간쯤 지나자 샌디는 공화당 편으로 완전히 넘어간 상태였다.[12] 트럼프가 당선되고 2년 후, 그는 트럼프의 가장 열렬한 지지자가 되었고 심지어 "미국을 다시 위대하게"를 트위터 계정 이름에 넣을 정도였다.

극단주의자 대부분은 전향한 사람이 아니었지만 다수는 자기 정당의 온건주의자들을 공격하는 신성 의식에 참여했다. 좋은 사례가 49세 부동산 중개인인 엘런 코언이다. 엘런은 뉴저지의 뉴어크에 사는 열정적인 비건에 환경보호론자였다. 많은 진보 극단주의자와 마찬가지로 그녀도 유명한 보수 인사들 여럿을 팔로우한 뒤 거기에 반박 댓글을 달았다. 하지만 "켈리앤 콘웨이*는 도저히 팔로우 못 하겠어요…… 보기만 해도 얼굴을 한 대 치고 싶거든요"라고 말하기도 했다. 엘런이 가장 분노하는 대상은 2020년 자신이 지지한 대통령 후보를 비판한 온건한 민주당 지지자다. "버니 샌더스가 대통령 후보로 지명받을 수도 있었는데 그들이 망쳤어요. 정말 실망스러웠어요. 그러니까 우리가 트럼프라는 대가를 치르고 있잖아요." 트위터에서 비건 공동체와 깊이 연결된 엘런은 정당 지지자 중에서도 동물을 보는 관점이 다른 사람들을 계속해서 비난해 왔다. 이런 종류의 공격은 연구에 참가한 보수 극단주의자들 사이에서 훨씬 보편적이었다. 그들은 공화당 하원의원이었지만 당을 떠나 2020년 재선에 출마하지 않기로 결정한 저스틴 아마시와 같이 트럼프를 비판하는 사람이면 가리지 않고 공격했다.

극단주의자들이 팔로워를 철저하게 관찰한다는 사실을 알고 나서 그들끼리 맺는 유대감의 상징적 의미가 얼마나 중요한지 명백해졌다. 소셜 미디어 사이트는 유저들에게 팔로우를 취소한 사람이 있다

---

*   백악관 전 선임 고문.

고 따로 알려 주지 않지만, 극단주의자들 몇 명은 다른 앱을 사용해 누가 언팔로우하는지 알아냈다. 그들을(특히 일부 보수 극단주의자들) 언팔로우한 사람들은 앞서 말한 온건주의자들보다 큰 공격의 대상이 되기 마련이다. 이런 응징은 트롤들이 온라인에서 얻은 지위와 영향력을 얼마나 중요하게 생각하는지, 자기편이었던 사람이 관계를 끊을 때 얼마나 분노하는지를 확연하게 드러냈다.

정치적 극단주의자들의 공동체를 조사하면 할수록 그들에게 광신적 종교 같은 힘이 작용한다는 사실이 보였다. 저명한 사회학자 막스 베버가 100년도 더 전에 주목했듯, 극단적인 종교 집단은 기존에 있는 주류 교회와 끊임없는 긴장 속에 존재한다.[13] 광신적 종교의 구성원임을 입증하는 행동은 하나의 의식이 될 때가 많으며, 그에 따라 구성원들은 대의를 향한 충성심을 증명하기 위해 점점 더 극단적인 입장을 취하도록 부추긴다.[14] 오바마를 뽑았지만, 후에 열렬한 트럼프 지지자가 된 샌디는 보수주의자 자격이 충분하다는 점을 드러내며 충성심을 증명한다. 엘런은 진정한 적인 공화당과 엘런이 보기에 다를 바 없는 민주당의 정책을 탓하고 또한 다른 민주당 지지자들을 공격함으로써 충성심을 드러낸다. 과도하게 밀어붙이는 극단주의자들을 공격함으로써 자기 당을 향한 충성심을 보여 주는 사람도 있다. 우리 연구를 보면 각 사례에 등장하는 극단주의자가 점점 극단으로 치닫는 이유는 '좋아요'와 새 팔로워 수, 그리고 그렇게 행동함으로써 얻는 다른 이익 때문이다. 주류 미디어에 공감을 하는 모습을 보였을 때 받을 응징이 두려워서이기도 하다. 이런 행동들은 1950년대 세계 종말론자들을 관찰한 후 사회 심리학자 레온 페스팅거가 발표한 유명한 이론을 그대로 반영한다. 즉 급진적 견해에 깊이 관여할수록 빠져나

오기는 힘들어지고, 결국 광신적 집단이 만든 지위와 지지 체계에 의지하는 사람들이 많아진다.[15]

프리즘을 통해 바라본
극단주의

4장에서 다루었듯, 소셜 미디어 프리즘의 주요 기능은 사회상을 반영해 보여 준다는 점이다. 하지만 그 과정에서 프리즘은 우리가 보는 것을 반드시 왜곡하기 마련이므로, 망상적인 자아 존중감을 키우는 사람들이 상당히 많다. 이 장에서 언급한 무례한 행동들은 이런 과정이 극단적으로 치달아 생긴 결과다. 강한 견해를 가지더라도 그런 파괴적인 행동에 관여하지 않는 사람이 대부분이다. 하지만 오프라인 삶에서 자신이 소외받고 외롭고 영향력이 없다고 느끼는 사람들이 대개 야만적으로 행동하는 경우가 많다. 소셜 미디어가 그런 사회적 소외자에게 색다른 세상을 보여 주기 때문이다. 비록 극단주의자들이 얻은 지위는 소외자들로 구성된 작은 집단 밖에서는 의미가 약하지만, 우리 연구를 보면 소셜 미디어가 그들에게 목적의식, 공동체, 그리고 무엇보다도 자아 존중감을 심어 준다는 사실을 알 수 있다.

소셜 미디어 프리즘은 밀접한 관계가 있는 두 가지 과정을 거치게 함으로써 극단주의자들이 더 극단적인 태도를 취하게 하고 극단주의를 정상으로 느끼게끔 만든다. 앞서 설명했듯 극단주의자들이 지위를 얻고 범죄 집단 같은 행동을 하는 데 깊이 빠져들수록 제 견해에 동조하는 사람과만 주로 상호작용하게 된다. 오랜 시간에 걸쳐 이런 노출이 지속되면 그들은, 사회학자 로버트 머튼이 '만장일치의 오류'라고 부른 현상을 겪게 된다. 즉 다른 모두가 자신들의 특이한 관점에 동의한다고 생각하게 되는 것이다. 자신을 이해하는 관점을 왜곡하는 데 더해, 상대편 정체성까지 왜곡한다.[16] 소셜 미디어는 상대 정당 사람들을 훨씬 더 극단적으로 보게 만든다. 극단주의자들이 공격 태세를 취할 때면 보통은 반대 정당의 극단주의자들과 싸우기 마련이다. 프리즘은 자기 정당의 극단주의는 정상으로 여기고 상대 정당의 극단주의는 과장한다. 정치학자 제이미 세틀도 페이스북 유저를 대상으로 한 대규모 연구에서 이런 현상을 확인했다.[17] 안타깝게도 이 두 종류의 왜곡이 결합해 극단주의의 피드백 고리*가 생성된다. 그와 동시에 프리즘은 자기 정당의 극단주의는 타당하고 정상적인 것으로, 상대 정당은 공격적이고 극단적이며 야만적인 것으로 보게 한다.

극단주의자들이 공동체를 만들고 살아남도록 공간을 제공하는 소셜 미디어 프리즘의 힘은 걱정스럽다. 그렇다면 나머지 사람들은 어떨까? 다음 장에서는 프리즘의 가장 파괴적인 특징이 어째서 온라인 극단주의에 환멸을 느끼고 절충안을 찾고 싶어 하는 대다수 유저에게 영향을 미치는지 설명하고자 한다.

---

* feedback loop. 작용의 산출이 다음 작용의 입력으로 사용되는 현상으로 순환고리라고도 부른다.

프리즘이
온건주의자의 입을
닫게 하는 법

$\bigcirc\heartsuit\triangleleft$

2017년 중순 어느 날이었다. 세라 렌돈은 두 어린 아이를 겨우 재우고 트위터 피드를 훑어보며 늦은 시각까지 깨어 있었다. 전미총기협회 National Rifle Association에 불만을 터뜨리는 게시물을 보고는 화면을 멈추었다. "아버지가 경찰이셨어요. 자랄 때 집에 총이 있었죠…… 총을 사용하는 방법을 제대로 아는 아버지가 있어서 참 다행이었어요." 세라는 회계사 남편과 결혼해 가정을 이룬 30대 여성이다. 그도 총을 소유하고 있으며 정기적으로 사격장에 간다. "남편이 취미로 사격을 즐긴다는 내용을 게시했어요…… 총기 규제가 없어야 한다는 주장을 펼치고 싶어서가 아니라 소유할 권리가 있다는 말이었습니다." 몇 분 후 세라의 휴대전화가 반짝이더니 트위터 알람이 떴다. "사람들이 끔찍한 말을 올리기 시작했어요…… 잔인했죠…… 우리 집에 총이 있다는 이유로 아동 보호시설에 저를 신고하겠다는 사람도 있었고 급기야 제 딸의 총에 맞았으면 좋겠다고 댓글 단 사람도 있었습니다."

그 사건으로 세라는 심하게 충격을 받았다. "정말 속상했어요. 뉴욕 출신이라 그런지 저는 남이 뭐라고 하건 신경 쓰지 않는 편인 데다 목소리 높일 때가 많습니다. 하지만 아이들까지 끌어들인다면 저도 가만있지 않을 거예요." 세라는 특히 가족의 안전을 걱정했다. "사람들이 제 소셜 미디어 예전 기록을 찾을까 봐 겁이 났어요. 우리가 어디에 사는지 올린 적이 있는 것 같아서요…… 위험을 감수하고 싶지 않았거든요." 그래서 한동안 트위터 계정을 비활성화했지만, 나중에는 팔로워와 게시물을 읽는 유저를 제어한 비공개 계정을 열었다. "제가 희생자라는 말은 아니에요. 게시물을 올리는 이상 어느 정도는 위험을 감수해야 하니까요. 누군가는 댓글을 달 거잖아요. …… 트롤은 꼭 있기 마련이고요, 어느 정도는 익숙합니다." 몇 달 후 용기를 얻어 트위터 계정을 공개로 전환했지만, 얼마 지나지 않아 그 선택을 또 후회하게 됐다. 극단적인 진보주의자가 세라의 게시물을 공격했고 세라는 그 사람의 프로필에서 유방암 생존자라는 사실을 접했다. "그래서 댓글을 달았어요. '유방암에 걸린 적이 있다니 유감입니다. 저도 양측 유방 절제술을 받았어요.' ……이런 식으로 적었지요. 그런데 그 사람은 '나가떨어져 죽으라'더군요. ……소셜 미디어에서 오가는 대화들이 그런 식이에요. 그러니 사람들 마음이 바뀌지 않지요."

세라는 자신을 온건한 공화당 지지자라고 했다. "한 번도 앞에 나서서 정당을 지지해 본 적은 없어요." 푸에르토리코에서 건너온 조부모님 아래에서 자란 아버지, 유대인 어머니를 둔 세라는 특히 이민자들과 소수 인종 집단의 어려움에 민감하다. "할아버지와 할머니는 시민권이 있었으니까 불법 이민자는 아니었지요. 하지만 영어로 소통하지 못하셨습니다…… 이용당한 적도 많았지요. 할머니는 뉴욕에서 환경이 열악한 곳에서 일하셨어요." 또한 세라는 고등학교 시절, 대학 등록금을 모으기 위해 식당에서 일하며 부당한 근로 현장을 직접 목격했다. "거기에 불법 이민자들이 정말 많았는데, 열심히 일하는 좋은 사람들이었어요…… 식당 주인이 그들을 이용하는 일도 아주 많았고 다쳤다는 이유로 해고하는 경우도 봤어요." 세라는 현재 이민 제도가 '이민자에게 해가 된다'고 말했다. "많은 사람이 합법적으로 이민 오는 방법이 있었으면 좋겠어요. 음지에 있지 않도록 말이에요."

식당에서 번 돈은 세라가 명문 아이비리그 대학에 입학했을 때 보탬이 되었다. 대학에서 새롭고 다양한 사상을 접하면서 부모님께 물려받은 보수적 신념이 도전받기도 했다. 다수의 공화당 지지자들과는 달리 세라가 선호하는 뉴스는 《뉴욕 타임스》가 되었고 진보 성향에 가까운 잡지인 《뉴요커》도 자주 읽었다. "정치적으로 항상 동의하지는 않아요." 온건한 공화당 지지자처럼 세라도 사회문제를 보는 관점은 진보적이다. 공화당 지지자들이 소위 말하는 전통적인 가족에 집착하는 나머지 동성애자를 공격하는 데 시간을 허비한다고 생각한다. 또한 성전환자의 정체성을 지닌 사람들을 위한 시민 권리도 지지한다. 가톨릭 신자로 자랐지만 낙태를 선택할 여성의 권리도 지지한다. 하지만 대학교 경험은 새로운 세계관뿐만 아니라 산더미 같은 학자금 대출까지 남겼다. 세라가 푸념하듯 말했다. "악순환이에요. 아버지가 경찰관이어서 생활비가 매우 비싼 주에서 우리 가족은 정확하게 중류층이었어요…… 그래서 재정 지원을 충분히 받을 자격이 안 됐습니다."

세라가 공화당을 지지하는 주된 이유는 자신과 형편이 비슷한 사람들이 관심을 두는 주제, 특히 경제 문제를 공화당이 더 잘 운영한다고 생각하기 때문이다. 세라는 이제 돈 걱정을 하지 않아도 된다. 가구 소득이 20만 달러 가까이 되고 메릴랜드 교외에서 편안하게 살기 때문이다. 그는 민주당이 나라를 잘못된 방향으로 이끈다고 생각한다. "제가 보기에 민주당은 중요하지 않은 문제에 집중합니다. 저는 경제 문제에 집중하고 싶어요. 양육할 자녀도 있고 남편이 직장에 계속 잘 다니기를 바라고 아이들 대학 등록금도 저축하고 싶으니까요." 다양한 인종적 정체성을 지닌 데다 경찰관 아버지를 둔 세라는 경찰관의 인종 편견에 관한 논쟁이 특히 분열을 조장한다고 생각한다. 또한 트럼프 대통령 특검을 맡은 로버트 뮬러에게도 불만을 토로했다. "이 나라에서 일어나는 모든 일이 러시아 책임이라고 생각하는 친구가 몇 명이 있어요. 저는 '제발, 그만 좀 해…… 네가 생각하는 만큼 러시아가 강력했으면 우리 전부 끝장났을 거야'라고 말하죠." 몇 년에 걸쳐 그는 대학 시절부터 알고 지낸 진보 성향의 친구들과 논쟁을 벌이지 말아야 한다는 사실을 몸소 배웠다. 친구들이 트럼프를 비난할 때마다 괴롭다고 했다. "대꾸하지는 않아요. 제가 무슨 말을 해도…… 친구들의 마음을 바꿀 수 없으니까요."

결국 세라는 소셜 미디어에서 진보 성향의 대학 동창들을 삭제했지만, 관점이 다르다고 해서 가족들까지 삭제하는 것은 내키지 않았다. "가족들은 아직 뉴욕에 사니까 연락하며 살고 싶어요. 사는 모습이나 조카들 사진도 보고 싶고요. 팔로우를 끊지는 않을 거예요. 피드에 정치 게시물이 올라오면 짜증은 나지만 가족과 잘 지내려고 말하지 않아요." 세라는 유달리 힘든 친척을 언급했다. "제가 정말 좋아하는 이모는…… 극단적인 진보주의자예요……. 트럼프를 증오하지요. 만날 때마다 어떻게 성추행범에게 표를 던진 사람이 있는지 모르겠다며 꼭 한마디 해요. 그럼 저는 '비비안 이모니까 참아야 해. 동요하지 말자'라고 생각하고 맙니다." 하지만 브렛 캐버노가 미국 연방대법관 후보로 지명돼 논란이 되자 감정은 격양되었다. 소셜 미디어에서 이모는 '백악관에 버젓이 강간범이 있으니 대법원에도 당연히 강간범을 두겠지'라고 게시했다. 속상했다. '미안하지만 정말 이모 생각이 그렇다면 저는 소셜 미디어에서 이모와 연락하지 않겠어요. 유죄 판결 한번 받지 않은 사람을 강간범이라고 부르는 행동은 이상합니다.' 이 일 때문에 결국 세라는 진보 성향의 가족들 몇 명도 삭제했다. "힘든 시기였어요…… 남편과 의논 후 어려운 결정을 내렸어요. 가족들을 사랑하는데 이런 게시물을 자꾸 본다면 가족 관계가 영영 틀어질 거예요."

이런 복잡한 사회적 관계를 보며 우리는 세라가 온라인과 오프라인에서 아주 다른 사람이라는 사실을 알 수 있다. 소셜 미디어 계정만 보고 자신이 어떤 사람인지 파악할 수 있느냐는 우리의 질문에 "못 할 것 같은데요. 제가 직접 트윗을 적는 일은 별로 없거든요. 대부분 흥미로운 내용을 공유한 트윗뿐이에요. 저에 관한 트윗이 거의 없어서 제한된 정보밖에 없을 거예요"라고 대답했다. 진보 성향의 친구들, 가족들에게 난처한 일들을 겪고 나서, 세라 자신이 매우 중요하게 생각하는 온건한 정치적 관점은 소셜 미디어에서 드러나지 않는다. 간간이 정치 관련 내용을 올릴 때도 있지만 타임라인은 다른 관심사나 취미에 관한 게시물로 차 있다. "이런 게시물들이 소셜 미디어의 긍정적인 면이라고 봐요. 소셜 미디어 속 정치에는…… 진이 빠집니다."

다수인 온건주의자

세라의 이야기에 공감이 가는가? 그렇다면 당신도 온건주의자라고 할 수 있을 것이다. 물론 정치관을 측정하기란 나 같은 사회 과학자들 사이에서는 논란이 많은 주제이지만, '매우 진보'에서 '매우 보수'까지 아우르는 7점 척도에서 스스로 고르게 하는 것이 일반적이다.[1] 이는 미국 선거연구기관과 미국 전역을 조사하는 여러 설문 기관이 수십 년간 사용해 온 측정법이다. 2016년 자기 자신을 '매우 진보' 또는 '매우 보수'라고 분류한 미국인은 각각 3퍼센트에 그쳤다. 그와 대조적으로 다수의 미국인(47퍼센트)은 자기 자신을 '중도', '약간 보수', '약간 진보'라고 분류했다.[2] 미국인 5명 중 1명이 정치관을 '모르겠다' 또는 '생각해보지 않았다'라고 대답한 것을 미루어 보면, 위 수치는 의미심장하게 다가온다. 소셜 미디어는 사상적 양극화가 급속도로 진행되는 것처럼 보이게 하지만 정당 충성도를 나타내는 비율은 상당히 안정적이다. 그리고 그 비율은 실제 유권자의 의견 변화보다 양당이 다양한 유권자에게 매력적이도록 정강 정책을 재편성한 사실과 연관이 높다.[3]

　일부 민주당 지지자들이 생각하는 양상과는 달리 세라처럼 이민자의 어려움에 공감하는 공화당 지지자는 소수가 아니다. 2018년 미국 선거연구기관은 "미국에 인종, 민족, 국가가 다양한 사람들이 증가하면 더 살기 좋은 나라가 된다고 생각하는가?"라는 질문으로 설문조사를 실시했다.[4] 공화당 지지자들 중 38.9퍼센트는 '그렇다', 28.8퍼센트는 '차이가 없다'고 대답했으며 32.3퍼센트만이 '그렇지 않다'고 대답했다. 또한 총기 구매 시 신원 조사 의무화 여부에 66.2퍼센트는 찬성했고 19퍼센트는 반대했으며 12.6퍼센트는 '모르겠다'고 응답함으로써 세라와 마찬가지로 공화당 지지자의 과반수가 동의한다는 의사를 보였다. 많은 민주당 지지자들이 보편적인 편견과 다른 관점을 지닌다는 사실은 놀랍다. 예를 들면 민주당 지지자 5명 중 3명은 경찰관과 시골 사람*을 긍정적으로 바라본다. 공화당과 민주당의 유사성을 과장하고 싶지는 않지만(두 정당은 많은 문제에서 여전히 분열되어 있다) 소셜 미디어만 잠깐 훑어보고서 대다수 미국인이 극단적이라고 판단하는 것은 옳지 않다.

극단주의자와의
만남

세라처럼 소셜 미디어에서 다른 사람 때문에 애를 먹은 사람 또한 아주 많다. 2017년 퓨 연구센터Pew Research Center가 시행한 조사에 따르면 미국인 4명 중 1명이 온라인에서 괴롭힘당한 적이 있으며 4명 중 3명이 괴롭힘을 목격한 적이 있다.[5] 또한 미국인 3명 중 1명꼴로 온라인상의 신체적 위협을 목격한 적이 있다. 사회학자 세라 소버라이즈가 저서 『발생 가능한 위험Credible Treat』에서 설명하듯 그런 공격은 특히 여성에게 흔히 가해진다.[6] 퓨 연구센터는 온라인에서 사람들이 괴롭힘을 당하는 주된 이유가 정치적 관점에 있다고 밝혔다. 나는 이 데이터를 보면서 온건주의자들이 극단주의자들보다 괴롭힘을 당하는 비율이 높은지 조사했다. 아니나 다를까 스스로 '온건', '약간 진보', '약간 보수'라고 분류한 사람들은 '매우 진보' 또는 '매우 보수'로 분류한 사람보다 온라인에서 괴롭힘당할 확률이 40퍼센트나 높았다.

세라를 비롯한 여러 사례가 입증하듯 온건주의자들은 상대 당의 극단주의자들에게 괴롭힘을 당하는 경우가 많다. 피트 잭맨의 사

---

* 미국은 주로 큰 도시에서 민주당이 우세하는 경향을 보인다.

례를 살펴보자. 피트는 중년 남성으로, 오하이오의 작은 마을에 있는 정부 기관에서 일하는 회계사다. 그는 하키와 대학 미식축구를 좋아하며 어린 자녀들과 비디오 게임을 즐겨 한다. 소셜 미디어에서는 대체로 운동선수, 유명인, 스포츠 전문가들을 팔로우한다. 그는 스스로 "당 충성도가 별로 높지 않은 민주당 지지자"라며 다른 온건주의자들과 마찬가지로 전반적인 사회문제에 강경한 태도를 보이지 않는다. "이렇게 말하는 사람도 있고 저렇게 말하는 사람도 있지만 진실은 따로 있죠"라고 즐겨 말하는 피트는 어린 자녀가 학교 총기 난사 사건의 희생자가 되길 원치 않는 데다 기후 변화에도 관심이 있기에 진보 성향으로 기운다고 했다. 하지만 보수 견해를 취하는 주제도 더러 있다. 불법 이민자 문제를 걱정하고, 인종차별이 낳은 결과가 과장되었다고 생각한다. 또한 트럼프가 당선되고 처음 몇 년간 경제 문제를 잘 처리했다고 공로를 인정했다.

그렇다고 해서 피트가 공화당을 좋아하는 것은 아니다. 단순히 정치에 환멸을 느껴서라기보다는 우리와 만나기 바로 직전에 페이스북에서 겪은 일 때문이다. "제 사촌은 원래 정치 이야기를 별로 안 하는 사람인데 최근 공화당에 부쩍 분노에 차 있어요. 요즘 정치 분위기를 불쾌하게 느꼈는지 거침없이 목소리를 내더군요." 피트 사촌의 온라인 활동은 오하이오 작은 동네에서 주목을 끌었다. "사실 그것 때문에 사촌은 친구도 잃었습니다." 피트가 말을 이었다. "……그렇다고 몸을 사리진 않더군요." 어느 날 저녁 사촌은 지역 언론사 페이스북 페이지에서 보수주의자 남성과 지역 학교의 총기 난사 사건을 두고 논쟁했다. 피트의 사촌은 고등학교 교사가 교실에서 총을 휘두르면 안 된다고 주장했다. 불쾌한 말을 주고받는데 보수주의자 남성이 총을 들고 있는 손 사진을 게시했다. 그 자신의 손인 듯했다. "입 닥치지 않으면 총 쏘는 방법을 직접 알려 주지." 피트가 그 남자의 말을 전하며 말했다. "그때 정말 화가 났어요."

대다수 온건주의자처럼 피트 역시 온라인에서 정치에 노출되는 일은 상대적으로 적다. 공화당 지지자들을 만날 일은 더욱 드물다. 그러므로 사촌이 당한 협박은 피트에게 엄청난 인상을 심었다. 면담에 참가한 양당 온건주의자들과 마찬가지로 피트가 상대 당의 극단주의자와 직면한 경험은 공화당을 바라보는 그의 관점에 큰 영향을 주었다. 그렇게 소셜 미디어 프리즘은 사회 과학자들이 거짓 양극화라고 부르는 현상을 만들도록 심각한 영향을 가한다.[7] 거짓 양극화는 사람들이 상대 정당 지지자들과 자신의 사상적 차이를 과장하는 경향을 일컫는다. 정치학자 매슈 레번더스키와 닐 말호트라의 2016년 연구가 보여 주듯, 사람들은 자기가 지지하는 정당의 사상적 극단주의는 과소평가하는 반면 상대 정당의 극단주의는 과장하는 경향이 있다.[8] 퓨 연구센터가 미국 전역의 인구를 대상으로 수행한 설문에서도 같은 양상이 보였다. 앞서 언급한 미국 선거연구기관의 데이터에서는 미국인의 3퍼센트만이 자기 자신을 '매우 진보' 또는 '매우 보수'라고 분류했지만, 퓨 연구센터의 조사 결과에 따르면 55퍼센트의 공화당 지지자들이 민주당 지지자들을 '매우 진보'라고 생각했고 35퍼센트의 민주당 지지자들이 공화당 지지자들을 '매우 보수'라고 생각했다.[9]

피트와 많은 참여자의 이야기가 보여 주듯, 거짓 양극화 현상은 소수의 극단주의자가 다수 온건주의자를 대변하는 온라인 경험에서 비롯된다. 나는 앞서 언급한 퓨 연구센터의 연구 자료를 세세하게 나누어 소셜 미디어에서 뉴스를 주로 보는 사람과 그러지 않는 사람을 비교했다. 그 결과 소셜 미디어에서 뉴스를 보는 사람의 정당 충성도 인식 차이(상대 정당 지지자의 사상적 극단주의를 과장하는 정도)가 훨씬 컸다.[10] 또한 소셜 미디어 사용과 거짓 양극화의 관련성은 극단주의자들이 온건주의자들보다 훨씬 더 많은 게시물을 올린다는 사실에 원인이 있다. 2019년 퓨 연구센터는 트위터에서 소수가 대다수 정치 게시물을 올린다고 보고했다. 조사에 따르면 활발하게 게시하는 유저는 전체의 6퍼센트에 불과하지만, 그들의 게시물은 전체의 20퍼센트, 정치 관련에서는 73퍼센트를 차지한다.[11] 게다가 극단주의자들은 활발하게 게시하는 전체 유저들의 절반에 달한다. 극단주의적 관점을 지닌 사람은 미국 인구의 6퍼센트뿐이지만, "활발한 트위터 유저 55퍼센트가 매우 진보 또는 매우 보수라고 밝혔다".[12]

소셜 미디어를 사용하는 사람들이 상대 당의 관점이나 행동에 잘못된 인식을 지닌 경향이 높다는 증거는 많다. 커뮤니케이션 학자 매슈 바니지는 2015년 미국인 표본집단을 대상으로 소셜 미디어 사용과 정치적 관점에 관한 여론조사를 실시했다.[13] 바니지는 소셜 미디어를 자주 사용하는 사람이 그러지 않는 사람보다 일상생활에서 정치적 의견 충돌을 더 많이 인지한다는 사실을 발견했다. 페이스북에서 정치적 양극화를 연구한 정치학자 제이미 세틀도 비슷한 현상을 관찰했다. 세틀은 사람들에게 다양한 주제를 다룬 게시물 표본을 보여 주었는데 참가자들은 자신이 지지하는 정당보다 상대 정당의 사상적 극단성을 과장하는 경향이 있었다.[14] 다른 연구에서는 사회적 연결망 구조가 거짓 양극화에 주는 영향을 조사했는데, 흥미롭게도 세틀은 사람들 사이의 사회적 거리가 멀수록 양극화를 더 많이 느낀다는 사실을 알아냈다. 이를테면 소셜 미디어에서 직접적인 연결고리(이를테면 친구의 친구)가 없는 사람들이 양극화를 심하게 인지하는 경향이 있다.

잃을 것이 많은
온건주의자

극단주의자가 소셜 미디어에 발길을 들이는 이유는 무의미한 지위일지라도 일상생활에서 얻지 못한 영향력을 느끼기 위함이라고 앞서 설명했다. 하지만 세라와 피트 같은 온건주의자에게는 반대 상황이 일어난다. 온라인에 정치 게시물을 올리는 행동에 비교적 큰 위험이 따른다. 온건주의자들은 온라인에서 일어나는 일이 오프라인에서 엄청난 결과를 불러올 수 있다는 점을 잘 안다. 피트는 장인, 장모와도 잘 지내고 행복한 결혼 생활을 누리며, 복지 혜택이 좋고 안정된 정부 기관에서 일한다. 그는 "고용될 때 기본적으로 안내받습니다…… 소셜 미디어에 정계 인사에 관한 험담을 올리면 해고될 수 있다고요"라고 말했다. 피트는 총기 규제에 관한 문제 때문에 기분이 상할 때도 잦지만 온라인에는 절대로 견해를 게시하지 않는다. "도널드 트럼프가 사실상 제 가장 높은 상사인 셈이지요. 부정적인 말을 했다가는 해고당할 수 있습니다."

이 장 초반부에 언급했듯 사촌이 총을 휘두르는 극단주의자에게 위협을 받았을 때 피트는 가슴이 미어졌다. 학교 총기 난사 문제에 관한 사촌의 주장에도 전적으로 동의했다. "하지만 사촌의 게시물에 '좋아요'조차 누를 수 없습니다…… 아무것도 할 수 없어요. 이모티콘조차 달지 하지 못합니다. 나중에 큰일이 되어 제게 돌아올까 봐 무섭습니다." 그가 말을 이었다. "저도 개입하고 싶었습니다…… 하지만 하지 않는 편이 좋다고 판단했지요. 쉽지는 않았지만." 정치적 의견을 온라인에 드러냈다가 직장에서 외면당하는 사람도 많이 봤다. 한 명은 페이스북에 힐러리 클린턴을 지지한다는 게시물을 올리고 나서 더는 점심시간에 동료들과 함께 식사하지 못했다. 피트는 노파심에 소셜 미디어에서 정치적인 발언을 하는 사람은 모두 팔로우를 취소했다. "가족이나 친구들과는 계속 정치 이야기를 할 겁니다." 하지만 그는 다른 사람들이 자신의 소셜 미디어 프로필을 보고 그저 1990년대 록 음악과 하키 팬 정도로만 생각하면 좋겠다고 했다.

면담에 참여한 온건주의자들은 소셜 미디어에서 정치 이야기를 함으로써 생계 걱정에 더해, 가족이나 친구들의 마음을 상하게 할까 봐 걱정했다. 대부분에게는 세라의 비비언 이모처럼 정치적 견해를 완전히 달리하는 친척이 있었다. 2016년 퓨 연구센터의 설문을 따르면 53퍼센트 페이스북 유저들이 '다른 정치적 견해'를 가진 사람과 관계를 맺고 있었다.[15] 5퍼센트의 유저들은 온라인 인맥 대부분이 자기 자신과 정치적 견해가 달랐다. 세라와 마찬가지로 대다수 사람은 정치 게시물을 무시하려고 최대한 노력한다. 또한 같은 설문조사는 소셜 미디어 유저의 83퍼센트가 그런 게시물에 개입하지 않는다고 보고했다. 다시 말하지만 이 데이터를 유심히 살펴보면서 정치적 온건주의자 사이에서 이 비율이 매우 높다는 사실을 발견했다. 세라처럼 비비언 이모의 메시지를 차단 또는 무음으로 설정하거나 심지어 온라인 친구 관계까지 끊은 유저도 많았다. 퓨 연구센터는 미국인 10명 중 4명은 소셜 미디어의 인맥이 올린 정치 게시물을 보고 그런 행동을 취했다고 보고했다. 이들 중 60퍼센트는 게시물 내용이 기분 나쁘다고

했고(비비언 이모가 계속해서 트럼프를 강간범이라고 언급하는 게시물에 세라의 기분이 상한 것처럼) 43퍼센트의 유저는 극단주의자들이 정치 게시물을 너무 자주 올린다고 답했다.

온건주의자들은 자신이 지지하는 정당에서도 압박을 받는다. 자기 정당 지지자들에게도 독설을 퍼붓는 극단주의자들을 기억하는가. 온건한 진보주의자들은 5장에서 설명한 엘런 같은 사람들에게 괴롭힘을 당한다. 엘런은 고기를 먹거나 공장식 축산업을 지지한다는 이유를 들며 끊임없이 자기 당 사람들을 책망했다. 그리고 다수의 온건한 보수주의자들은 사소한 것이라도 트럼프를 비판하는 순간, 바로 힐책을 받는다. 온건주의자들은 온라인의 낯선 극단주의자뿐만 아니라 오프라인의 사회적 연결망에서도 압박을 받는다. 비비언 이모처럼 지지하는 정당 자체가 다른 사람이 있는가 하면, 같은 정당을 지지하는 친척이나 친구 중에 극단적인 견해를 지닌 사람도 있다. 상대 정당과 소통이라도 하다가는 그들과의 관계가 무너질 수도 있다.

희망을 잃은 온건주의자

소셜 미디어의 모든 온건주의자가 오프라인에서 호화로운 삶을 살지는 않는다. 데릭 헌터는 버지니아 주의 리치먼드에 사는 50대 중반의 흑인 남성으로 동성애자다. 어릴 때 어머니가 돌아가시고 남은 세 자녀는 앨라배마 주의 가난한 동네에서 할머니의 손에 자랐다. 데릭은 어린 시절을 회상하며 말했다. "어른들 말씀 잘 듣는 착한 아이가 되어야 했습니다…… 숙제도 꼬박꼬박 잘해 갔고요." 열심히 노력했지만 데릭은 대학교에 진학하지 못하고 군대에서 직장 생활을 시작했다. "앨라배마를 떠나기 전까지 정치에 관해 잘 몰랐습니다. 그리고 성인이 되었을 때 군에 입대했고요." 군 복무를 마치고 그는 물류 창고 업무와 고객 상담을 주로 했다. 하지만 승진에서 번번이 제외되었다. "자격이 없어서가 아니었습니다. 제 피부색 때문이었어요. 평생 그래 왔으니 알지요."

직장을 다니는 내내 인종차별을 겪었지만 데릭은 인종 불평등이라는 주제에 관해 일반적으로 보수주의자들이 이야기하는 주장에 동의했다. 즉 자신의 마음가짐을 원인으로 여겼다. "제게 위험한 사람은 저뿐입니다. 제가 앞서 나가는 행동을 하지 않기로 선택했다면 제 잘못이지요. 두려움을 안고 사회에 나가는 사람들이 참 많습니다. '어차피 나를 고용하지 않을 거야…… 그들은 어차피 나를 도와주지 않을 거야. 난 흑인이니까'라고 생각하거든요. 흑인들도 목소리를 낸다면 누군가는 도울 겁니다." 자신을 민주당 지지자라고 했지만 보수주의적 태도를 보이는 문제도 몇 가지 있었다. 그는 미국이 이민자를 너무 많이 받아들인다고 생각했다. "이민자들이 직장도 채 가고 집도 채 갑니다. 집과 음식을 무료로 받은 이민자를 몇 명 알아요…… 그들이 와서 이곳 사람들의 혜택을 다 받아 갑니다. 미국인은 그런 혜택에서 소외되고, 결국 노숙자가 되고요." 군 생활을 한 경험도 법과 질서, 권위를 존중하는 태도에 한몫했다.

데릭은 경찰관들에게 끔찍한 차별을 당한 적도 있다. "아파트에 살 때였습니다. 어느 날 밤 이웃집에 강도가 들었습니다. 저는 경찰을 불렀어요." 강도를 당한 여성은 경찰이 오는지 봐 달라고 부탁했고 그는 그 부탁을 들어주었다. "경찰이 오더니 제게 총을 겨누고 땅에 엎

드리라더군요. 제가 '방금 신고 전화를 건 사람이 접니다'라고 항변했죠." 다음 날 경찰은 사건 조사를 위한 진술을 데릭에게 청했다. 그는 "못 합니다. 범죄자 취급 할 땐 언제고 이제 와서 도와달라뇨…… 제가 백인이었더라도 그랬겠습니까?"라고 대답했다는 것이다. "정말 어이가 없었죠." 데릭은 다른 사건 얘기도 들려주었다. 아파트 근처 신호등이 빨간불로 바뀔 때 지나갔는데 경찰이 그를 본 것이다. "경찰이 제 차 뒤를 바짝 따라오며 총을 겨누었습니다…… 진땀 나더군요." 그런데 경찰이 길에서 그의 차를 세운 일은 처음이 아니었다. "핸들 위로 손을 올리기도 전에 총알이 발사될까 봐 정말 무서웠습니다." 무기는 들이대지 않았지만 흑인 경찰관도 그의 차를 세워 무례하게 대한 적이 있었다. 이런 충격적인 경험을 하고도 그는 여전히 경찰을 존중한다. 데릭은 2년 전 노스캐롤라이나의 샬럿에서 비무장 흑인 키스 러몬트 스콧을 총으로 쏜 경찰관에게 대항해 폭동을 일으킨 시위자들을 비판했다.

하지만 소셜 미디어에서는 경찰에 관한 데릭의 견해를 찾지 못할 것이다. 데릭이 소셜 미디어에 자주 게시하지 않아서가 아니다. 사실 몇 년 동안 페이스북, 트위터, 인스타그램을 날마다 사용해 왔다. 정치에 관심이 없어서도 아니다. 지역 정치인의 선거 캠페인 현장에서 봉사한 적도 있다. 바로 그가 정치에 관한 부정적인 내용을 게시하는 행동 자체를 무의미하다고 보기 때문이다. 데릭은 소셜 미디어에서 자신의 정치적 견해가 남들에게 중요하다고 믿는 사람은 단단히 착각하고 있다고 생각한다. "상상 속 놀이터에 있는 셈이지요." 그가 농담을 던졌다. 데릭이 경찰관과 관련된 자신의 끔찍한 경험을 소셜 미디어에서 이야기하지 않는 점은 충분히 이해가 된다. 하지만 그의 이야기는 타협안이 없는 주제인 인종과 경찰의 치안 유지에 관한 공개 토론에 깊은 의미를 부여할 것이다.

사라진
온건주의자

소셜 미디어의 정치적 논쟁이 무의미하다고 생각하는 온건주의 자는 데릭만이 아니다. 2019년 퓨 연구센터의 조사에 따르면 46퍼센트의 소셜 미디어 성인 유저는 엄청난 양의 정치 게시물과 논쟁에 '피곤함'을 느낀다.[16] 2016년에 이 수치는 37퍼센트에 달했는데, 2019년 한 해 동안 온건주의자들은 다른 사람들보다 피곤함을 더 느낀다고 보고했을 확률이 높다.

어떤 정당을 지지하든, 대다수 온건주의자는 온라인에서 절대 정치 이야기를 하지 않는다. 2019년 트위터 유저를 대상으로 조사한 퓨 연구센터는 "중간에 있는 유저들은 정치에 관해 절대로 트윗하지 않으며 69퍼센트는 게시한 횟수가 1회 이내다. 미국 성인의 트윗 중 13퍼센트만 정치에 관한 게시물이다"라고 밝혔다.[17] 앞서 언급했듯, 그런 메시지를 주로 게시하는 사람들은 대부분 극단주의자다.[18] 이 현상은 트위터 유저에게만 나타나지 않는다. 2016년 퓨 연구센터의 데이터를 분석한 결과, 온건주의자들은 어떤 사이트를 사용하든 "댓글이나 게시물을 작성하거나 다른 유저들과 정치와 국가를 주제로 논쟁할" 확률이 극단주의자들보다 두세 배 낮다.[19]

온건주의자들이 소셜 미디어의 정치적 논쟁에서 빠져 있다는 말은 무엇을 의미할까? 나는 이것이야말로 소셜 미디어 프리즘이 만든 가장 심각한 왜곡이라고 본다. 우리는 미국과 멕시코 국경에서 아이와 부모를 떼어 놓기로 한 트럼프 행정부의 결정을 칭찬하는 극단적 보수주의자들만 본다. 하지만 그 결정을 "전적으로 충격적이다(면담에 참가한 사우스다코타 출신의 총기 애호가의 말을 빌렸다)"라고 말한 공화당 지지자들은 보지 못한다. 우리는 2019년 화제가 된 영상에서 나이 많은 원주민 남성을 괴롭히는 것처럼 보이는 커빙턴 고등학교 학생들의 신원을 만천하에 공개한 극단적 진보주의자들만 본다. 하지만 학생들을 손가락질하는 사람들을 보고 분노하며, 영상에 나오는 학생들이 괴롭힘당했다는 사실이 밝혀졌을 때 진보 성향의 미디어들이 제대로 사과하지 않은 사실에 불쾌함을 느끼는, 캔자스 민주당 지지자 교사의 모습은 보지 못한다.

소셜 미디어 프리즘은 상대편을 획일적이고 완고하며 부당해 보이게끔 한다. 극단주의자들이 사람들의 관심을 끄는 반면 온건주의자들은 눈에 띄지 않는다. 소셜 미디어에서 온건주의자들이 정치와 멀어지는 데는 몇 가지 이유가 있다. 극단주의자들에게 공격을 받은 후에 멀어지는 사람이 있고, 사람들 사이에서 예의가 무너지는 모습을 보고 질린 나머지 싸움에 굳이 휘말릴 필요가 없다고 생각하는 사람도 있다. 또한 정치 게시물 때문에 실제 삶에서 열심히 노력해 얻은 지위에 타격을 받을까 멀어지는 사람도 있다. 극단주의자들에게 도전하는 행동은 생계, 우정, 명절마다 만나는 가족과의 관계에 지장을 줌으로써 온건주의자에게 해를 끼칠 가능성이 높아진다. 하지만 세라 같은 온건주의자들이 비비언 이모 같은 극단주의자 지인과 개인적으로 연락을 주고받는다면, 본인들이 내뱉는 극단적인 메시지를 그대로 믿지 않는다는 사실을 알게 될 것이다. 비록 세라는 정확한 증거도 없이 이모가 트럼프 축출을 외치는 행동을 용납할 수 없겠지만 말이다. 다음 장에서 다루겠지만 안타깝게도 사회적 고립이 급속도로 증가하는 시대가 도래하면서 상호 이해를 위한 만남은 점점 줄어들고 있다. 공화당과 민주당 지지자들이 계속해서 사는 지역, 취미 생활, 사회 모임을 분리한다면, 극단주의자들을 부채질하고 온건주의자들의 입을 다물게 하는 소셜 미디어 프리즘의 힘은 커지기만 할 것이다.

계정을
지워야 할까

재런 러니어의 인상은 강렬했다. 길고 덥수룩한 레게머리는 허리께까지 내려오고, 열을 내며 이야기할 때는 얼굴에서 눈이 튀어나올 것처럼 희번덕거린다. 예순 살의 러니어는 기술 세계에서 40년 이상 경력을 쌓았다. 13세 나이로 대학 수준의 컴퓨터 공학 수업을 들었고 1980년대에는 초기 가상현실 회사를 설립했다. 다작하는 작가이자 사회 비평가로, 여러 분야에서 다재다능한 인물이다. 50대 중반에는《타임》이 선정한 "세계에서 가장 영향력 있는 인물"에, 2018년에는《와이어드》가 선정한 "기술 업계에서 가장 영향력 있는 25인"에 들었다. 그는 기술의 어두운 면을 경고하는 책을 세 권 저술했다. 기술이 특히 신자유주의 경제의 원리와 얽힐 때 발생할 위험을 경고하는 내용이었다. 수년간 그의 저서는《뉴욕 타임스》,《월스트리트 저널》에 소개되었으며 러니어는 〈콜베어 리포트〉, 〈나이트라인〉, 〈더 뷰〉 같은 인기 있는 텔레비전 프로그램에도 여러 번 출연했다.

그러다 보니 최근 저서인『지금 당장 당신의 SNS 계정을 삭제해야 할 10가지 이유Ten Arguments for Deleting Your Social Media Accounts Right Now』(글항아리, 2019)가 전 세계적으로 베스트셀러가 된 사실은 놀랍지 않다.[1] 제목에서 예상되듯, 이 책은 페이스북, 트위터, 구글을 정확히 조준하여 비판한다. 그는 소셜 미디어가 자유의지와 공감 능력을 앗아 가고 거짓을 퍼뜨리고 우리를 불행하게 하며 양극화를 초래한다는, 여러 영역을 아우르는 주장을 펼치며 우리의 영혼까지 파괴할 수 있다는 무서운 경고를 주었다. 이런 포괄적인 주장을 뒷받침하는 구체적인 증거는 제시하지 않지만 요점만큼은 분명하다. 우리는 왜 우리 자신에게 이런 가혹한 짓을 할까? 소셜 미디어는 긍정적인 결과를 낼까, 부정적인 결과를 낼까? 러니어는 우리가 소셜 미디어 없이 더 잘 살 것이라고 주장한다.

　지금까지 이 책은 낙관적 근거를 많이 다루지 않았다. 지금부터 러니어의 경고를 진지하게 살펴보자. 그의 말대로 당장 소셜 미디어 계정을 지워야 할까? 이 분명한 메시지에 이미 반응을 보인 사람들이 있다. 2018년 퓨 연구센터는 선도적으로 미국인과 소셜 미디어 플랫폼의 관계를 조사하고 주목할 만한 두 가지 수치를 밝혔다. 페이스북 유저의 무려 42퍼센트가 2017년에서 2018년 사이에 사용을 잠시 중단한 적이 있다고 대답했으며 26퍼센트가 같은 기간에 페이스북 앱을 휴대전화에서 지웠다고 대답한 것이다.[2] 퓨 연구센터가 수치를 발표한 다음, 이런 주제가 인터넷을 떠들썩하게 했다. #페이스북삭제라는 해시태그가 트위터에서 며칠 동안 실시간 검색어 트렌드에 올랐다. 가수 셰어, 코미디언 윌 페럴, 테슬라의 CEO 일론 머스크를 비롯해 상당수의 유명인도 페이스북 계정을 지우겠다고 선언했다. 러니어의 책이 이 물결을 불러일으킨 유일한 촉매제는 아니다. 당시 여러 논란(특히 1장에서 언급한 케임브리지 애널리티카가 일으킨 물의)과 얽히면서 페이스북에 신물을 느끼는 유저가 많은 듯했다.

　한편 사회 과학자들은 대중들이 플랫폼에 불만족을 느끼는 이유를 연구하기 시작했다.³ 어느 독특한 실험에서 경제학자 집단은 매일 적어도 15분 이상 페이스북을 사용하는 18세 이상의 미국인 3000여 명을 모집해 설문조사를 실시했다.[4] 이후 연구자들은 절반의 피험자에게 100달러를 사례비로 주고 한 달 동안 페이스북 계정을 정지하게 한 다음, 그들이 계정을 활성화하는지 유심히 관찰했다. 조사 결과는 당시 대외 홍보 측면에서 불난 집이었던 페이스북에 기름을 부었다. 계정을 정지한 피험자들의 행복 지수가 높아졌으며 우리 연구 목적과 부합하게도 상대 정당 지지자에게 분노하는 수치는 낮아졌다고 발표했기 때문이다.[5]

페이스북에 반하는 열기가 대단했음에도 기업은 큰 탈 없이 사태를 넘겼다. 퓨 연구센터의 후속 연구에 따르면 2018년부터 2019년까지 페이스북을 자주 사용하는 유저의 수는 흔들림 없었다.[6] 구글에서 "페이스북 계정 지우는 방법"을 검색한 횟수는 2018년 중순 절정에 다다랐지만 그 이후 변화를 감지하기 힘들 정도로 떨어졌다. 2018년 중순 직후에는 "페이스북 계정 복구하는 방법"의 검색 횟수가 급증했다. 연구자들에게 사례비를 받고 한 달 동안 페이스북 사용을 중지한 사람들은 어떻게 되었을까? 연구가 끝나고 100일 이내에 95퍼센트의 유저들이 계정을 활성화했다.[7] 게다가 방금 언급한 2018년 퓨 연구센터의 보고서를 살펴보면 페이스북 계정을 중지하거나 휴대전화에서 앱을 지운 대다수 피험자는 연령대가 낮았다. 18세에서 29세 사이의 사람들이 65세 이상보다 계정을 지운 비율이 네 배나 높았다. 이 청년들은 깨달음을 얻고 러너어를 추종하는 사람들이었을까? "재런 러너어가 인터넷을 고치다"라는 제목이 달린 《뉴욕 타임스》의 유명한 영상을 보았을까?[8]

분명히 이 두 질문의 답은 '아니다'다. 밀레니얼 세대와 Z세대는 떼를 지어 페이스북을 떠났지만 이들은 다른 플랫폼으로 우르르 몰려갔다. 인스타그램의 사용이 급증한 것이다. 2014년 인스타그램을 사용하는 미국인은 26퍼센트에 그쳤으나 2019년에 이르자 그 수치가 거의 두 배로 늘었다.⁹ 그중 Z세대의 수치는 훨씬 높다. 2018년 13세에서 17세에 해당하는 미국인 중 72퍼센트가 인스타그램을 사용한다고 응답했으며 69퍼센트는 스냅챗을, 51퍼센트는 여전히 페이스북을 사용했다. 이것도 부모의 관심을 돌리기 위해 사용할 확률이 높다. 틱톡이나 현재 인기 있는 영상 공유 플랫폼에 자신들이 올리는 비밀스러운 게시물을 부모가 알지 못하도록 말이다.¹⁰ 2018년 페이스북이 인스타그램을 인수했다는 사실은 페이스북에서 인스타그램으로 옮겨 간 사람 중 몇 명이나 알까? 미국에서는 이 두 플랫폼의 일별 접속자 수가 점차 줄어들지 몰라도 다른 나라에서는 정신없이 증가하는 추세다.

이별은 **어렵다**

사람들은 대체 왜 소셜 미디어를 떠나지 못할까? Z세대의 대답은 뻔하다. 그들 바로 전의 밀레니얼 세대와 마찬가지로 인터넷을 하며 자랐을 뿐 아니라 다수는 소셜 미디어 없는 세상을 살아 보지 않았기 때문이다. Z세대는 스마트폰이 넘쳐나기 전 미국의 모습을 기억하지 못한다. 그들은 스마트폰을 사용해 전례 없이 자신들의 유년 시절을 낱낱이 공개한다. 이 세대가 다른 세대보다 소셜 미디어와 인터넷에 더 깊이 빠지는 현상은 놀랄 일이 아니다. 2018년 퓨 연구센터의 조사를 따르면 스마트폰을 사용하는 미국 청소년의 수치가 4년 만에 73퍼센트에서 95퍼센트로 증가했다.[11] 청소년들은 무엇을 하든 스마트폰을 사용한다. 청소년 45퍼센트가 "쉬지 않고" 인터넷을 사용하며 (2014년에는 24퍼센트에 불과했다) 나머지 44퍼센트는 "하루에 서너 번" 스마트폰을 사용한다. 또한 청소년 90퍼센트가 비디오 게임을 하는데, 소셜 미디어의 특징인 사회적 연결성을 적용해 유저들이 팀으로 함께 게임을 하도록 만들어지는 게임이 많다.[12]

소셜 미디어를 떠난다고 해서 젊은이들이 단순히 과거로 돌아갈 수는 없다. 그들에게는 삶의 방식을 포기한다는 의미에 가까울 것이다.[13] 6장에 등장한 온건한 공화당 지지자이자 젊은 여성인 세라 렌돈은 무기를 소유할 남편의 권리를 지지했다는 이유로 극단주의자에게 위협을 당한 뒤 잠시 소셜 미디어를 떠났다. 하지만 얼마 지나지 않아 트위터와 페이스북으로 돌아올 수밖에 없었다. 멀리 사는 형제자매, 조카들의 소식을 자주 접할 곳이 소셜 미디어밖에 없었기 때문이다. 면담에 참가한 다른 사람들도 소셜 미디어를 잠시 중단했을 때 소식이나 기회를 놓칠 것만 같은 두려움을 느꼈다고 말했다. 친구와 가족 소식뿐만 아니라 흥미, 취미, 직업 정보를 나누는 소셜 미디어 커뮤니티에서도 중요한 무언가를 놓칠까 봐 두려움을 느끼는 셈이다.

소셜 미디어가 제공하는 여러 사회적 관계가 그리워서 다시 돌아가는 사람도 있지만 친구, 가족, 동료 때문에 어쩔 수 없이 떠밀려 돌아가는 사람도 있다. 소셜 미디어를 떠나는 사람들은 자신이 언급되거나 태그된 게시물에 '좋아요'를 누르지 않거나 댓글을 달지 않아서 자주 비난받는다. 친구의 자랑거리에 '좋아요'를 누르지 않거나, 주변 사람이 상실의 고통을 겪을 때 공감하지 않는다고 비난받기도 한다. 계정을 삭제한 사람은 다른 사람보다 고상한 척하는 사람으로 비칠 때도 많다. 과거 내가 어린 시절, 텔레비전을 보지 않는다고 자랑하던 사람들과 비슷하다고 할까. 직업적 의무 때문에 소셜 미디어를 해야 하는 사람도 있다. 온라인에서 활발하게 활동하는 것이 성공의 필수 조건이 된 분야가 많은 데다, 특히 자영업을 하거나 높은 광고 비용을 부담하지 못하는 사람에게는 한층 중요해졌다.

그러나 내가 보기에 계정을 삭제하지 못하는 가장 중요한 이유는 이 책 전반에서 주장했듯, 소셜 미디어가 삶에 깊숙이 파고들어 와 우리의 정체성마저 지배한다는 사실에 있다. 페이스북, 트위터, 여러 플랫폼은 우리의 다양한 모습을 연출하게 해 주며, 다른 사람의 반응을 빠르고 효율적으로 관찰해 그것에 맞게 정체성을 수정하도록 도와준다. 기술 세계에서 등을 돌린 러니어는 일반적인 중독의 모습을 제시한다. 그는 우리가 화면의 빛나고 번쩍거리는 것을 볼 때 나오는 엔도르핀과 소셜 미디어 피드에 잘 진열된 상품을 구매하는 엄청난 편리함에 중독되었다고 한다. 나도 전적으로 부정하지는 않는다. 실리콘밸리는 분명 우리 뇌의 도파민 수용체 작용을 어느 정도 파헤쳐 냈다. 하지만 나는 그가 주장한 대로 소셜 미디어를 끊는 것이 금연과 비슷하다고 생각하지는 않는다. 계정을 삭제하면 사회 생활을 근본적으로 재구성해야 하기 때문이다. 오늘날 소셜 미디어는 우정, 가족, 직업의 큰 부분이므로, 우리 깊숙이 존재하는 사회적 본능을 감쪽같이 만족하게 하는 소셜 미디어라는 수단에 대항하기 위해서는 엄청난 노력이 필요하다.

이런 생각을 할 수도 있다. '계정을 지울 수는 없지만 정치와 분리해서 소셜 미디어의 따뜻하고 포근한 부분만 유지하면 되지 않을까? 가족과 연락하거나 재미있는 텔레비전 프로그램의 출연자들을 보며 긍정적인 용도로만 사용한다면?' 안타깝지만 이번에도 대답은 '불가능'이다. 점점 더 많은 사람이 소셜 미디어에서 뉴스를 본다. 2019년 퓨 연구센터는 55퍼센트의 성인 미국인이 소셜 미디어에서 '자주' 또는 '가끔' 뉴스를 본다고 보고했다. 47퍼센트였던 전해보다 증가한 수치다.[14] 또한 2018년에는 소셜 미디어에서 뉴스를 보는 미국인의 수치가 종이 신문을 보는 수치를 능가했다.[15] 아직은 텔레비전과 라디오가 뉴스를 보는 보편적인 경로이지만, 젊은 층에는 소셜 미디어가 가장 인기 있는 경로로 자리 잡았다. 18세에서 29세 사이의 미국인은 연령층이 높은 집단보다 소셜 미디어에서 뉴스를 볼 확률이 거의 두 배다.[16] 또한 젊은 층이 인스타그램과 틱톡을 원래 취지와는 달리(아름다운 사진과 재미있는 영상을 공유하기 위해 만들어졌다) 정치적인 목적으로 사용한다는 자료가 상당히 많다.[17] 틱톡에서 일어나는 정치적 의사소통에 관한 초기 연구는 틱톡 유저들이 다른 플랫폼 유저보다 정치적 발언을 더 많이 한다는 사실을 전한다.[18]

소셜 미디어에서 사람들이 정치적 논쟁을 멈출지 여부는 잠시 제쳐 두고라도 "정치적 논쟁을 과연 어디에서 할 수 있는가?"라는 또 다른 심각한 질문이 남아 있다. 수십 년 동안 사회 과학자들은 사회적 고립이 증가하는 현상을 경고해 왔다.[19] 사회학자 이병규와 피터 비어먼은 최근 그들이 '정치적 고립'이라 부르는 대규모 역사적 분석을 실시했다.[20] 그들은 누구와 정치 이야기를 하는지 조사한 10건 이상의 연구 데이터(1985~2016)를 비교했다. 연구자들은 지난 30년 동안 미국인들이 정치 이야기를 하는 관계망이 약 30퍼센트

감소했다는 사실을 발견했다. 같은 기간, 다른 정당과 이야기하는 관계망의 수도 함께 감소했는데, 정치적 문제를 논의하지 않는 관계조차 줄었다.

더 전반적인 인구 통계학의 추세를 보면 이 변화를 설명할 수 있다. 빌 비숍은『집단: 비슷한 사람들끼리 뭉칠수록 우리가 분열되는 이유The Big Sort: Why the Clustering of Like-Minded America Is Tearing Us Apart』에서 공화당과 민주당 지지자들의 지리적인 분열이 증가한다는 사실을 경고했다. 그는 1976년 대통령 선거에서 한 정당이 다른 정당을 20퍼센트 이상의 차이로 이긴 지역에 사는 미국인이 26퍼센트였다고 했다.[21] 2014년에 이르자 수치는 48퍼센트로 증가했다. 비숍의 측정 방법이 변화의 정도를 과장했다고 지적하는 사회 과학자도 있지만, 인구통계학적 분열은 다른 영역에서도 찾아진다.[22] 정치학자 그레고리 후버와 닐 말호트라는 온라인 연애를 조사함으로써 정치적 고립을 보여 주는 단서를 찾았다.[23] 이 학자들은 큰 온라인 데이트 플랫폼에서 사람들이 같은 정당 지지자와 주로 연애한다는 사실을 발견했을 뿐 아니라 이 책의 4장에서 언급한 연구의 결과, 즉 사람들이 같은 정당 지지자를 훨씬 선호한다는 점을 분명하게 보여 주었다.[24]

공화당 또는 민주당 지지자들이 앞으로도 각각 다른 지역에 살고 끼리끼리 연애한다고 하더라도 명절에는 여전히 만나지 않을까? 세라렌돈도 매년 추수감사절에는 비비언 이모를 만나지 않는가? 키스 첸과 라인 롤러는 스마트폰으로 수집한 장소 정보 데이터를 이용해 이 질문에 답을 구했다.[25] 그들은 논란이 많았던 2016년 대통령 선거가 끝나고 몇 주 후, 미국 전역의 600만이 넘는 지역에서 가족들과 추수감사절 저녁을 먹는 평균 시간을 추적했다. 그들은 한 정당이 더 우세한 지역에서 두 당 지지자들이 모두 참석할 시, 저녁 시간이 30분에서 50분 정도씩 짧아졌다는 사실을 관찰했다. 이동한 거리를 비롯해 다른 요인을 고려했을 때도 결과는 같았다. 첸과 롤러는 미국인 통틀어 추수감사절 저녁 대화 시간을 3400만 시간 잃었다고 측정했다. 정치적으로 여러 관점을 지닌 가족들이 서로를 참고 들어 주지 못해서였다.

소셜 미디어 플랫폼이 정치를 왜곡하는 현상을 연구해 온 이력을 돌아보면 이 글을 쓰기가 힘겹지만, 앞으로 한동안은 소셜 미디어가 미국 민주주의를 위한 공론의 광장으로 남으리라 생각한다.

플랫폼이
우리를 살리지 못하는 이유

계정을 지우지 못한다면 우리가 내부의 변화를 촉구하는 방법도 있다. 우리 대신 양극화에 대항해 달라고 페이스북, 트위터, 다른 플랫폼에 영향력을 행사하는 방법이다. 최근 들어 재런 러니어를 비롯해 실리콘밸리에서 등을 돌린 사람들이 소셜 미디어 산업을 강력하게 고발하는 글을 쓰고 있다. 마크 저커버그의 초기 자문 위원이자 전설적인 기술 투자자인 로저 맥나미는 최근『마크 저커버그의 배신: 민주주의의 최대 위협, 페이스북의 멘토가 적이 된 사연Zucked: Waking Up to the Facebook Catastrophe』(에이콘출판사, 2020)을 출간했다. 기술회사들을 위해 중독성 있는 기술을 만드는 방법을 출간해 명성을 얻은 니르 이얄은 최근 중독의 해독제인『초집중: 집중력을 지배하고 원하는 인생을 사는 비결Indistractable: How to Control Your Attention and Choose Your Life』

(안드로메디안, 2020)을 저술했다.[26] 마찬가지로 중독성 있는 기술을 만드는 데 전력을 다하는 구글을 비난해 호평받은 전 구글 직원 트리스탄 해리스는 전면적인 운동을 시작함으로써 기술회사들이 고객의 시간, 열정, 상식을 앗아 가는 '바닥 치기 경쟁'이 아닌 '상향식 경쟁'을 하게끔 압력을 넣는다.[27]

과거 실리콘밸리에서 활약한 인물들은 소셜 미디어 기업이 인간의 심리에 상상조차 할 수 없는 힘을 휘두른다고 주장한다. 소비자가 구매하는 제품을 만드는 데 그치지 않고 소비자의 은밀한 생각과 욕망까지 만든다는 것이다.[28] 하지만 정말 기업들이 사람들의 가장 사적인 생각을 만드는 힘을 가지고 있을까? 우리는 신념과 행동을 통제하는 알고리즘이나 중독성 있는 플랫폼에 속수무책으로 당하는 피해자일 뿐일까? 공론을 악화하기 위해 비난할 희생양을 찾는 사람에게는 이런 이야기가 솔깃하게 들릴 것이다. 특히 플랫폼을 세우는 데 공헌한 사람들이 주장하면 더욱 설득력 있어 보인다. 하지만 애초에 이 모든 문제를 만든 사람들이 해결책을 찾아 줄 수 있을까? 기술회사에서 소프트웨어 엔지니어로 일한 경력이 있다고 양극화 현상을 설명할 자격이 있을까? 이 질문에 사회 과학 연구 결과는 확실하게 아니라는 답을 준다.[29] 실리콘밸리에서 나온 주장 중 오늘날 플랫폼에서 벌어지는 양극화에 관한 일반적인 이론을 뒷받침할 증거는 거의 없다.

예를 들면 일반적인 이론은 소셜 미디어의 과격화가 뉴스 피드에 보이는 내용을 결정하는 알고리즘 때문이라고 한다. 유저의 관심사에 맞게 알고리즘이 결정되고(사람들이 연이어 관련된 메시지를 클릭하는지에 따라 결정된다) 그 결과가 분노를 일으키는 극단적인 내용을 확장하기

때문이다. 평론가들의 주장에 따르면 더 심각한 것은 실리콘밸리 회사도 모르는 사이에 일어난다는 사실이다. 누군가가 특정 광고를 클릭하는 이유를 상당히 정확하게 예측하는 기술인 딥러닝이 알고리즘을 움직이기 때문이다. 하지만 너무나 많은 계산과 복잡한 과정을 거쳐 이런 예측을 하기 때문에 만든 사람도 원리를 제대로 설명하지 못할 때가 많다.

알고리즘이 과격화를 부추긴다는 주제는 《뉴욕 타임스》에 기사가 연재된 후 더욱 관심을 끌었다.[30] 그중 케빈 루스의 기사는 진보 성향의 대학을 중퇴한 케일럽 케인의 이야기를 다루었다. 그는 유튜브에서 "음모론, 여성 혐오, 인종차별주의로 가득 찬" 수천 개의 영상을 보며 극단주의자의 소굴로 빠져들었다. 케인은 서서히 극단적인 보수주의 구성원으로 변모했고, 진보주의자들에게 살인 협박을 받고 나서자신을 보호하기 위해 결국 권총을 구매했다. 이 기사는 케인의 인터넷 웹페이지 방문 기록을 실어, 독자들이 극단적 좌파에서 극단적 우파로 변한 일련의 과정을 볼 수 있게 한 점에서 설득력 있었다. 구글은 즉각적으로 저자가 주장한 증거 자료에 의혹을 제기할 뿐만 아니라 과격화를 예방하기 위해 직소* 설립과 같은 노력을 들어 기사를 반박했다.

물론 기술 기업의 반박은 회의적인 시각으로 바라봐야 하지만 놀랍게도 알고리즘이 과격화를 가능하게 했다는 주장을 증명할 근거는 매우 적다. 전산 사회 과학자들이 이 주제를 대상으로 수행한 대규모

---

* Jigsaw. 구글의 비밀 부서로, 폭력적인 극단주의자가 되지 못하도록 수많은 사람을 위험에서 예방해 왔다고 주장한다.

연구는 유튜브 유저 중 온건한 콘텐츠에서 극단적인 콘텐츠 시청으로 이동하는 사람이 있긴 하지만 10만 명 중 1명에 불과하다고 밝혔다.[31] 마찬가지로 페이스북 유저 1010만 명을 대상으로 한 이전 조사는 페이스북에서 보이는 대다수 사상적 분열은 참여할 활동을 결정하는 개인의 선택이지, 유저가 보는 메시지를 결정하는 알고리즘이 아니라는 결론을 내렸다.[32] 최근에는 정치학자 케빈 멍거와 조지프 필립스가 유튜브에 있는 과격한 정치 콘텐츠를 대규모로 분석했다.[33] 물론 엄청난 양의 콘텐츠가 있었지만 이 영상을 시청하는 사람들은 대부분 새로 가입한 유저였다. 과격화는 더 극단적인 콘텐츠의 수요를 만족하게 하지 못한 데 원인이 있지, 유저가 과격해져서가 아니라는 의미다. 놀랍게도 유튜브에서 극단적인 콘텐츠는 최근 몇 년간 시청자 수가 큰 폭으로 줄었다.[34] 알고리즘과 과격화 사이의 관계를 밝히는 더 많은 연구가 필요하지만(소셜 미디어 기업의 데이터를 사용하는 것이 이상적이다) 지금으로서는 기계를 연구한다고 결정적인 증거가 나올 것 같지는 않다.

페이스북과 트위터를 비롯한 여러 소셜 미디어 기업에 가해지는 또 다른 일반적인 비판은 기업이 가짜 뉴스를 퍼뜨리고 분열을 조장하는 악랄한 외국 세력을 막지 못했다는 점이다. 이 비판은 의회와 전 세계의 미디어에서도 외칠 만큼 널리 퍼진 주장이지만, 잘못된 정보를 퍼뜨려 미국을 분열하는 데 성공했다는 증거는 찾기 힘들다. 정치학자 데이비드 레이저는 연구팀을 이끌고 트위터 계정과 유권자 기록(각 주가 보관하는 등록된 유권자 정보)의 관련성을 조사했다. 이 데이터를 통합함으로써 연구자들은 2016년 대선 유세에서 가짜 뉴스를 본 인구 수를 측정할 수 있었다. 1퍼센트에도 못 미치는 트위터 유저가 연구팀이 확인한 가짜 뉴스의 80퍼센트에 노출되었으며 0.1퍼센트의 유저만이 그런 메시지의 80퍼센트를 공유했다는 사실이 드러났다.[35] 경제학자 헌트 알콧과 매슈 겐츠코가 수행한 다른 연구에 따르면 2016년 미국인은 평균적으로 1건의 가짜 뉴스 기사를 보고 기억한다.[36] 이후 정치학자 앤드루 게스, 조너선 내글러, 조슈아 터커의 연구는 응답자의 웹사이트 방문 기록을 추적하는 도구와 여론조사를 연결하여 비슷한 양상을 도출했다. 페이스북 유저의 소수만이 가짜 뉴스를 공유했고, 연령층이 높은 보수주의자들이 대다수 가짜 뉴스를 공유했다.[37]

그렇다면 소수의 가짜 뉴스도 큰 악영향을 입힐까? 아직은 잘못된 정보를 퍼뜨린 외국 세력이 실제로 사람들의 정치적 견해와 행동을 바꿨다는 이론을 입증할 정확한 자료가 없다.[38] 나는 듀크 대학과 채플힐에 있는 노스캐롤라이나 대학의 연구자들을 소집해 트위터와 미국 정보기관이 찾아낸, 러시아와 연계된 인터넷 연구 에이전시와 소통한 유저 계정이 받은 영향을 조사했다.[39] 우리는 2017년 미국인 1,200명 이상의 온라인 행동을 추적하고, 정치적 견해에 관한 두 가지 질문에 답변한 정보로 만든 매우 상세한 데이터를 모두 훑으며 인터넷 연구 에이전시 계정과 연관된 움직임이 있는지 보았다. 이 과정으로 우리는 누가 트롤과 상호작용했는지 확인했을 뿐만 아니라 그런 상호작용이 어떤 결과를 이끌어 냈는지도 알아냈다. 2017년 말 트위터를 사용하는 민주당과 공화당 지지자들만을 대상으로 조사했지만 (응답자들과 인터넷 연구 에이전시 계정의 직접적인 상호작용에서 비롯된 영향에만 초점을 맞추었다) 정부의 여러 정책을 바라보는 견해부터 양당 지지자들이 서로를 바라보는 관점까지 모두 확인했다. 그리고 잘못된 정보를 퍼뜨리는 외국 세력이 여론 형성에 어떤 영향을 미쳤는지 조사했다.

이번에도 마찬가지로 연구의 결과는 일반적으로 널리 알려진 이론의 정당성을 의심하게 했다. 인터넷 연구 에이전시의 계정과 상호작용한다고 해서 정치적 태도나 행동에 상당한 영향을 미친 경우는 없었다. 게다가 그 계정과 상호작용한 사람 대부분은 이미 정치적으로 강한 견해를 지닌 사람, 다시 말해 트롤에 휘둘려 마음을 바꿀 확률이 낮은 사람들이었다. 이 결과는 대중 매체를 활용한 정치 유세가 최소의 효과밖에 내지 못한다는, 사람들에게 잘 알려지지 않은 더 광범위한 추세에 들어맞는다.[40] 정치 유세는 대중에게 의견을 주입하는 피하 주사기가 아니다. 다수는 정치 유세를 무시하기 마련이고, 개입하는 소수는 이미 강한 견해를 지닌 사람이기에 정치 유세의 전반적인 영향은 무시해도 될 정도다.[41] 물론 가짜 뉴스와 외국의 세력이 유권자의 행동에 영향을 줄 수는 있다. 하지만 여러 연구에 따르면 2016년 선거에서 유권자를 설득하기 위해 가장 정교하게 계획된 유세도 영향을 미치지 못했으며, 대상을 잘못 겨냥했을 때는 부정적인 영향을 미쳤을 가능성도 있다. 예를 들면 다른 유권자를 겨냥한 광고를 우연히 본 사람은 광고를 보지 않은 사람보다 그 후보를 뽑을 확률이 낮다.[42] 놀라운 것은 어쩌면 특정 집단을 겨냥한 광고 역시 소비자 행동에 영향을 준다는 증거가 거의 없다는 사실이다. 개인의 관심사를 무섭게 알아맞히는 온라인 광고의 대상이 된다는 점은 분명 소름 끼치지만, 연구 결과는 그런 광고가 구매 의사결정에 미치는 영향이 미미하다는 사실을 보여 준다.[43]

실리콘밸리 기업들이 정치적 양극화로 비난을 받는 또 다른 영역은 반향실이라는 개념이다. 하지만 앞서 말했듯 실리콘밸리에서 나온 사람들이 내린 처방에 따라 페이스북과 트위터가 사람들에게 상대 정당의 견해를 보여 준다면 어떻게 될까? 나는 이 책 전반에 걸쳐 그 전략이 오히려 역효과를 낳으리라고 분석했다. 하지만 더 심각한 문제가 있다. 최근 연구에 따르면 만연해 있는 반향실 현상은 과장되었다. 2019년 뉴욕 대학의 소셜 미디어 및 정치 센터가 실행한 조사는 트위터 유저의 40퍼센트가 정치적인 계정(선출된 공직자, 정치적 권위자, 언론 매체)을 전혀 팔로우하지 않는다는 사실을 밝혔다.[44] 그리고 나머지 유저들은 진보와 보수 양쪽 정보를 모두 소비하며, 반향실 깊숙이 갇힌 사람은 진보에서 보수 스펙트럼의 양 끝에 있는 소수일 뿐이라고 보고했다.[45] 또한 최근 5만 명 이상의 인터넷 방문 기록을 조사한 다른 연구는 소셜 미디어 유저들이 비유저보다 반대 견해에 더 많이 노출된다는 놀라운 사실을 밝혔다.[46]

내가 우려하는 바는 우리가 정치적 부족주의에 대항해 싸우는 소셜 미디어 기업의 능력을 과대평가한다는 점이다. 지난 수십 년 동안 새로운 기술은 비약적인 발전을 거듭하며 무인 자동차를 비롯해 내가 살아 있는 동안 보리라고는 상상조차 하지 못한 발명품을 만들어 냈다. 하지만 이런 성취는 자동차에 운전하는 방법을 가르쳤다고 정치적 양극화까지 막을 수 있다는 극도의 자만심 또는 잘못된 자신감을 심었다. 사실 기계 학습machine learning이 인간의 복잡한 행동을 예측하기까지 갈 길이 먼데, 하물며 인간의 행동을 바꾸기는 더욱 힘들다. 어느 획기적인 연구에서 사회학자 매슈 살가닉은 수백 명의 기계 학습 전문가에게 빈곤층 가정에서 자란 어린이들의 미래를 예측하라는 도전장을 던졌다.[47] 살가닉 연구팀은 여러 시기에 존재한 수천 명을 보여 주는 수백 가지의 변수가 담긴 데이터의 절반을 전문가들에게 주었다. 기계 학습 전문가들로 구성된 각 팀은 가난을 벗어나는 사람을 예측하기 위해 가장 최신의 기계 학습 기술을 사용해 모델을 만들었다. 놀랍게도 최고의 모델은 수십 년 된 통계학 기술보다 낫지 않았고, 연구에 참가한 어린이들의 미래 중 단지 10퍼센트에서 20퍼센트의 변화밖에 설명하지 못했다. 어린이들의 가난과 정치적 양극화는 완벽히 다른 문제라고 주장하는 사람도 있을 것이다. 하지만 살가닉의 연구는 페이스북의 소스 코드를 수정해 정치적 양극화를 완화하기에는 기계 학습 기술의 갈 길이 아직 멀었다는 사실을 보여 준다.[48]

만약 소셜 미디어 플랫폼이 양극화를 줄일 수 있다고 해도 기업이 과연 발 벗고 나설까? 생각 실험을 해 보자. 우리가 페이스북의 플랫폼을 조금 수정함으로써 공화당과 민주당 지지자의 무례한 논쟁을 7.5퍼센트 줄이는 대신 광고를 클릭하는 횟수를 5퍼센트 줄이는 방법을 안다고 가정하자. 과연 기업가들과 이사회가 이 방법에 찬성할까? 이 책에서 여러 번 언급했듯 페이스북이 투표율과 장기 기증률을 증가시키고 자선사업 기부금을 모으는 데 가히 칭찬할 만한 노력을 쏟아부은 것은 사실이다. 하지만 정치적 양극화를 줄이는 데 효과적인 해결책을 시행하는 일을 과연 주주들이 두 팔 벌려 환영할까?

그리고 기술을 수정하는 간단한 방법이 존재하고 소셜 미디어 기업이 이를 진행할 의도가 있다 하더라도, 사람들이 현재 플랫폼을 신뢰할까? 2018년 퓨 연구센터의 설문을 따르면 미국인 55퍼센트는 기술 기업들이 "너무 큰 권력과 영향력"을 행사한다고 했으며 65퍼센트는 "기업들이 그들의 제품과 서비스가 사회에 미치는 영향을 예상하지 못한다"라고 대답했다.[49] 그 후에 실행된 설문은 3분의 2에 해당하는 미국인이 정치 컨설팅 회사에 유저 데이터를 넘기는 소셜 미디어 회사의 행위에 불편한 감정을 느낀다고 보고했다.[50] 중요한 것은 공화당 지지자들이 민주당 지지자들보다 소셜 미디어 플랫폼을 더 불신한다는 결과다. 소셜 미디어 플랫폼이 정치적 견해를 검열한다고 생각하는 미국인은 전체의 72퍼센트이지만, 이 수치는 공화당 지지자들 사이에서 훨씬 높게 나타난다. 소셜 미디어 기업들이 정치적 양극화를 해결한다고 진보주의자들을 설득할지는 몰라도 공화당 지지자들을 설득하기는 쉽지 않다. 더 심각한 문제는 공화당 지지자들이 정치적 양극화를 줄이는 시도를 음모론의 일부로 보고 온라인에서 보수주의자들의 목소리를 진압한다고 인식할 가능성이 있다는 점이다. 이 생각은 너무나 널리 퍼져 최근 선출된 공직자들도 청문회에서 목소리를 높이는 사안이 되었다.

결국은
우리에게 달렸다

페이스북, 트위터, 구글을 비롯해 다른 어떤 거대 플랫폼도 하향식 방식의 정치적 양극화를 해결할 수 없다고 본다면 이제 대체 무엇을 할 수 있을까? 이 책의 마지막 장에서 나는 양극화 연구소에서 진행한 흥미로운 연구를 설명할 것이다. 이 연구는 더 나은 소셜 미디어의 모습, 그리고 정치에 관한 공적 토론을 개선하기 위해 새로운 플랫폼을 만드는 방법에 중점을 두었다. 일단 지금으로서는 소셜 미디어를 상향식으로 개선하는 데는 유저인 우리에게 책임이 있다. 다음 장에서는 소셜 미디어 프리즘을 파헤치는 데 필요한 지침을 제공하고자 한다. 사회 과학 분야의 새로운 연구를 설명하고 우리가 사용할 수 있는 기술을 소개함으로써, 프리즘이 자신과 타인을 바라보는 방식과 정치적 양극화 자체를 왜곡하는 과정이 어떻게 진행되는지 설명할 것이다.

프리즘
파헤치기

좋은 소식으로 시작하겠다. 정치적 양극화는 생각만큼 심각하지 않다. 1990년대 중반, 가족 중심적 가치를 주장하는 공화당과 부의 재분배를 외치는 민주당이 문화 전쟁을 치르는 가운데, 거짓 양극화의 개념이 처음으로 나타났다. 두 정당은 상대 후보를 향한 부정적 광고를 공격적으로 늘렸고 선출된 공직자들은 낙태, 복지, 범죄 문제를 비롯한 첨예한 주제로 고집스럽게 논쟁에 매달렸다. 하원 의장이었던 공화당의 뉴트 깅리치는 부적절한 성관계를 은폐했다는 이유로 미국 대통령(빌 클린턴)의 탄핵을 추진한 최초의 인물이었다. 케이블 텔레비전은 정당 갈등을 전에 없이 확대해 보도했다.[1] 5장에 나온 극단주의자들의 이야기를 읽었다면 오늘날의 기준으로 이 정도는 대수롭지 않아 보일지 모른다. 하지만 21세기로 바뀔 무렵, 문화 전쟁이 더 커지며 영원히 끝나지 않을까 봐 우려하는 사람은 다수였다.

실제로 문화 전쟁은 더 커지지 않았다. 낙태와 같은 논란이 많은 주제를 두고 미국인들의 의견이 갈릴 수는 있다. 하지만 1970년대에서 1990년대 사이를 분석한 사회학자인 폴 디마지오는 분열을 일으키는 문제를 바라보는 사람들의 견해 차이가 증가하지 않았다는 사실을 발견했다.[2] 한편 사회 심리학자 로버트 로빈슨의 연구팀도 유사한 결론을 도출했다.[3] 그의 팀은 낙태와 인종 갈등을 주제로, 진보와 보수의 입장으로 나뉘는 대학생들을 모집했다. 각 문제와 관련된 다양한 질문으로 학생들의 견해를 조사한 뒤, 상대 정당 지지자들의 견해를 추측하게 했다. 결과는 전혀 새롭지 않았다. 양측 학생들은 자신과 상대의 견해 차이를 극단적으로 과장하는 반면, 같은 정당 지지자들의 견해 차이는 축소했다.

대학생 사이에서 만연하는 거짓 양극화는 드러났으나, 나머지 미국인들의 상황은 어떨까? 2016년 정치학자 매슈 레번더스키와 닐 말호트라는 미국 전역을 대표하는 집단을 대상으로 거짓 양극화의 증거를 조사했고 평균적으로 두 정당 사이에 인식되는 차이가 실제의 두 배라는 점을 발견했다.[4] 이 결과는 로빈슨 팀이 다루지 않은 이민, 세제 개혁, 자유무역, 선거 자금 조달을 비롯한 다양한 문제에 모두 적용되었다. 그 후에 실행된 연구들은 대중 매체의 문화 전쟁이 증가하면서 양당 지지자의 인식 차이가 벌어졌음을 밝혔다. 1970년대에는 거짓 양극화가 대수롭지 않은 문제였으나, 정치학자 애덤 엔더스와 마일스 아말리는 지난 40년 동안 이 현상이 20퍼센트나 증가했다고 밝혔다.[5] 게다가 이 세월 동안 양당 지지자들이 서로 부정적으로 보게 된 이유가 거짓 양극화에 있다고 했다. 상대 정당 지지자의 입장을 오해하는 사람이 많아질수록 미움도 커진다. 최근 연구는 상대가 자기 정당 지지자를 싫어하는 정도를 지나치게 어림한다는 사실도 드러냈다.[6] 상대 정당 지지자가 우리 정당 지지자를 실제보다 더 싫어한다고 생각하면 우리도 상대를 더 싫어할 수밖에 없다. 정치적 양극화를 줄이는 가장 중요한 전략은 상대 정당을 향한 오해를 풀도록 도와주는 방법을 찾는 것이다.

인식 차이 **줄이기**

이전 연구를 참고한다면 양극화를 줄이기 위해 가장 우선 해야 할 일은 양당의 인식 차이를 줄이는 것이다. 다행히 많은 사회 과학자들이 그러한 인식 차이가 생기는 현상을 연구했다.[7] 예를 들자면 나는 첫 저서에서 9·11 테러 이후 대중 매체가 다수 온건주의자를 무시하고 감정적인 극단주의자의 목소리만 확대함으로써 이슬람교도를 향한 여론을 왜곡하는 현상을 분석했다.[8] 제프리 베리와 세라 소버라이즈는 『분노하는 사회The Outrage Industry』에서 오늘날에 흔히 보이는 폭발적인 분노를 1950년대 미국의 주요 신문에서는 거의 찾아보기 힘들다고 밝혔다.[9] 하지만 2009년에 이르자 뉴스 기사는 격분하는 문장을 평균 6개나 싣게 되었다. 대중 매체는 극단적인 목소리를 확대할 뿐만 아니라 양극화의 범위를 오해하게 한다. 레번더스키와 말호트라는 수십 가지의 신문, 텔레비전 프로그램 전사 자료, 잡지를 조사해 양극화 현상, 무례한 발언, 타협하지 않는 발언을 보도하는 수치를 조사했다.[10] 2000년에서 2012년 사이에 그런 발언은 두 배나 늘었다. 극단적 메시지에 노출된 피험자들은 정치적 양극화 정도를 과장할 가능성이 크다는 실험 결과가 도출되었다.

이 책을 읽고 독자들이 깨달았으면 하는 가장 중요한 메시지는 바로 소셜 미디어가 거짓 양극화를 극대화한다는 점이다. 5장에서는 미국 전역을 대상으로 한 설문조사 데이터와 소셜 미디어 유저들의 이야기를 들며, 극단주의자들이 소셜 미디어의 과격한 정치적 논쟁을 즐기는 이유를 설명했다. 6장에서는 인식과 실제의 차이로 온건주의자들이 냉담해지거나 정치에서 이탈하는 과정을 이야기했으며, 그 결과로 플랫폼에서 극단주의자들이 차지하는 공간만 넓어지는 현상을 설명했다. 미국의 사례만 제시했지만, 다른 국가의 관점에서도 소셜 미디어가 정치적 상황을 왜곡하는 힘은 분명히 드러난다. 2016년 10개국의 14명 학자가 사람들의 인식과 실제 양극화의 차이를 함께 연구했다.[11] 텔레비전 뉴스, 신문, 잡지 같은 비교적 전통적인 대중 매체가 인식 차이를 유발하는지는 엇갈리는 사례가 나왔지만, 온라인 뉴스 소비는 거의 모든 국가에서 거짓 양극화를 일으키는 가장 강력한 예측 변수라는 결과가 도출되었다.[12] 게다가 소셜 미디어는 대중 매체가 거짓 양극화를 만들어 내는 데 한몫했다. 기자들이 여론을 관찰하기 위해 소셜 미디어를 주로 사용하고, 이 때문에 양극화에 관한 보도를 더욱 왜곡하기 때문이다.[13] 그야말로 악순환이다.

그렇다면 소셜 미디어 프리즘과 거짓 양극화의 반복되는 피드백 고리에 제동을 걸 방법이 있을까? 쉽지 않은 과제임이 분명하지만, 이번 장에서 소셜 미디어 프리즘을 파헤치는 세 가지 전략을 제시하고자 한다. 첫째, 프리즘을 보는 법을 배움으로써 우리 자신과 타인의 정체성을 어떻게 왜곡하는지 이해한다. 둘째, 프리즘으로 우리 자신을 바라보고, 우리 행동이 프리즘에 힘을 부여하는 현상을 관찰한다. 마지막으로 이런 행동을 바꾸고 상대와 생산적인 대화를 하는 법을 찾음으로써 프리즘을 깨는 방법을 배운다. 이 세 가지 전략은 적용하기가 어려워 보일 수 있지만 최근 사회 과학 연구를 살펴보면 실행 가능하다는 희망이 비친다. 물론 상황을 의식적으로 바라보고 행동을 바꾸기란 쉽지 않다. 특히 정치에 열정이 있을 때는 더욱 그렇다. 동료들과 내가 수년간 양극화 연구실에서 이 과정을 쉽게 만드는 새로운 도구를 개발한 이유도 바로 여기에 있다. 지금부터 세 가지 전략을 실행하기 위한 도구 사용법을 자세하게 설명하겠다.

프리즘 **보기**

소셜 미디어 프리즘을 파헤치기 어려운 이유는 그것이 눈에 잘 보이지 않아서다. 인식과 실제의 차이를 알아차리기 위해서는 이것을 실제로 목격해야 한다. 일상생활에서는 공화당과 민주당 지지자들이 정치 이야기를 하는 일이 거의 없으므로 서로 오해하는 사항이 거론되지 않고 지나가기 마련이다. 그러므로 특정 당 지지자에 관한 고정관념과 일치하지 않는 사람을 만날 필요가 있다. 6장에서 다루었듯이 소셜 미디어에서 정치적 논쟁을 벌이는 사람은 극단적인 관점을 지닌 경우가 많으므로 그들에게 노출될수록 우리는 그들이 온건한 다수라고 착각하기 쉬워진다. 다시 말해 프리즘의 가장 치명적인 효과는 잠재의식에서 작동한다. 바로 이런 이유로 보는 방법을 배우는 것은 매우 중요하다.

프리즘 보는 방법을 배워야 하는 또 다른 이유는 오해를 인지한 사람들에게 양극화의 정도가 줄어들었다는 연구가 있기 때문이다. 2015년 정치학자 더글러스 알러와 가우라브 수드는 공화당과 민주당 지지자 1000명에게 각 당의 일반적인 고정관념이 드러난 질문을 던졌다.[14] 이를테면 공화당 지지자들에게 민주당 지지자의 몇 퍼센트가 흑인, 무신론자, 노조원, 게이, 레즈비언, 양성애자인지 추측하게 했다. 민주당 지지자들에게는 공화당 지지자의 몇 퍼센트가 복음주의 기독교인, 65세 이상 연령층, 남부 거주자, 연봉 25만 달러 이상인지 추측하게 했다. 놀랍게도 응답자들은 각 분류의 실제 수치보다 평균

342퍼센트나 높게 추측했다.[15] 후속 실험에서 연구자들은 각 분류에 속하는 사람들의 실제 수치를 보여 줌으로써 응답자들의 오해를 교정했다. 이 정보를 본 사람들은 보지 않은 사람들보다 상대 정당을 향해 훨씬 우호적인 태도를 보였다. 그 후 심리학자 제프리 리즈와 미나 시캐라는 오해를 교정함으로써 광범위한 정책 문제(선거 구획 조정이나 익명 캠페인 기부를 보는 태도)에서도 양극화를 감소하는 효과를 낼 수 있다고 밝혔다.[16]

이런 연구 결과는 거짓 양극화에 대항해 새로운 기술을 만들어 내도록 양극화 연구소에 동기를 유발했다. 양극화 연구실 웹사이트 polarizationlab.com에 접속하면 우리가 개발한 최신 도구를 이용해 당신과 상호작용한 사람이 사상적으로 어느 범위에 속하는지 알아볼 수 있다. 소셜 미디어에서 누군가의 정치적 발언으로 충격을 받은 일이 있다면, 도구를 사용해 그 사람을 더 넓은 시각으로 보길 바란다. 상대 정당의 평범한 지지자로 보이는 사람이 플랫폼에서 가장 극단적인 소수라는 사실을 알면 놀라울 것이다. 또한 소셜 미디어에서 상대 정당 지지자에게 비난을 받으면 그 사람이 누구인지, 동기가 무엇인지 시간을 두고 찬찬히 생각해 본다면 어떻게 대응해야 할지 답이 나올 것이다. 5장에서 설명한 극단주의자들은 광신교 집단 같은 공동체에서 상대방을 도발함으로써 지위를 얻었기 때문에 대화가 역효과를 낳을지도 모른다. 하지만 약간 상대 정당으로 기운 사람이나 중도주의자에게 비판을 받았다면, 토론으로 일치점을 찾는 기회가 될 수 있다.

프리즘으로
자기 자신 바라보기

소셜 미디어 프리즘을 파헤치는 두 번째 전략은 프리즘이 우리를 굴절한다는 사실을 아는 것이다. 양극화 연구실 웹사이트의 도구를 사용해 당신은 사상적 스펙트럼에서 어디에 속하는지 알아보라. 그러고 나서 소셜 미디어에서 당신의 행동이 정치적 견해를 얼마나 정확하게 반영하는지 살펴보길 바란다. 제대로 반영한다면 당신은 몇 안 되는 소수에 속한다. 4장에서 6장에 걸쳐 설명했듯, 대다수 사람들은 온라인과 오프라인에서 매우 다른 모습을 보인다. 극단주의자들은 자신의 실제 모습은 최소화하고 타인의 극단주의는 과장하는 경향이 있다.[17] 또한 다수의 온건주의자들은 정치에 무관심한 사람처럼 보인다. 6장에서 소개한 온건한 공화당 지지자인 세라 렌든처럼 친척들의 감정을 상하게 하거나 직장을 잃을까 봐 정치 이야기를 꺼리는 사람이 이 분류에 속한다. 온건한 민주당 지지자인 데릭 헌터처럼 그저 소셜 미디어에서 벌이는 정치적 논쟁이 건설적이지 않다고 생각하기에 피하는 사람도 있다.[18] 둘 중 어느 쪽이든 당신 실제 모습이 어떻든, 소셜 미디어에서 보이는 모습을 이해하는 것은 아주 중요하다. 연구에 따르면 당신이 사상적 스펙트럼의 어디에 들건, 다른 사람들이 당신의 견해에 공감할 수 있을 때 양극화는 줄어든다.[19] 정체성과 타인의 시각이 일치하지 않는다는 사실을 깨달을 때 비로소 다른 사람 역시 겉으로 보이는 모습과 다를 수 있다는 점을 알게 된다.

프리즘으로 보이는 당신의 모습은 과연 타인이 봐 주었으면 하는 모습인지 반드시 짚어 보길 바란다. 일치하지 않는다고 해도 절망할 필요는 없다. 100년 이상에 걸친 사회 과학 연구는 우리가 타인의 생각을 맞추는 데 소질이 없다는 사실을 알려 준다. 추측은 틀릴 때가 훨씬 많다. 그리고 이 책 전반에서 주장한 바이지만, 소셜 미디어는 이 과정을 더욱 어렵게 만든다.

2020년 초반, 코넬 대학의 학자들은 페이스북의 데이터 사이언 티스트들과 함께 우리가 보여 주고자 하는 자기 표현과 다른 사람들이 보는 시각이 일치하는 정도를 연구했다.[20] 연구팀은 페이스북에서 친구가 아니라도 누구든지 게시하고 댓글을 달 수 있는 웹페이지 80만 개에서 대화를 추출하고 관찰했으며 그곳에서 게시물을 올리거나 댓글을 단 사람 1만 6000명에게 설문을 시행했다. 연구자들은 게시물을 올린 의도(의견 표현 또는 사실 진술)를 물었고, 댓글을 단 사람에게는 게시물의 원래 의도를 추측해 달라고 요청했다. 그들은 사람들이 타인의 의도를 오해하는 경우가 대부분이라는 사실을 발견했다. 예를 들어 게시물을 올린 사람은 단순히 어떤 문제에 관한 사실을 표현한다고 생각했지만 다른 사람들은 의견을 표현했다고 인식했다. 또한 그런 인식 차이가 존재할 때 대화가 무례하게 흘러갈 가능성이 높았다.

소셜 미디어에서 정치적 정보를 자주 공유하는 사람들은 위의 연구 결과를 경고의 메시지로 받아들여야 할 것이다. 그러나 나는 프리즘이 만들어 내는 가장 심각한 왜곡의 원인은 세라와 데릭처럼 정치에 관해 전혀 게시하지 않는 사람들에게 있다고 본다. 6장에서 설명했듯, 소셜 미디어에서 극단주의자들이 넘쳐난다기보다는, 온건주의자들의 목소리가 부족하기 때문에 정치적 양극화가 심해진다. 극단주의자들이 공적인 토론을 모두 장악하기 때문이다. 이 책을 읽는 온건주의자는 계정을 지우지 않기를 간절히 바란다. 소셜 미디어는 당신을 필요로 한다. 물론 이해는 한다. 당신과 마찬가지로 나도 명절 저녁 친척들과 불편하게 정치 이야기를 하고 싶지 않다. 남들과 마찬가지로 나도 소셜 미디어에 비치는 모습을 공들여 가다듬는다. 넷플릭스 시청 기록이라든가 대학교수에게 어울리지 않는 정보는 나도 트위터 피드에 절대 올리지 않는다. 하지만 우리는 모두 자신의 모습을 지키려는 욕망과 이 선택이 공익에 미칠 영향을 살피고 반드시 균형을 유지해야 한다. 온건주의자들은 목소리를 높여야 할 중요한 문제를 신중하게 생각하고, 극단주의자들이 대신 소리치지 못하도록 자신에게 어떤 문제가 가장 중요한지 알아야 한다. 친구, 가족, 동료의 감정을 상하게 하고 싶지 않은 마음과 양극화에 맞서 싸워야 하는 시급함을 서로 적당히 조절해야 한다.

당신은 소셜 미디어에서 상대 정당 지지자와 자주 논쟁을 벌이는 매우 열정적인 사람일 수도 있다. 이 불안한 시대에 불평등과 위선을 조명하거나 부당한 정책에 맞서 싸우도록 동기를 부여하는 그런 열정은 아주 바람직하다. 하지만 검증되지 않은 열정은 파괴적이기 마련이다. 전투에 뛰어들기 전에 진정한 동기가 무엇인지 스스로 질문하기 바란다. 죽을 각오로 싸울 만한 문제인가? 아니면 그저 영리하게 적수를 무너뜨려 지위를 얻고 싶은 마음인가? 만약 원하는 바가 소셜 미디어의 지위라면 게시물에 '좋아요'를 누르거나 게시물을 리트윗하는 사람들이 누구인지 자세히 살펴보라. 어떤 사람들인가? 당신에게 중요한 사람들인가? 아니면 팔로워 몇 명을 더 얻으려는 극단주의자들인가? 마지막으로 행동의 결과가 상대 정당 지지자에게 어떤 영향을 미치는지 생각해 보라. 상대 지지자의 감정을 상하게 하면서 팔로워 몇 명을 늘리는 일이 가치 있는 일인가? 당신은 진정 적수를 '이기고' 있는가, 그렇지 않으면 당신 정당이 가진 고정관념을 굳히도록 행동하는가? 만약 소셜 미디어에서 늘 같은 무리에게만 메시지를 전하고 있다면, 그 힘으로 차라리 반대편의 사람들을 설득하는 편이 어떨까?

소셜 미디어에서 얻은 자아 존중감 또는 우리 편이 이긴다는 안도감에서 눈을 돌리는 것은 인간의 마음속 깊숙하게 존재하는 사회적 본능을 거스르는 일이다. 하지만 이번 장의 마지막 순서로, 사회 과학의 최근 발전 동향을 제시함으로써 상대편에게 손을 뻗는 행동이 생각보다 어렵지 않은 이유를 설명하고자 한다.

프리즘 **깨기**

이 책의 초반부를 읽으면서 상대편에게 다가갈 때 하지 말아야 할 행동이 무엇인지 눈치챘을 것이다. 2장에서 나는 반향실에서 나가자마자 견해가 다른 온갖 종류의 사람을 마주하면 오히려 당신 편이 옳다고 확신하게 될 것이라고 말했다. 당신이 3장에 등장하는 미용사 재닛 루이스 같은 열정적인 지지자라면, 상대 정당 지지자들의 신념이 생각보다 훨씬 극단적이라는 점을 알게 될 것이다. 당신이 열의 없는 민주당 지지자 패티 라이트와 비슷하다면 반향실에서 나왔을 때 감정이 고조되어, 주변이 전쟁터라고 느낄 것이다. 이 두 여성의 이야기가 이해가 가지 않는다면 같은 실험을 당신에게 그대로 적용해 봐도 된다. 양극화 연구실 웹사이트에서 링크를 찾으면 패티와 재닛이 한 달 팔로우한 봇을 당신도 팔로우할 수 있다.

당신이 반향실에 있다면, 과감하게 나오는 방법보다는 사회 과학이 제시하는 대로 작은 시도를 하는 편이 옳다. 4장에서 소개한, 숲에 불을 지르려 했던 다혈질의 사회 심리학자 무자퍼 셰리프의 아내 캐럴린 셰리프는 사람들을 설득하는 방법에 관해 선구적인 연구를 수행한 바 있다. 변덕스러운 배우자를 다루는 데 아마 유용했을 것이다. 새로운 주장을 마주했을 때(기후 변화에 관한 의견이라고 해 보자) 캐럴린 셰리프는 이 새로운 견해와 우리의 기존 견해 사이의 거리에 따라 반응이 달라진다고 주장했다.[21] 이를테면 레이철 매도처럼 진보적인 견해를 지닌 사람이 아주 보수적인 러시 림보의 주장과 마주한다면 설득될 가능성은 아주 낮다. 반대로 두 사람이 셰리프가 '수용 지대'(선험적으로 동의하지는 않더라도 새로운 견해를 타당하거나 수용할 만하다고 바라보는 태도의 범위)라고 부르는 범위에 든다면, 그들은 새 견해를 알기 위해 더 적극 반응하고 가까이 다가갈 가능성이 있다.[22]

오늘날 소셜 미디어에서 일치점을 찾겠다는 생각은 헛된 희망으로 보일지도 모른다. 상대편의 이야기를 경청한다는 생각만으로도 피가 끓어오를 수도 있다. 하지만 하버드 대학의 케네디 공공정책 대학원의 연구자들은 생각보다 상황이 더 긍정적이라는 흥미로운 결과를 발표했다. 연이은 연구에서 찰스 도리슨, 줄리아 민슨, 토드 로저스는 양당 지지자들에게 상대 정당의 정치인이 하는 말을 듣거나 보도록 요청했다.[23] 물론 트럼프 대통령의 취임 연설같이 정당 충성도가 높은 내용도 포함되어 있었다. 자료를 보기 전 연구팀은 참가자들에게 정치인들의 발언을 들으며 느낄 것 같은 분노, 두려움, 슬픈 정도, 그리고 발언의 메시지에 동의하는 정도를 추측하도록 요청했다. 참가자들은 부정적인 경험에 관해서는 과도하게, 메시지에 동의하는 정도는 훨씬 낮게 추측했다. 하지만 상대 정당 정치인의 발언을 들은 사람들은 놀랍게도 앞으로 비슷한 내용을 볼 의사가 있다고 대답한 경우가 더 많았다.

여전히 상대 정당 지지자들이 완벽히 다른 세상에 사는 사람처럼 보일 수 있다. 현재 정치적 상황이 가짜 뉴스와 여기저기에서 다르게 주장하는 사실로 팽배한 상황(진실을 바라보는 시각조차 다른 상황에)에서 의미 있는 대화가 가능할까? 굽힐 줄 모르는 논쟁들은 한 가지 중요한 사실을 잊고 있다. 제니퍼 윌럭이 저서 『정치적 양극화 시대에 타협하는 법Compromise in an Age of Party Polarization』에 언급한 것처럼, 대다수 미국인은 사실 정치적 타협을 원한다.[24] 정치적 논쟁에서 가장 눈에 띄는 사람이 소수라는 사실을 상기할 필요가 있다. 5장과 6장에서 언급했듯, 극단적인 견해를 지닌 소수가 소셜 미디어에서 정치적 메시지의 대부분을 게시한다. 당신이 직면한 상대편의 견해가 지독하게 보인다면 수용 지대 밖에 있을 가능성이 높다. 양극화 연구실 웹사이트에 있는 도구는 소셜 미디어에서 당신의 수용 지대에 있는 사람을 찾도록 도와줄 것이다.

수용 지대에 있는 계정을 팔로우했다고 해도 상대 정당 지지자들에게 바로 대화를 시도하는 행동은 추천하지 않는다. 시간을 들여 그들이 신경 쓰는 주제가 무엇인지, 어떤 방식으로 이야기하는지 관찰하길 바란다. 사회학자 롭 윌러의 연구에 따르면 정당 간의 분열을 줄이는 가장 좋은 방법은 설득하려는 사람의 세계관과 결이 같은 주장으로 소통하는 것이다. 2015년 롭 윌러와 매슈 파인버그는 진보주의자와 보수주의자에게 동성 결혼과 군사비에 관한 여러 진술을 보여주었다.[25] 가난한 사람들과 혜택받지 못한 사람들이 부유한 미국인과 동등한 위치에 서도록 군대가 도와줄 것이라고 소개하자 진보주의자들이 군사비 지출에 수긍하는 태도를 보였다. 공정성과 평등 같은 진보주의의 핵심 가치를 강조했기 때문이다. 보수주의의 두 가지 핵심 가치인 애국심과 충성심을 강조함으로써 보수주의자들의 동성 결혼 지지율 또한 높일 수 있었다. "동성 부부는 애국심이 강한 자랑스러운 미국인입니다"라는 메시지를 보여 주었기 때문이다.[26]

안타깝게도 우리는 상대편의 언어로 소통하는 데 능숙하지 않다. 2015년 연구에서 윌러와 파인버그는 진보주의자와 보수주의자에게 동성 결혼과 이민에 관해 상대편을 설득할 만한 메시지를 적어 달라고 했다. 그러고 나서 양당 지지자들에게 상대편의 메시지가 얼마나 호소력 있는지 점수를 매기도록 했다. 가장 호소력 있는 메시지를 쓴 사람에게 큰 액수의 현금을 주겠다고 상금까지 걸었지만, 상대에게 설득력 있다고 생각되는 메시지를 적은 사람은 진보주의자의 9퍼센트, 보수주의자의 8퍼센트뿐이었다.

상대편의 언어로 소통하는 방법을 배우기란 왜 이렇게 어려울까? 서로 이야기를 경청하는 시간이 거의 없다는 사실이 한 가지 이유다.[27] 당신이 상대편 이야기를 듣고 싶어 한다면 다른 사람보다 한 발짝 앞서는 셈이다. 그리고 수용 지대에 있는 사람들의 이야기를 듣는다면 그들의 주장에서 일리가 있는 점을 발견할 수도 있다. 건설적인 대화 상대를 바로 찾지 못하더라도 인내심을 발휘하자. 극단적 견해를 지닌 사람들은 의견 차이를 인정할 상대를 찾는 데 시간이 오래 걸릴 것이나 그렇지 않은 사람들은 상당히 빨리 진행될 것이다. 심리학자들이 수행한 최근 연구에 따르면 온건주의자들이 극단주의자들보다 상대편의 사상적 극단주의를 정확하게 판단한

다. 온건주의자들이 거짓 양극화의 소용돌이에 빠질 가능성이 훨씬 낮다는 의미다.[28]

상대편의 견해를 일주일 정도 들었다면 스스로 등을 두드리며 칭찬해 주길 바란다. 상대 정당의 이야기를 듣는 사람도 거의 없을뿐 더러 소셜 미디어에서 양당을 오가는 사람은 더욱 드물다. 물론 그것에는 타당한 이유가 있다. 노력할 만한 가치가 있는 일인지 고민하는 사람도 있고 상대 정당 지지자들이 자신의 주장을 맹공격하거나 (더 심하게는) 비웃을까 봐 걱정하는 사람도 있다. 자신감 있는 사람은 상대 정당의 명백한 오류를 지적함으로써 상대방을 부끄럽게 할까 봐 대화에 참여하지 않기도 한다. 거듭 말하지만 사회 과학 연구 결과는 희망을 내비친다. 찰스 도리슨과 줄리아 민슨(사람들이 상대 정당에 노출되는 경험을 실제보다 나쁘리라 추측한다는 결과를 보여 준 하버드 연구자)은 여러 연구에 걸쳐 양당 지지자들에게 상대 정당의 메시지를 보였다.[29] 이번에는 자신이 느낄 분노, 좌절, 불안뿐만 아니라 같은 상황에서 상대 정당 지지자가 느낄 감정까지 추측하도록 했다. 참가자들은 이번에도 자신의 부정적인 기분을 과도하게 추측했으며, 상대 정당 지지자들이 느낄 감정도 과도하게 부정적으로 추측했다. 민슨은 날카롭게 결과를 해석했다. "당신 생각이 옳다고 믿는가? 정치적 적수가 자기주장의 모순이 드러나면 창피하고 부끄러워할 것으로 생각하는가? 당신이 잘못 판단하는 점은 당신의 적수도 똑같이 생각할 가능성이 높다는 사실이다."[30]

상대 정당 지지자와 건설적인 대화를 시작하는 입구를 찾는다면 몇 가지 쉬운 단계를 더 거치는 편이 좋다. 양당 지지자들의 한 가지 공통분모는 정치를 좋아하지 않는다는 점이다. 자녀가 상대 정당 지지자와 결혼하면 기분이 좋지 않을 것이라고 대답한 미국인이 증가한다는 4장의 연구를 기억하는가? 정치학자 사마라 클라르, 야나 크럽니코브, 존 라이언은 그런 추세를 깊이 조사했다. 그들은 미국 전역에서 온 대표자들 일부에게 정당 간의 반감 정도를 측정하기 위해 일반적으로 사용하는 질문(자녀가 상대 정당 지지자와 결혼하는 상황)을 던졌다.[31] 다른 집단에게는 자녀가 "정치 이야기를 거의 하지 않는" 사람과 결혼하면 어떤 기분일지 물었다.[32] 극단적인 견해를 지닌 사람들은 자녀가 상대 정당 지지자와 결혼한다는 생각 자체가 불편하다고 보고했지만, 대다수는 지지하는 정당에 상관없이 정치 이야기를 하지 않는 사위나 며느리를 선호했다. 반향실에서 나와 어색한 분위기를 깨고 상대의 말문을 열고 싶다면 스포츠와 같은 다른 주제를 꺼내길 바란다. 아니면 옥스퍼드 쉼표 사용 여부처럼 의견이 분분하지 않은 주제를 고려하길 바란다(아니다, 다시 생각해 보니 이 주제도 거론하지 않는 편이 낫겠다).

정치 이야기를 꺼내고 싶어 입이 간질간질하다면, 다른 사람의 신념에 의문을 제기하기 전에 당신이 지지하는 정당을 성찰해 봐도 좋다. 2019년 초, 어느 주요 신문사에서 미국인들이 소셜 미디어에서 정치적 양극화에 더 효율적으로 대응하는 방법이라는 주제로 특집 기사를 써 달라는 요청을 받았다. 이 기사를 쓰기 위해 여론 주도층(선출된 공직자, 기자, 전문가) 중 상대 정당에 가장 호소력이 있는 사람이 누구인지 알아보았다. 어떤 게시물을 올리길래 상대편의 공감을 얻을까? 트위터 유저들을 대상으로 시행한 대규모 설문에서 나와 동료들이 수집한 데이터를 사용해 나는 공화당 여론 주도자에게 '좋아요'를 누른 민주당 지지자의 수 그리고 그 반대 경우 수를 계산했다. 놀랄 만한 발견은 없었지만 나는 이 결과가 매우 중요한 의미를 담고 있다고 본다. 상대 정당 지지자의 공감을 가장 많이 얻어 낸 여론 주도자들은 자기 정당을 빈번하게 비판한 사람들이었다.[33] 자기 정당으로 눈을 돌려 비판하는 행동은 서로의 생각을 듣거나 타협의 가능성을 더 뚜렷하게 보는 데 필요한 인식의 공간을 열도록 상대를 설득할 것이다.

양극화를 부추기는 여론 주도자들 이야기를 아예 언급하지 않는 방법도 좋은 전략이다. 2018년 퓨 연구센터에 따르면 미국인의 4퍼센트만이 선출된 공직자들을 '매우 신뢰'한다.[34] 기자들을 매우 신뢰하는 인구는 15퍼센트, 기업가를 매우 신뢰하는 인구는 4퍼센트에 불과하다. 그렇다면 나 같은 대학 교수들은 어떨까? 미국인의 18퍼센트만이 교수를 매우 신뢰한다고 한다. 한쪽에서 영웅 대접을 받는 여론 주도층은 반대편으로서는 적수일 때가 많다. 이 책을 집필하기 위해 동료들과 함께 진행한 수백 시간의 면담을 되돌아보며, 한 가지만은 매우 자신 있게 단언할 수 있다. 공화당 지지자와 대화를 시작하는 최악의 방법은 트럼프를 찍은 이유를 묻는 행동이다(민주당 지지자에게 오바마나 바이든을 비난하는 행동도 마찬가지이다). 바이든 지지자도 경찰을 비난하는 사람 때문에 기분이 상할 수 있다는 사실(또는 트럼프 지지자도 기후 변화를 대단히 염려할 수 있다는 사실)을 인정하지 않는다면, 당신은 양극화를 부추기는 극단주의자에 관해서 왈가왈부하느라 실제 주제를 논의할 중요한 기회를 놓치는 셈이다.

양극화를 부추기는 최상위 계층을 피하는 행동은 다음 권고 사항과도 밀접한 관련을 맺는다. 가능하다면 정체성보다 생각을 앞세우는 방법이다. 2장에서 상대편의 메시지를 보고 반감이 높아진 참여자들이 '그들'과 '우리'의 차이를 더 뚜렷하게 본다는 결과를 보았다. 혹시 소셜 미디어 프로필에 '진보', '보수' 또는 지지하는 정당을 나타내는 어감이 강한 단어를 적어 놓았는가? 그런 표현 때문에 상대 정당 지지자가 당신을 아예 거들떠보지도 않을 가능성을 생각해 보라. 만약 당신이 기후 변화를 걱정하는 민주당 지지자라면 공화당을 비판하는 행동과 공통된 관심사에 호소하는 행동 중 무엇이 더 가치 있을지 생각해 보길 바란다(당신이 보수주의자들이 공감할 방법으로 그런 문제를 소통할 수 있다면 점수를 따게 된다). 뇌에서 정보를 처리하는 부분과 정체성의 피드백 고리를 끊으면, 상대 편 사람들이 우리와 같은 방식으로 사실에 접근하지 않는다는 사실을 인정하게 된다. 그것이 아니라면 상대 편은 다른 종류의 사실을 선호할 수도 있는 노릇이다.

물론 생각과 정체성의 피드백 고리를 끊어내기 어려울 때도 있고 그런 시도가 문제가 될 때도 있다. 세라 렌돈이나 데릭 헌터 같은 유색 인종은 피부색만으로 관점을 지레 추측하는 편견을 마주하는 경우도 많다. 소셜 미디어 유저들은 자신의 관점보다 정체성을 앞세우는데, 가장 열정을 지닌 주제가 정체성과 관련이 있을 때가 많기 때문이다. 미네소타 경찰관에게 죽임을 당한 조지 플로이드의 끔찍한 영상이 인터넷을 떠들썩하게 하고 나서 많은 미국인이 인종차별이 미국에서 가장 중요한 문제라고 믿게 되었다. 비무장 흑인이 경찰의 총에 맞아 죽은 과거 여러 사건을 심각하게 생각하지 않은 사람조차 동조하게 되었다. 현재의 소셜 미디어 플랫폼에는 민주당과 공화당 지지자들이 정체성에 관한 문제들을 건설적인 방법으로 논의할 만한 환경이 마련되어 있지 않다. 그렇지만 나는 국내에서 세라(경찰관이자 푸에르토리코인 아버지를 둔 온건한 공화당 지지자) 같은 사람들과 데릭(경찰관에게 끔찍한 대우를 받고도 법과 질서를 중요하게 생각하는 온건한 민주당 지지자) 같은 사람들이 대화해야 한다고 믿는다. 마지막 장에서 나는 온건주의자들과 정당 사이의 중요한 대화를 위해 나은 플랫폼을 건설하는 방법을 이야기할 것이다. 양극화 현상을 줄이도록 소셜 미디어를 처음부터 설계한다면 어떻게 시작해야 할까.

더 나은
소셜 미디어

$\bigcirc\heartsuit\triangleleft$

2020년 3월, 구글에서 '역대 최고'라는 단어의 검색 횟수가 하늘로 치솟았다. 코로나19의 영향력이 막대한 나머지, 팬데믹 직전 몇 년간 일어난 일들이 벌써 옛일처럼 느껴진다. 논란이 많았던 2016년 대선, 현직 대통령을 조사한 두 차례의 특검, 미국 의회 역사상 가장 문제가 많았다고 할 수 있는 시기 모두 중대한 분기점이었는데 말이다. 고작 두달이 지나고 바이러스는 미국인 6만 5000명의 목숨을 앗아갔다. 상실로 충격에 휩싸인 동안 경제적 손실 역시 살인적인 수치를 기록했다. 많은 기업이 문을 닫거나 생산량을 줄이면서 실업률이 최고치에 도달했다. 팬데믹이 미국인 삶의 전 영역에 영향을 미쳤다는 말은 이제 상투적인 표현이 되었고 수백만의 미국인들은 집에서 대기한 채 쏟아져 나오는 우울한 뉴스를 시청하며 날마다 최악의 좌절을 경험했다.

4장에 소개한 괴팍한 사회 심리학자 무자퍼 셰리프라 할지라도 민주당과 공화당 지지자들이 차이점을 제쳐 놓을 만큼 이토록 공공의 적을 만들지는 못했을 것이다. 여름 캠프 참가자들 사이의 연대감 형성을 실험하기 위해 숲에 불을 지르려고 계획한 연구처럼, 공공의 적 코로나19는 세상을 불태울 기세였다. 팬데믹은 모든 사람이 소중하게 생각하는 건강과 경제를 파괴했으므로, 이 두 가지를 지키기 위해서는 사회적 거리 두기라는 전에 없는 사회적 협동을 해야 했다. 역사를 살펴보면 위기 상황(코로나19 팬데믹보다 덜 위협적인 위기일지라도)에 새로 시작할 기회가 찾아온다.[1] 2차 세계대전 종전 후 10년 동안 전 세계가 전례 없이 협동해 번영한 시기가 하나의 사례이다. 또한 그런 위기는 공동체 정체성의 긍정적인 면과 부정적인 면 모두를 강화한다. 실제로 미국과 소비에트 연방의 냉전 시대가 정치적 양극화를 몇 년이나 억제했다고 주장하는 학자들도 있다.[2]

코로나19 팬데믹에는 독특한 점이 있다. 2차 세계대전 당시 공화당과 민주당 지지자들은 공동의 운명이 눈앞에 있는 참호에 함께 모였지만, 팬데믹 동안은 의식적으로 최대한 많은 사람을 피해야 했다. 광고 목적으로 스마트폰의 GPS 데이터를 수집하는 세이프그래프Safegraph의 데이터에 따르면, 2020년 3월 미국인이 매일 집 안에서 보내는 평균 시간이 급격하게 올라갔다.[3] 술집, 식당, 그리고 양당 지지자들이 간혹 의사소통을 하는 만남의 장소는 대부분 문을 닫았다. 2020년 5월 초에 이르자, 10만 개가 넘는 자영업이 영구적으로 문을 닫은 상태였고 얼마 지나지 않아 다른 자영업자들도 그 뒤를 이었다.[4] 2020년 여름에 수집한 스마트폰 데이터를 보면, 마침내 영업을 다시 개시했지만 다수 고객들은 밖으로 나오지 않았다는 사실을 알 수 있다. 자신과 타인의 건강을 염려해서일 수도 있고 소비할 돈이 없어서일 수도 있다.[5]

자가 격리를 하는 미국인이 늘어나면서 인터넷 세계는 달아 올랐다. 짐작했겠지만 인터넷은 역대 최고의 비율로 기존 유저에 새로운 유저까지 대거 유입되며 살아남았다. 사회적 거리 두기를 하고 나서 몇 주 만에 넷플릭스와 유튜브의 하루 평균 방문 수는 15퍼센트 이상 증가했다.[6] 소셜 미디어 사용은 더욱 증가해 같은 시기에 페이스북 사용은 27퍼센트나 증가했다. 미국인들은 새로운 플랫폼에 몰려들기도 했다. 재택 근무하는 부모들은 줌을 통해 동료들과 소통했고, 자녀의 수업은 몽땅 온라인으로 바뀌어 구글 클래스룸에서 진행되었다. 동네 문제를 이야기하도록 이웃들과 연결해 주는 넥스트도어Nextdoor.com 의 유저 수는 73.3퍼센트, 친구들과 영상 통화를 하면서 함께 게임을 할 수 있는 앱인 하우스파티Houseparty는 79.4퍼센트나 증가했다.

급증한 소셜 미디어 활동은 플랫폼의 정치적 양극화에 어떤 영향을 주었을까? 미국에서 코로나19의 첫 번째 환자가 보고되고 나서 불과 며칠 후, 전문가들은 소셜 미디어에서 국경 폐쇄, 코로나 검사의 타당성, 사용 가능한 보호용 의료 기기에 관해 변화무쌍한 논쟁을 시작했다.[7] 이 상황은 사회적 거리 두기를 시작하고 첫 두 달간 계속되었다. 감염이 증가하는 상황에도 경제 활동을 다시 시작하겠다고 발표하는 주가 생기자 논쟁은 더욱 뜨거워졌다. 진보 진영에서는 2차 유행이 오면 처음보다 더 심각할 것이라고 경고했고, 보수 진영에서는 해결책이 질병보다 더 심각해서는 안 된다고 받아치며 실업률 탓에 코로나19 환자 사망자보다 자살률이 더 높아질 것을 걱정했다. 내가 사는 동네의 진보주의자들은 넥스트도어에 접속해 자녀를 다른 아이들과 놀도록 놔두는 보수주의자들을 손가락질했다. 페이스북과 트위터 역시 코로나19에 관한 잘못된 정보로 넘쳐났다. 코로나19가 중국의 실험실에서 만들어졌다는 주장부터 베네치아 운하에서 수영하는 돌고래 합성 사진과 관련이 있다는 주장까지 각양각색이었다.

한편 미국 전역의 대표자들에게 시행한 설문은 상당히 다른 양상을 보였다. 민주당 지지자는 코로나19에 대응하는 대규모 보호 정책에 일찍이 찬성했고, 2020년 초 양당 모두 사회적 거리 두기에 신속히 의견 일치를 보였다. 민주당 지도자들은 2월 말 국경을 폐쇄하겠다는 트럼프 행정부의 명령에 반대했지만 3월 말에 이르자 96퍼센트의 공화당 지지자와 94퍼센트의 민주당 지지자 모두 그 결정에 찬성했다.[8] 많은 공화당 지도자는 지역 정부의 외출 제한 명령에 반대했지만, 설문에 따르면 이 정책을 지지하는 여론 역시 다수였다. 3월 중순 대규모 설문은 84퍼센트의 공화당 지지자와 89퍼센트의 민주당 지지자가 10명 이상의 모임을 취소하는 데 동의했다고 밝혔다.[9] 많은 주지사가 주의 경제 활동을 다시 시작할 계획이라고 발표했지만, 양당 지지자들은 사회적 거리 두기와 새로운 대처 방법이 필요하다는 의견에 동의하는 모습을 보였다. 4월 말 조지아, 테네시, 플로리다(가장 먼저 경제 활동을 재개한 세 주)의 유권자들을 대상으로 한 대표 조사에 따르면 12퍼센트만이 당시 경제 활동을 다시 시작하는 데 동의했다.[10] 다른 설문은 미국이 '분열'되어 있다고 말하는 미국인의 비율이 2018년 10월, 62퍼센트에서 2020년 4월, 22퍼센트로 감소했다고 밝혔다.[11]

안타깝게도 소셜 미디어에서는 통합의 기색이 보이지 않았다. 오히려 프리즘이 기승을 떨었고 5장에서 만난 극단주의자들은 책임을 전가하느라 바빴다. 앨라배마 출신의 의료 기사이자 진보주의자 제이미 러플레이스는 초기에 위기의 심각성을 경시한 〈폭스뉴스〉의 앵커를 감옥에 보내야 한다는 트윗을 게시했다. 한편 네브래스카의 모텔에서 매일 밤 다이렉TV를 보며 잠이 드는 외로운 보수주의자 에드 베이커는 중국 정부가 팬데믹을 시작했을 뿐 아니라 이런 상황을 이용해 미국의 공급망을 혼란에 빠뜨리기 위해 계략을 꾸민다고 주장했다. 6장의 온건주의자들은 어떻게 반응했을까? 진보 성향의 이모의 기분을 상하게 할까 봐 걱정한, 온건한 보수주의자 세라 렌돈은 팬데믹이 시작되고 첫 두 달 동안 트위터에 게시물을 단 하나도 올리지 않았다. 살인 협박을 받은 사촌을 둔 온건한 진보주의자 피트 잭맨은 비디오 게임에 관한 게시물을 올리느라 여념이 없었다. 다시 말하지만 소셜 미디어 프리즘은 정치적 스펙트럼에서 가장 극단적인 사람들을 왜곡하고 온건주의자들의 입을 다물게 한다. 이 두 과정은 서로 강화하는 효과를 내므로 극단주의자는 점점 더 급진적인 생각을 대담하게 표현하고, 온건주의자는 정치에 환멸을 느끼게 한다. 이 책의 전반에 걸쳐 살펴보았듯, 온건주의자들은 그런 극단주의가 상대 정당의 전형적인 모습이라고 오해할 것이다.

코로나19 시대의
소셜 미디어

2020년 여름이 되자 여러 조사는 팬데믹에 대응하는 방법에 관한 미국인들의 아슬아슬했던 의견 일치가 어느새 무너지고 있음을 보여주었다.[12] 팬데믹을 겪으며 소셜 미디어 유저들이 서로의 차이를 뒤로하고 플랫폼의 목적을 재평가하기를 바랐지만 이제 프리즘은 과거 어느 때보다도 막강한 힘을 휘두르는 듯하다. 위기는 게임의 규칙도, 가장 눈에 띄는 선수들의 행동도 바꾸지 못했다. 페이스북, 트위터, 인스타그램에서 극단주의자들은 여전히 자기 정당의 정체성을 왜곡하며 모든 대화를 상대 정당을 무너뜨리려는 기회로 삼는다. 더 심각한 점은 바이러스 때문에 낯선 사람과 맺는 사회적 상호작용을 과거와 다르게 생각하는 사람이 많아지면서, 양당 지지자들이 오프라인 환경에서 인간답게 만날 기회(팬데믹 전에도 줄어들고 있었지만)가 사라지고 있다는 사실이다.

8장에서는 양극화에 대항하기 위해 프리즘을 파헤치는 법을 알아보았다. 하지만 결국 새로운 공간을 만드는 것이야말로 개선 사항을 실현하고 오래도록 지속하는 방법이다. 페이스북의 어마어마한 시장 점유율을 고려하면 새로운 소셜 미디어를 만들기란 불가능에 가까운 야심 찬 계획으로 보일지 모른다. 하지만 장기적인 시각으로 보면 플랫폼은 생기고 또 사라지기 마련이다. 최초로 전 세계적으로 성공한 소셜 미디어 웹사이트인 프렌드스터Friendster는 한때 너무나 인기가 많아서 구글이 당시 300억 달러를 제시하고 인수를 추진했다.[13] 그런데 고작 2년 후, 마이스페이스MySpace가 프렌드스터를 능가했고 2006년 최다 방문 웹사이트가 되었다.[14] 세상에 알려질 것 같지 않던 페이스북은 고향인 명문 캠퍼스를 벗어나 실리콘밸리의 낙관적인 예상마저도 훨씬 뛰어넘어 전 세계로 널리 퍼지게 되었다.

최근 몇 년간, 페이스북도 취약한 징조를 보였다. 페이스북이 마이스페이스를 제치고 소셜 미디어의 정상에 오르는데 5년이 걸렸다. 그러나 4년 후, 설립된 지 2년밖에 안 된 인스타그램이 5000만 유저를 끌어들이고 치고 올라왔다.[15] 너무나 빨리 급증했기에 2012년 4월, 페이스북은 현명하게도 인스타그램을 인수했고, 사진을 공유하는 독특한 정체성을 유지하기로 했다. 하지만 페이스북과 인스타그램의 셀프카메라 시장 독점은 얼마 후 다시 난관에 부딪혔다. 2013년 스냅챗 유저들이 하루에 4억 개 메시지를 보냈으며 2015년 4월에 이르러 1억 명이 넘는 유저를 확보했기 때문이다.[16] 2018년에는 느닷없이 틱톡이 미국에 상륙해 2년 만에 1억 명이 넘는 유저가 가입했다.[17] 아직은 페이스북이 지배적인 플랫폼으로 남아 있지만 시장의 전망을 결정하는 데 중요한 역할을 하는 젊은 유저들은 점점 잃는 추세다.[18]

다음에는 무엇이 나타날까? 새로운 플랫폼이 나타나도 현재 시장을 점령한 플랫폼을 대체하지도, 주된 정치적 포럼으로 자리를 잡지도 못할 것이다. 하지만 소셜 미디어 유저들이 관심사, 취미, 직업적인 필요성에 따라 새로운 플랫폼으로 갈라지는 것처럼, 모든 사람이 사용하지는 않겠지만 정치적 토론을 위한 새로운 플랫폼이 설 자리는 있다고 본다. 수십 년 소셜 미디어 연구에 따르면 사람들은 친구, 가족, 동료 같은 지인에게서 주로 정치적 정보를 얻는다. 이 지인들은 적극 정치적 정보를 찾고, 그 정보를 꾸준히 다른 사람과 공유하고, 자신의 의견을 신뢰하는 사람들에게 특정 문제에 관해 열정적으로 전파하려고 노력하는 사람들이다.[19] 이런 사람들에게 더 나은 소셜 미디어란 어떤 모습일까? 특히 현재 플랫폼의 양극화에 지친 사람들은 어떤 소셜 미디어를 선호할까?

새로운 **플랫폼**

잠시 상상해 보자. 소셜 미디어의 막을 걷어 올리고 프리즘에 힘을 싣는 사람들을 따로 떼어 놓을 수 있다면 어떤 모습일까? 몇 년 전 처음으로 이런 생각을 실험했을 때 나는 소셜 미디어 플랫폼에서 일하는 친구들에게 이 문제를 조명하는 실험을 할 의사가 있는지 물어보고 싶었다. 알고 보니 그들은 플랫폼의 다양한 영역에서 이미 실험을 하고 있었다. 트위터는 유저가 적을 수 있는 글자 수를 점차 늘리면서, 이 새로운 기능이 어떤 영향을 주는지 평가하기 위해 대규모 조사를 하는 모양이었다.[20] 몇몇 국가에서 인스타그램은 유저들이 받은 좋아요 수를 공개하지 않도록 설정할 수 있는 실험을 진행했다. 기업은 이런 변화를 줌으로써 플랫폼에서 지위를 높이거나 남들을 괴롭히려는 행동을 저지할 수 있다는 사실을 알아차렸다. 페이스북은 워낙 많은 실험을 진행하는 나머지, 데이터 사이언티스트들이 완전히 다른 소프트웨어를 개발해 수십, 수백 가지의 실험을 비교해야 했다. 하지만 이런 실험 대부분은 광고 기능을 개선하고 유저들을 보유하는 목적으로 고안되기 때문에 양극화 연구실에서 수행한 실험과는 상당히 차이가 있다.

우리는 소셜 미디어 구조에 관해 근본적인 질문을 하고 싶었다. 구체적으로는 이 책 전반에서 다룬 정체성, 지위 추구, 정치적 양극화 사이의 피드백 고리에 제동을 거는 중재를 탐구하고 싶었다. 8장 마지막에 언급했듯 세라 렌돈과 데릭 헌터 같은 사람들이 인종과 경찰 활동에 관해 건설적인 대화를 나눌 공간을 만들고 싶었다. 우리가 탐구하고자 한 첫 번째 사항은 정체성보다 생각을 이야기할 수 있는 공간이 마련될 때 일어나는 변화였다. 완전히 익명인 새로운 플랫폼에서 양당 지지자들이 정치 이야기를 한다면 어떤 일이 벌어질까? 소셜 미디어 게임을 새로운 장소로 옮긴다면 더 쉽게 일치점을 찾을 수 있을까?

물론 인터넷에서 익명으로 이루어지는 대화에는 아주 어두운 면이 있다. 4chan.org 같은 익명 웹사이트에는 차마 보기 힘든 불편한 내용이 올라온다.[21] 마찬가지로 트위터의 익명 트롤들은 직접 대면하면 절대 하지 못할 이상한 말을 한다. 이크야크Yik Yak 같은 다른 플랫폼(주변에 사는 사람들과 익명으로 이야기할 수 있었지만, 지금은 사라졌다)도 무례하고 폭력적인 행동을 부추긴다고 비난받곤 했다.[22] 한편 익명성 때문에 성공하는 소셜 미디어 포럼도 있다. 익명성은 나쁜 행동의 책임을 회피할 수 있다는 부정적인 면이 있지만, 솔직한 의견을 털어놓기 힘든 인간관계 밖에서 대안적인 견해를 나눌 기회를 주기도 한다.[23] 가장 바람직한 사례는 레딧Reddit 커뮤니티인 체인지마이뷰 Change My View다. 논란이 많은 주제에 관해 자신의 의견을 게시하면 다른 유저들이 그 의견을 재고하도록 게시자를 설득할 수 있다. 주제에 관해 생각을 바꿨을 때는 델타delta라는 가상 포인트를 주고받게 된다. 체인지마이뷰(시스파이어라는 다른 앱으로도 뻗어 나갔다)는 정치적 주제에만 제한된 웹사이트는 아니지만 상당한 사람들이 사회 정책에 관해 열정적이면서도 매우 합리적인 토론을 자주 벌인다.[24]

익명 대화가 양극화를 증가하는지 감소하는지 조사하는 것은 페이스북이나 트위터 같은 대기업에 큰 위험 부담이다. 게다가 우리 목표는 민주당과 공화당 지지자들을 현재 환경에서 나오도록 새로운 공간을 만드는 것이었다. 우리는 아주 도덕적인 방법으로 여러 기능을 실험할 수 있는 소셜 미디어 플랫폼을 직접 만들기로 했다. 유저들이 서로 소통하는 경험을 효과적으로 모의 실험하도록 충분히 다듬고 실제로 사용하고 싶을 만큼 근사하게 만들었으나 실험 목적을 고스란히 드러내는 이름은 사용하고 싶지 않았다. 만약 "반향실 반대"라는 이름을 붙인다면 짐작건대 견해를 바꿀 의향이 있는 소수만 끌어들일 것이다. 이는 레딧의 체인지마이뷰를 좋아하는 사람들이 자주 받는 비판이기도 하다.

우리는 디스커스잇DiscussIt이라는 일반적인 이름을 붙이기로 했다. 그리고 "익명으로 여러 가지 주제를 토론하는 공간"이라고 광고했다. 그래픽 디자이너를 고용해 멋진 로고를 만들고 1년 이상 플랫폼에 들어갈 소프트웨어를 만들어 테스트를 거치고 오류를 수정한 후, 마침내 채팅 플랫폼에서 익명으로 토론할 수 있도록 두 사람을 연결해주는 애플리케이션을 완성했다. 디스커스잇을 설치하면 유저는 그림으로 플랫폼 이용 방법을 숙지한 후 이름은 가명으로 대체된다는 정보를 받는다. 그러고 나면 토론 주제를 지정받으면서 빠른 시간 내에 다른 유저와 연결되고, 제이미나 케이시 같은 중성적인 이름으로 채팅에 접속된다. 토론은 실시간으로 할 수도, 시간 간격을 두고 할 수도 있는데 유저가 오래 응답하지 않으면 앱은 주기적으로 알람을 보냈다. 나는 유저 지원팀으로 활동하는 대학원생들을 이끌고 한 단계 나아가 실제 소셜 미디어 플랫폼으로 모의 실험을 했다. 심지어 애플 앱스토어에서 검열에 통과하는 데 필요한 공식 문서를 만들기 위해 유한 회사를 설립해야 했다.

디스커스잇이 성공적으로 양극화를 감소하는지 확인하기 위해 우리는 현장 실험을 설계했다.[25] 2020년 1월 초, 우리는 조사 기관을 고용해, 민주당과 공화당 지지자 1,200명의 정치적 견해와 상대 정당 지지자를 보는 태도를 묻는 설문조사를 시행했다. 설문은 디스커스잇에서 토론할 주제인 이민과 총기 규제에 관한 다양한 질문도 포함하고 있었다. 참여자들이 설문을 마치고 나서 바로 다음 날, 무작위로 처리 집단을 정하고 그들에게 "새로운 소셜 미디어 플랫폼 테스트에 몇 시간 참가"하면 사례비 17달러를 지급하겠다는 초대장을 보냈다. 동의한 사람들은 초대 코드를 받고 앱의 로그인 화면으로 연결되었다. 앱은 참여자 모르게 초대 코드를 사용해 실험 참여자들을 각각 상대 정당 지지자와 짝을 지어 주었다.[26] 일주일 후 우리는 모든 참여자에게 첫 번째 설문의 질문과 유사한 후속 설문을 보냈다.

실험 결과를 보고 나는 익명의 힘에 조심스레 낙관적인 태도를 보이게 되었다. 짧은 기간이었음에도 디스커스잇 유저들의 양극화 정도는 상당히 낮아졌다. 상대 정당을 향한 부정적인 태도가 개선되거나 고정관념에서 다소 벗어난 사람이 많았다.[27] 토론한 정치적 주제 또는 그 주제와 관련된 사회 정책을 보는 견해가 온건해진 참여자도 많았고, 이 모든 측정 기준에서 양극화 정도가 낮아졌다. 하지만 내가 가장 놀란 점은 대다수 참여자가 특별한 보상이 없었는데도 플랫폼을 즐겁게 사용했다고 말한 사실이었다. 또 토론을 끝내고 나서 수행한 앱 설문에서 89퍼센트의 참여자들은 대화를 즐겼다고 대답했다. 결과가 한결같이 긍정적이지는 않았지만, 유저 지원팀에 이메일을 보내 실험이 끝나고 나서도 앱을 사용할 수 있는지 묻는 사람들 덕분에 용기를 얻었다. 공식적으로 출시하면 앱의 가격을 얼마로 책정할 것인지 묻는 참여자도 더러 있었다.

실험의 정량적 결과로 용기를 얻었다면, 참여자들의 의사소통 기록을 읽으면서는 두 배의 희망을 얻었다. 참여자들은 사랑하는 사람이 권총으로 스스로 목숨을 끊은 사연, 범죄의 희생자가 된 끔찍한 이야기를 나누었다. 심지어 총기 난사극의 생존자로서 참혹한 현장 상황을 세세하게 이야기한 여성도 있었다. 또한 정치 이외의 이야기로 마음을 나누는 사람들도 있었다. 중년의 부모들은 10대 자녀를 키우는 처지를 서로 공감했고, 어떤 참여자들은 정치적 견해 때문에 가족이나 친구에게 차단당한 상대방을 위로했다. 물론 모든 대화가 따뜻하진 않았다. 지나치게 부정적으로 흘러가는 바람에 대화가 끝나기 전에 우리가 중단한 경우도 있다. 그러나 정중하고 건설적인 대화가 대부분이었다. 훌륭한 정책을 제안한 참여자들이 아주 많았고, 심지어 시골 공동체의 자살을 예방하는 풀뿌리 운동 준비 작업을 함께하기도 하며 실험이 끝나고도 페이스북에서 대화를 이어 나가기로 약속한 이들도 있었다.

또한 익명의 포럼에서 인종이 다른 사람들이 건설적인 대화를 할 수 있다는 가능성을 보기도 했다. 한 채팅룸에서는 공화당 지지자인 백인 남성과 민주당 지지자인 흑인 여성이 총기 규제를 토론하도록 지정되었다. 남자는 고향인 캘리포니아에서 두 명의 경찰관이 살해당한 사건에 분노했다는 이야기하며 대화를 시작했다. 여자는 자기 아들도 경찰관이라며 공감을 표현하고 나서 최근 비무장 흑인이 겪은 사건들이 보여 주는 경찰들의 폭력성을 비판했다. 대화는 정중하게 진행됐고, 후속 설문에서 둘은 권총 규제에 조금 더 온건한 입장을 표현했다. 채팅 기록을 읽으며 나는 참여자들이 서로의 인종을 알았다면 이런 발전을 보였을지 호기심이 생겼다. 남자는 경찰 살해 사건에 느낀 분노를 표현할 수 있었을까? 여자는 남자의 두려움과 분노를 공감한다고 말할 기회가 있었을까? 일치점을 하나라도 찾을 수 있었을까? 이런 질문은 다음 연구자들이 해결할 문제이지만, 우리 연구에서 주목할 만한 점은 흑인과 백인을 연결한 108개의 대화 대부분이 다른 660개의 대화와 마찬가지로 양극화를 감소하는 효과를 보였다는 사실이다. 어쩌면 인종은 그저 출발점일 뿐이다. 익명으로 진행하는 집중적인 대화로 편견을 줄일 수 있을까? 성, 계층, 소셜 미디어에서 이름 옆에 붙은 파란색 체크 표시(또는 온라인 유명인사임을 보여 주는 다른 표시)와 관련된 영향력이 사라질까? 자신의 의견을 표현하거나 존중

받기 위해 익명성이 필수가 되어서는 안 되지만, 사회적으로 목소리를 높이지 못하는 집단이 스스로 정체성을 공유하는 정도를 결정하게끔 힘을 실어 줄지도 모른다. 나는 세심하게 설계된 익명의 대화가 우리에게 간절히 필요한, 깊은 상호 이해와 존중의 발판을 마련하는 데 도움이 된다는 희망을 품는다.

목적이 있는
플랫폼

내가 알기로 디스커스잇 실험은 정치적 양극화에 맞서 성공한 소수의 플랫폼에 속한다. 하지만 이런 플랫폼이 정말 더 널리 퍼질 수 있을까? 사람들이 짧은 시간 내에 건설적으로 토론하려고 정체성 일부를 포기할 의사가 있었지만, 시간이 흘러 플랫폼에 수천 명 또는 수백만 명의 유저가 들어와도 그렇게 할 마음이 있을까? 트롤이나 극단주의자들과도 정중한 대화를 할 수 있을까? 사람들이 계속 찾을 만큼 건설적인 정치적 토론이라는 약속이 매력적으로 들릴까? 아니면 우리 실험과 비슷한 플랫폼들은 불명예스러운 출구로 퇴장해 소셜 미디어 무덤으로 향하게 될까?

이런 질문에 대답하려면 이 책 전반에서 다룬 중심 주제인, 애초에 사람들이 소셜 미디어를 사용하는 이유를 다시 논의해야 한다. 4장에서 나는 사람들이 소셜 미디어를 찾는 이유를 사회적 지위를 얻는 데 필요한 정체성을 만들고 수정하고 유지하는 인간만의 독특한 행동을 하도록 도와주기 때문이라고 설명했다. 소셜 미디어에서 여러 모습을 연출하고 다른 사람들의 반응을 관찰하고 전에 없는 빠른 속도와 효율성으로 정체성을 수정할 수 있지만 인간은 타인의 생각을 맞히는 데는 지독하게 소질이 없다. 그렇다 보니 소셜 미디어에서 이루어지는 다른 사람과의 짧은 의사소통이 오히려 사태를 더욱 악화한다. 5장과 6장에서 설명했듯, 프리즘은 극단주의자의 행동을 부채질하고 온건주의자들의 입을 다물게 하여, 깊은 걱정과 의심으로 상대편을 바라보게 한다. 하지만 우리가 정체성과 사회적 지위에 신경을 쓰는 한 소셜 미디어 사용을 멈추지 않을 것이다. 따라서 플랫폼 디자인 방법에 따라 다른 정체성과 사회적 지위가 형성될 수 있다는 점을 깊게 고려해야 한다.

　페이스북의 목적은 무엇일까? 페이스북의 사명은 세상을 가깝게 연결하는 것이다.²⁸ 하지만 이 플랫폼은 하버드 대학 학생들이 다른 사람의 외모를 평가하는 데 사용한 미성숙한 도구로 시작되었다. 트위터의 목적은 무엇일까? 트위터의 사명은 공공의 대화에 이바지한다는 것이지만 애초에는 친구들 간 단문을 공유하기 위해서 만들어졌다.²⁹ 인스타그램의 목적은 무엇일까? 소중한 순간을 포착하고 공유하는 것이라고들 알고 있다. 하지만 이 앱은 원래 버번Burbn(버번위스키와 같은 발음)이라는 이름으로 출발했고 친구들과 어울려 노는 계획을 짜는 도구였다.³⁰ 틱톡의 목적은? 틱톡 이야기는 꺼내지도 말자. 내가 말하려는 요점은 분명하다. 미성숙하거나 평범한 목적으로 시작한 플랫폼이 갑자기 공익에 이바지하는 플랫폼으로 변신하리라 기대할 수 있을까? 플랫폼이 지도자도 없는 선동가들을 양성해 내고, 민주주의에 해가 되든 피상적이든 상관없이 누구든 지위를 얻어 내는 상황에 과연 놀라야 할까? 소셜 미디어라는 공간에서 길을 잃은 사람들이 아무런 공통된 목적도 없이 게시물을 올리는 상황이 진정 놀랄 만한 일일까?

플랫폼에서 얻는 지위가 고결한 목적과 연결된 소셜 미디어를 상상해 보자. 정치적 적수를 교묘하게 쓰러뜨려서 지위를 얻는 공간이 아니라, 양당 지지자 모두에게 호소력 있는 콘텐츠를 만들어서 지위를 얻는 플랫폼을 상상해 보자. 일단 목적을 분명하게 설정하면, 그 원칙을 전체 시스템 구조에 적용할 수 있다. 논란이 많거나 분열을 조장하는 내용보다 다양한 유저에게 호소력 있는 메시지의 순위를 높이면 좋을 것이다. 이미 관점이 비슷한 사람을 팔로우하라고 추천하기보다 유저의 수용 지대 안에 있는 사람을 노출해도 좋을 것이다. 수용 지대는 플랫폼에 가입하기 전에 설문을 시행해 조사할 수 있다. 새로운 공간의 양극화를 감소하기 위해서는 양극화 연구실에서 개발하는 도구를 사용해도 된다. 사상적 스펙트럼에서 다양한 위치에 있는 사람들이 게시물에 파랑, 빨강, 보라로 반응한 수치는 좋아요를 대체할 수 있다. 인공 지능은 무례하거나 인신공격적인 게시물을 올리려는 유저에게 목표를 환기하거나 상대 정당 지지자에게 호소하는 메시지를 쓰도록 도와줄 것이다.

두말할 필요 없이 정치적 분열을 좁히는 활동으로 지위를 얻는 플랫폼은 모든 사람에게 매력적으로 다가가지는 않는다. 하지만 그런 점이 오히려 나을지도 모른다. 내가 꿈꾸는 플랫폼은 다른 플랫폼에서 악명을 떨친 트롤과 극단주의자들을 완전히 추방할 수는 없지만 그들이 원하는 만족감을 주지는 못할 것이다.[31] 다른 사람들을 공격해도 관심을 끌지 못하고 그들의 편향된 게시물은 순위가 내려갈 것이기 때문이다. 극단적인 게시물을 규제하기도 훨씬 수월하다. 정당 간 분열 좁히기와 같이 일단 플랫폼에 목적이 있으면 허용 가능한 행동을 규정하는 규칙을 만들기도 쉬워진다. 너무나 광범위해서 실행하기가 어렵거나 거의 불가능한 규제 정책 대신, 양극화 감소를 목표로 만들어진 플랫폼은 인신공격적이거나 무례한 모든 게시물을 조절할 수 있다. 아직은 이런 조건을 정의하기 힘들지만, 하향식 원칙을 따라 가입부터 모든 유저에게 투명하게 공개해 운영하는 플랫폼은 상향식으로 기준이 생기기를 기대하는 플랫폼보다 훨씬 효율적일 것이다. 특히 온건주의자들이 감당하지 못하는 극단주의자들이 아래를 구성하고 있을 때는 더욱 그렇다.[32] 지금까지 제시한 정책 그리고 트롤과 극단주의자들을 예방하기 위해 신원을 확인하는 절차는 양당 지지자들 사이에서 정중하고 건설적인 익명 대화를 이루기 위해 꼭 필요한 조건이다.

　이런 정책들을 실행하기는 쉽지도 저렴하지도 않다. 양극화를 줄이기 위해 상향식으로 힘을 분리한 플랫폼은 낭만적으로 보일지 몰라도 현실적이지는 않다. 힘을 분산한 마스토돈Mastodon과 디아스포라 같은 소셜 미디어는 유저들을 유입하고 정책을 적용하는 데 어려움을 겪는다.[33] 양극화를 줄이기 위해 플랫폼다운 플랫폼을 만들려면 자금을 제공해 줄 주요 투자자들이 필요하다. 정부가 가장 이상적인 투자자이며, 인터넷 활동가인 이선 주커먼 같은 정부 지원의 플랫폼 옹호자들은 디지털세로 기금을 지원받을 수 있다고 주장한다.[34] 미국처럼 양극화가 심한 나라에서 이를 줄이는 활동은 솔깃하지만 현실화까지는 기대하기 힘들다. 정부가 개입하지 않는다면, 기업가들에게 투자를 받는 방법도 있다. 효과적인 양당 소통가로 유저들이 명성을 쌓을 수 있는 소셜 미디어가 사업, 정부, 비영리 단체에 더 매력적이라고 보는 기업가들이 있을 것이다. 서로의 질문에 가장 좋은 답변을 한 소프트웨어 개발자에게 명예 포인트를 주는 스택오버플로Stack Overflow 와 같이 기업 차원으로 소셜 미디어의 근본을 다시 설계한 전례가 있다. 처음에는 복잡한 기술 문제를 토론하기 위한 포럼으로 시작한 스택오버플로는 역량을 갖추고 동료의 존경을 받는 인재들을 살피는 곳으로, 현재 기술 산업에서 중요한 자리를 차지하고 있다. 최근 25년과 비교해 미국 사회 구조의 가장 힘겨운 도전을 마주하는 현재, 양당의 분열에 다리를 놓는 역할로 명예를 쌓는 활동은 귀중한 사회적 자산이 될 것이다. 또한 민주당과 공화당 지지자가 오프라인 환경에서 소통할 기회가 앞으로도 줄어든다면 새로운 소셜 미디어 플랫폼은 그런 명예를 쌓을 드문 장소가 될 것이다.

기존의 소셜 미디어 플랫폼도 앞서 설명한 여러 원칙을 실시하기에 늦지 않았다. 페이스북과 트위터를 비롯한 플랫폼은 단순히 참여 수치만 적용하는 대신, 양당 지지자 모두에게 얼마나 호응이 좋았는지를 바탕으로 유저 타임라인의 게시물 순서를 최적화할 수 있다. 추천 알고리즘은 좋아요 또는 팔로우하는 게시물을 바탕으로 각 유저의 수용 지대에 속하는 게시물을 알아내도록 훈련해, 적당히 견해가 다른 사람들과 연결되도록 유저에게 권할 수 있다. 이 두 가지를 개선함으로써 유저를 격분하게 하는 게시물의 노출 빈도를 줄이고, 타협할 여지가 있는 문제를 담은 게시물을 보도록 권장할 수 있다. 건설적인 토론에 참여하는 유저를 위해 새로운 보상책을 만들 수도 있다. 양당 지지자 모두에게 호소력 있는 게시물을 만드는 탁월한 유저들을 기록하는 점수판을 만들어도 좋다. 또한 정치 외의 다른 업적으로 유명해진 사람만 보여 주기보다, 새로운 지위(이를테면 다양한 청중을 효과적으로 모으는 유저에게 주는 배지)를 만들어도 좋을 것이다. 페이스북, 트위터를 비롯한 인기 있는 플랫폼이 상대 정당과 소통하고자 하는 유저들을 위해 그들의 플랫폼 안에 새로운 공간을 만들어 실험해 보는 방법도 있다. 그 공간에서 우리 연구팀의 가상 소셜 미디어와 비슷한 집중적인 소규모 대화를 도입해 유저를 이어 줄 수 있다.

해결책이 하향식이든 상향식이든 상관없이, 사회 과학과 깊이 연대함으로써 플랫폼의 양극화 감소를 실현하는 데 도움을 얻을 수 있다. 양극화를 줄이는 열쇠를 찾는 과정에서 사회 과학의 통찰력을 이용해 현실화할 수 있기 때문이다. 몇몇 소셜 미디어가 이미 시작했듯, 기술계 지도자, 전문가, 정책 입안자들이 제시하는 검증되지 않은 중재 방법을 도입하는 대신, 인간 행동을 탐구하는 경험적 관찰 방법을 플랫폼 구조에 적용할 필요가 있다. 그 과정에서 시간이 지남에 따라 맞닥뜨리는 도전도 커진다는 사실을 인지해야 한다. 이 책에서 제시한 모든 해결책은 앞으로 오랜 기간에 걸쳐 계속해서 실험해야 한다. 전산 사회 과학이 급속도로 발전해 내가 제시한 방법이 효과가 없어지는 날이면, 변화가 필요하다고 가장 먼저 목소리를 낼 사람은 바로 나일 것이다.

연구 방법

○♡◁

2018년에서 2020년까지 양극화 연구실에서 진행한 세 가지 주요 현장 실험을 이 책 본문에 실었다. 부록에서는 연구에 사용된 구체적인 표본 추출 과정, 가설 설정, 분석 기술을 더 알고자 하거나 이 연구의 장단에 관해 심도 있게 논의하고자 하는 독자를 대상으로, 각 연구에 적용한 연구 방법을 상세하게 풀이한다. 더불어 본문의 세 가지 연구를 자세하게 설명할 예정이다. 첫 번째 연구(2장에 소개한 양적 연구 봇 실험)에서 우리는 민주당, 공화당 지지자 1220명을 모집해 상대 정당의 메시지를 노출하는 트위터 봇을 팔로우하도록 요청했다. 두 번째 연구(2장과 3장에 소개한 질적 연구 봇 실험)는 후속 실험으로, 공화당과 민주당 지지자 155명을 새로 모집해 첫 번째 실험과 같은 종류의 봇을 팔로우하기 전과 후에 심층 면담을 진행했다. 세 번째 연구(9장에 소개한 모의 소셜 미디어 플랫폼 실험)에서는 민주당과 공화당 지지자 7074명을 모집해 정치적 견해에 관한 설문을 시행한 다음, 그중 2507명을 새로운 소셜 미디어 플랫폼으로 초대해 상호작용하게끔 했다.

양적 연구
봇 실험

우리는 유력 설문조사 기관인 유고브*를 통해 2017년 10월 10일에서 19일 사이에 미국인 표본집단으로 하여금 10분간 온라인 설문을 실행했다. 참여자들의 조건은 다음과 같다. 첫째, 공화당 또는 민주당 지지자임을 밝혔다. 둘째, 일주일에 적어도 세 번 이상 트위터에 접속하며 다른 계정의 게시물을 읽는다. 셋째, 연구 목적에 맞게 트위터 아이디를 공유할 의사가 있다. 넷째, 18세 이상이다. 유고브가 초대한 1만 634명 중 5114명이 설문을 수락했고, 최종적으로 2539명이 설문에 적합했다. 285명은 참여를 거절했고 500명은 설문을 시작했지만 마치지 않았으며 102명의 응답은 유고브의 데이터 품질 알고리즘으로 제외되었다. 그리하여 사전 처리 설문조사에 알맞게 응답한 사람은 1652명으로 추려졌다. 각 응답자는 설문의 목적이 "트위터에서 사람들의 경험을 조사"하기 위한 것이며 설문을 완성하고 연구팀에 트위터 아이디를 알려 주면 11달러를 받는다는 정보를 받았다. 우리는 모든 응답자에게 동의서를 받았으며 한 달 뒤의 후속 설문을 예고했다.

사전 처리 설문은 정치적 신념, 소셜 미디어에서의 행동, 미디어 소비, 온라인과 오프라인에서 반대 정당 지지자에게 노출되는 빈도에 관한 다양한 질문으로 구성되었다. 2장에서 설명한 주요 측정 방법은 사상적 일관성 척도라고 부르는 열 가지 질문으로 구성되었다. 이 척

* YouGov. 영국의 인터넷 기반 시장 조사 및 데이터 분석 기업. 런던을 기반으로 유럽, 북미, 중동, 아시아 태평양 등 전 세계를 대상으로 서비스를 제공한다.

도는 최근 20년 동안 퓨 연구센터에서 진행한 미국 전역 설문조사에서 16회 사용된 것이다. 이 도구는 보수적 성향의 다섯 가지 서술(이를테면 "가난한 사람들은 대가 없이 정부 혜택을 쉽게 받을 수 있다.")과 진보적 성향의 다섯 가지 서술(이를테면 "인종차별은 흑인들이 더 잘살지 못하게 만드는 주된 이유다.")로 구성된다. 또한 사회 복지, 인종차별, 환경, 이민, 불평등, 정부의 경제 규제, 국제 관계, 동성애를 비롯해 여러 주제를 포함한다. 응답자들은 각 문항에 7단계의 척도로 찬성 또는 반대 의사를 표현했고 이 응답을 바탕으로 우리는 '매우 진보'에서 '매우 보수'에 이르는 지표를 만들었다.

참여자들에게 무작위로 처리 또는 통제 조건을 부여하기 전, 다음과 같은 이유로 몇 명을 제외해야 했다. 우선 우리는 설문조사 기관이 제공한 각 참여자의 나이, 성별, 인종, 지리적 위치, 인구 통계 정보와 트위터에서 볼 수 있는 그들의 정보를 비교해, 2가지 이상 차이가 발견된 참여자 74명과 자기 자신의 계정이 아닌 유명인의 계정을 적은 4명을 배제했다. 또한 아무 계정도 팔로우하지 않는 44명도 배제했다. 정기적으로 트위터에 로그인해 다른 계정의 트윗을 읽어야 한다는 필수 조건에 부합하지 않았기 때문이다. 마지막으로 트위터 데이터와 설문 데이터를 비교함으로써 인과 추론에 아주 중대한 위협 즉, 인과 간섭을 발견했다. 이를테면 연구에 참여한 두 사람이 트위터에서 서로 팔로우한다고 가정해 보자. 한 명에게는 처리 조건을, 다른 한 명에게는 통제 조건을 부여했을 때, 처리 조건을 부여받은 응답자가 봇의 메시지를 리트윗하거나 댓글을 달면 통제 조건의 참여자에게 영향을 미칠 수 있다. 따라서 우리는 트위터에서 서로 팔로우하거나 직접적으로든 간접적으로든 서로 연구 봇을 노출할 수 있는 유저

113명을 추가로 배제했다. 또한 자료로서 가치가 없거나 제대로 된 트위터 아이디를 제출하지 않은 197명도 제외했다.

최종적으로 사전 처리는 1220명의 참여자(민주당 지지자 691명과 공화당 지지자 529명)로 진행되었다. 비록 이번 연구가 미국 인구 전체를 대표하도록 설계되지는 않았지만, 추가로 우리 표본의 인구 통계적 특성과 2016년 미국 지역사회 조사American Community Survey에서 시행한 공식적인 미국 인구 추정을 비교해 보았다. 우리 연구에는 18세 이상이라는 자격 조건이 있으므로 최종 표본은 미국 평균보다 연령대가 높았다. 또한 백인 비율이 84퍼센트로 미국 평균인 70퍼센트보다 수치가 높았다. 분석 과정에서 통계적 기법을 적용해 이런 편향성을 처리했지만, 우리 연구 결과를 민주당이나 공화당을 지지하고 트위터에 꾸준히 방문하며 연구자들에게 트위터의 정보를 공유한 미국인 이외의 상황에까지 일반화해서는 안 된다. 또한 이 연구의 결과를 다른 소셜 미디어의 결과로 적용할 때 신중할 필요도 있다. 트위터의 기능과 특성을 선호해서 유입된 유저들은 다른 플랫폼과 성향이 다를 수 있는 데다 페이스북 같은 다른 소셜 미디어 플랫폼보다 더 공개적인 소통이 이루어지기 때문이다.

앞서 설명한 이유를 바탕으로 사전 처리 과정에서 자격에 맞지 않는 참여자들을 배제한 후, 우리는 무선화 구획 설계라고 알려진 통계적 과정을 사용해 참여자들에게 처리 조건과 통제 조건을 부여했다. 이 기법은 부분모집단에 속한 사람들을 동일하게 처리 조건과 통제 조건으로 나누도록 하는데 우리 연구에서는 정당 충성도, 트위터 사용 빈도수, 사회문제와 정부를 향한 관심을 기준으로 참여자들을 나눠 균형을 이루었다. 2017년 10월 21일, 우리는 처리 조건의 참여자에게 한 달 동안 연구 봇을 팔로우하면 11달러의 사례비를, 매일 봇이 리트윗하는 24개의 메시지에 관한 질문에 대답하면 추가로 18달러까지 받을 수 있다고 알렸다. 본문에서 언급했듯이 모집 공고에서 반응 편중과 실험자 효과(호손 효과)를 줄이기 위해 몇 가지 단계를 거쳤다. 첫째 실험 봇이 트윗하는 내용을 밝히지 않았다. 둘째 참여자가 설문을 완성하고 나서 봇을 팔로우하도록 요청하여 서로 다른 실험으로 생각하게끔 했다. 셋째 연구의 처음 며칠 동안은 정치적 콘텐츠 대신 자연 풍경을 리트윗했다.

실험 봇은 다음과 같이 설계되었다. 우리는 정치학자 파블로 바르베라가 개발한 기술을 사용하여 트위터에서 여론 주도층으로 이루어진 큰 집단의 정정치적 신념ideology을 측정했다.[1] 먼저 2016년 대통령 선거 후보자, 2017년 8월 5일 일자의 미국 상원과 하원 의원의 트위터 아이디 목록을 수집했다. 그러고 나서 트위터의 응용 프로그램 인터페이스에서 이 정치인들이 팔로우하는 모든 계정의 목록을 모았다. 총 63만 6737개의 계정을 수집했는데 다수는 사실상 정치와 관련이 없거나 미국의 여론 주도층에 속하지 않았다. 이런 계정들을 조직적으로 제거하기 위해서 몇 가지 단계를 거쳤다. 첫째 여론 주도층 15명 이하가 팔로우하는 계정은 제거했다. 둘째, 미국 정부 기관, 모든 영리 단체, 국외 유저들의 계정을 모두 배제했다. 최종적으로 4176개의 계정으로 추렸고 이것은 미디어, 비영리 단체, 옹호 단체, 싱크탱크의 다양한 여론 주도자들 그리고 미국 내에서 정부나 기업과 관련되지 않은 여러 인사로 구성되었다.

선출된 공직자와 여론 주도층의 관계망 안에 있는 사람들의 성향을 측정하기 위해 그들이 팔로우하는 계정의 양상에 따라 집단을 나누는 통계적 절차(대응 분석, 주성분 분석)를 사용했다. 이 기법은 '매우 보수'부터 '매우 진보'에 이르는 사상적 성향을 측정할 수 있지만, 팔로우하는 유저와 같은 정치적 견해를 지녔다고 가정한다는 문제점이 있다. 사람들의 관심이 집중된 @realDonalTrump* 같은 계정은 그와 견해가 같다기보다는 메시지를 읽기 위해 팔로우하는 사람도 아주 많다. 연구에서 이 문제를 처리하지 않았다면 실제보다 더 중도 성향으로 측정되는 계정이 많았을 것이다. 그런 이유로 사상적 스펙트럼의 중간에 있는 여론 주도층 중 정치적 성향 스펙트럼에서 그들이 지지하는 당과 연관해 상위 20퍼센트와 40퍼센트 내에 속하는, 팔로워 10만 명 이상을 가진 계정을 다시 지정했다.

진보와 보수 트위터 실험 봇은 아마존 웹 서비스에서 몇 달간 실행되는 가상 서버에서 호스팅했다. 매 시간 봇은 앞서 설명한 데이터베이스에서 추출한 공직자나 여론 주도층의 트위터에서 무작위로 메시지를 선별하고, 그 유저가 24시간 이내에 게시한 트윗인지 응용 프로그래밍 인터페이스에 문의한다. 24시간 이내에 게시했다면 그 메시지를 리트윗하고 그것이 아니라면 조건에 맞는 트윗을 찾을 때까지 데이터베이스의 다른 유저를 무작위로 선택한다. 한 달간의 실험 동안, 두 봇은 여론 주도층, 미디어 기관, 옹호 집단, 비영리 단체를 합해 1001개의 계정에서 1293개의 메시지를 리트윗했다. 후에 이 트윗을 분석한 결과, 실험 봇은 민주당과 공화당의 다양한 견해, 신념, 의견을 모두 보였으며 한 정당의 극단적인 콘텐츠만을 리트윗하지 않았음이 드러났다.[2]

---

*   전 미국 대통령 도널드 트럼프의 트위터 계정.

부록: 연구 방법

본문에서 논의한 또 다른 난관은 참여자들의 순응도였다. 봇을 팔로우한다고 말하지만 그들이 봇에 주의를 기울이는지, 봇이 리트윗한 내용을 읽는지 어떻게 알 수 있을까? 2장에서 언급했듯, 우리는 매주 봇이 매일 리트윗한 귀여운 동물과 메시지를 맞추는 설문을 시행했다. 동물을 비롯한 모든 리트윗은 설문 전에 삭제되었다. 순응도 설문은 10월 27~29일, 11월 3~5일, 11월 10~13일에 시행되었다. 각 설문을 시행할 때마다 모든 질문에 대답한 사람은 '완전 순응', 하나의 질문이라도 맞춘 사람은 '부분 순응', 실험 동안 매일 봇을 팔로우한 사람은 '최소 순응'이라고 정의했다. 순응도를 높이기 위해 우리는 참여자들에게 봇 계정을 보이지 않게 했는지(팔로우를 끊지 않으면서 타임라인에는 나타나지 않게 했는지) 추적한다고 알렸다. 물론 이것은 가능하지 않다. 설문조사 기관은 실험이 끝나고 이 사실을 참여자들에게 알렸다.

공화당 지지자 325명 중 186명이 처리 조건에 따라 진보 봇을 팔로우하는 데 동의했다. 첫째 주에는 186명 중 119명이 봇이 리트윗한 귀여운 동물을 알아맞혔고, 둘째 주와 셋째 주에는 각각 120명, 113명이 알아맞혔다. 처리 조건을 적용한 공화당 지지자 중 128명이 첫째 주에 봇의 메시지에 관한 주요 질문을 정확하게 대답했고 둘째 주와 셋째 주에는 각각 125명, 134명이 대답했다. 419명의 민주당 지지자 중에는 272명이 처리 조건을 따르는 데 동의했다. 272명 중 첫째 주에는 170명이 귀여운 동물을 알아맞혔고 둘째 주와 셋째 주에는 각각 175명, 170명이 알아맞혔다. 봇이 트윗한 메시지에 관한 주요 질문에 대답한 사람은 첫째 주 226명, 둘째 주와 셋째 주에는 각각 203명, 176명이었다.

본문에서 설명하지 않은 인과 추론의 위협 요인 중 또 한 가지는 알고리즘 교란이다.[3] 이 교란은 공개되지 않은 알고리즘 때문에 연구자가 인간 행동과 실제 일어나는 일을 잘못 해석했을 때 생기는데, 전형적인 예시가 검색 데이터를 이용해 독감 유행을 알아내는 도구인 구글의 플루 트렌드Flu Trends이다. 플루 트렌드는 몇 해 동안 계절병을 정확하게 추정했지만 2012년 중반에 추정값이 갑자기 급등했다. 연구자들은 팬데믹의 징조라고 생각하고 두려워했지만, 기업 알고리즘이 바뀌면서 검색 횟수가 높아졌다는 사실이 밝혀졌다. 일반적인 감기 증상을 검색한 사람들에게 독감에 관한 내용이 노출되면서 독감과 관련된 용어 검색이 증가했고, 연구자들은 독감이 빠르게 퍼지고 있다고 착각하게 되었다.[4]

우리는 유저의 타임라인에 어떤 메시지가 보일지를 결정하는 트위터의 타임라인 알고리즘이 염려스러웠다. 트위터는 알고리즘 설계를 공개하지 않지만 트위터의 데이터 사이언티스트의 발표에 따르면 알고리즘은 유저의 활동으로 결정된다.[5] 만약 유저가 봇의 메시지를 리트윗하지 않거나 '좋아요'를 누르지 않으면, 타임라인의 거의 마지막으로 내려가 처리 조건의 영향을 덜 받을 수도 있다. 이런 사태를 방지하기 위해, 우리는 참여자들에게 트위터 타임라인 알고리즘의 기능을 약화하도록 봇의 트위터를 봐 달라고 요청했고, 모집할 때 설명했듯 추가로 18달러를 더 받기 위해서는 메시지를 꼭 봐야 한다고 환기했다. 또한 새로운 계정을 팔로우하라고 추천하는, 트위터의 추천 알고리즘 교란의 가능성도 고려했다. 이 알고리즘은 특정 계정이 팔로우하는 계정을 바탕으로 추천하므로, 참여자들에게 우리 계정과 관련된 계정을 더 추천해 그들이 처리 조건의 영향을 더 받을 수 있었기

때문이다. 우리는 봇이 아무도 팔로우하지 않도록 설정해 그런 편향을 피했다.[6]

2017년 11월 중순, 첫 번째 설문을 진행하고 한 달 후 우리는 처리 조건과 통제 조건의 모든 참여자에게 10분짜리 후속 설문을 완성하면 12달러를 주겠다고 제안했다. 이 설문 또한 봇을 팔로우하도록 초대한 것과 관련이 없는 설문으로 보이도록 고안했다. 이 설문은 첫 번째 설문과 같은 질문을 모두 수록했고, 실험 동안 참여자들의 사상적 일관성 척도의 변화를 측정하는 데 쓰였다. 무작위로 정해진 처리집단과 통제집단 1220명 중 1069명이 사후 처리 설문을 마쳤다. 처리집단과 통제집단 사이의 인원 감소율은 큰 차이가 없었다. 다시 말해 통제집단과 비교했을 때, 처리 조건을 적용한다고 해서 사람들이 실험을 그만두지 않았다(사후 처리 편견의 문제).[7] 다행히도 우리는 감소 인원에서 정당, 인구 통계학적 요인, 지리적 요인이 낳은 편견의 증거를 찾지 못했다.[8]

첫 번째 설문조사와 봇 실험에 더해 우리는 트위터 자체에서 참여자들에 관한 어마어마한 데이터를 수집했다. 참여자들이 공유한 트위터 아이디를 사용해 각 참여자가 게시한 가장 최근의 트윗, '좋아요'를 누른 게시물, 그리고 실험 도중의 활동과 이후 1년의 활동 정보까지 모두 조사해, 총 177만 7280개의 트윗과 70만 4951개의 '좋아요'를 수집했다. 그 밖에도 프로필, 팔로우하는 계정의 수, 팔로워 수, 지역(일부)을 비롯해 가능한 모든 데이터를 수집했다. 또한 각 참여자가 팔로우하거나 그들을 팔로우하는 모든 계정의 이름을 수집하는 코드도 작성했다. 우리는 이 데이터를 모아 그들이 실험에 참여하기 전에 속한 반향실의 강도를 평가하는 추가 측정 기준을 만들고, 강도 시험을

진행했다.[9]

상대 정당의 여론 주도층의 메시지를 리트윗한 봇을 한 달 동안 팔로우한 결과를 측정하기 위해 우리는 처음과 마지막 설문 사이에 피험자들이 사상적 일관성 척도에서 얼마나 움직였는지 계산했다. 처리집단과 통제집단이 변화한 정도를 비교함으로써 봇을 팔로우한 결과로 기존의 신념이 변했는지, 그렇지 않으면 실험 전 2016년 대통령 선거와 같이 역사적인 요인이 신념을 형성했는지 측정할 수 있었다. 하지만 사회 과학자들이 보통 이중차분법difference in differences이라고 부르는 이 접근법은 실험 기간에 일어난 사건의 영향을 배제할 수 없다. 또한 우리 모델은 통계적 측정 방법을 이용해 각 피험자가 봇에 얼마나 주의를 기울였는지, 피험자의 나이, 수입, 교육 수준, 성별, 인종, 지역을 비롯한 여러 교란 요인을 처리했다. 그 밖에도 그들이 팔로우한 여론 주도층의 사상적 범위 평균인을 측정했으며, 참여자의 사전 처리 설문에서 상대 정당 지지자에게 오프라인에서 노출되는 정도도 처리했다.

질적 연구
봇 실험

양적 연구 봇 실험의 큰 한계는 참여자들이 다른 정당 지지자에게 노출되었을 때 기존 견해가 견고해지는 이유를 설명하지 못한다는 점이다. 질적 연구 봇 실험의 목표는 우리 봇을 팔로우하기 전과 후에 적어도 한 시간 동안 우리와 면담할 수 있는 소규모의 인원으로 실험을 반복함으로써 기존 견해가 강화되는 원리를 알아내는 것이었다.

이 결과는 3장과 1, 2장의 앞부분에 등장한 참여자들의 이야기에서 언급했다. 질적 연구 실험의 광범위한 목표는 소셜 미디어가 정치적 양극화를 형성하는 과정을 깊이 이해하는 것이었다. 질적 연구의 장점은 드러나지 않거나 장기간을 들여 관찰해야 하는 새로운 사회학적인 과정을 찾을 수 있다는 점이다.[10] 이 결과는 5장에 다루었지만 연구의 방법론은 따로 다루지 않았으므로 여기서 자세하게 설명하겠다.

2018년 7월 중순, 우리는 양적 연구 참여자들을 모집했던 기관인 유고브를 통해 우리 조건에 맞는 미국인 표본을 모집했다(공화당 또는 민주당 지지자, 미국 시민권자, 일주일에 세 번 이상 트위터에 접속하는 사람, 트위터 아이디를 공유할 의사가 있는 사람, 18세 이상). 2018년 늦여름이나 초가을에 민주당 지지자와 공화당 지지자 각각 60명과 두 차례 개방형 면담을 진행하는 것이 목표였다. 표본 추출 기준을 이용해 유고브는 첫 봇 실험에 사용한 온라인 설문을 261명에게 보냈다. 민주당 지지자와 공화당 지지자의 수, 정당 충성도를 비슷하게 맞추기 위해 표본을 세부적으로 나누었고 출신 주로도 나누었다. 우리는 첫 번째 설문과 같은 선별 기준을 사용해 이들 중 면담할 참여자를 뽑았고, 참여 의사 동의를 얻었다. 잘못된 아이디, 비공개 계정의 아이디를 알려 준 30명, 소셜 미디어에 보이는 인구 통계학적 특징과 양적 설문에 보고한 정보가 2가지 이상 다른 8명은 논외로 했다.

자격 조건이 맞는 사람 중 면담에 참여할 134명을 무작위로 추출했다. 그리고 한 시간 동안 연구팀과 진행하는 전화 면담에 참여하면 75달러 상당의 아마존 선물 카드를 받는다는 정보를 이메일로 통보했다. 이메일로 연락이 닿지 않은 사람들에게는 설문조사 기관에서 휴대전화 번호를 받아 따로 연락을 취했다. 연락처를 정확하게 쓰지 않은 4명은 연락이 닿지 않았고, 1명은 면담을 거절했다. 나머지 129명 중 66.7퍼센트의 유효 응답률로 86명이 참여에 동의했다. 하지만 동의한 사람 중 세 명이 응하지 않아서 실제 응답률은 조금 낮아졌다. 지지 정당이나 나이에 따른 반응 편중은 보이지 않았지만 질적 연구 면담에 참여한 사람들은 그러지 않은 사람보다 정당 충성도가 낮은 경우가 많았고, 남성의 수가 더 많았다.

연구에 참여한 사람의 평균 나이는 44세로 나이가 가장 적은 참여자는 19세, 가장 많은 참여자는 75세였다. 남성이 55퍼센트, 백인이 80퍼센트였으며 스스로 민주당 지지자라고 밝힌 사람이 52퍼센트, 공화당 지지자라고 밝힌 사람이 48퍼센트였다. 45퍼센트는 자기 자신을 정당 충성도가 강한 지지자라고 했고 55퍼센트는 약한 지지자라고 말했다. 출신 지역은 뉴욕(8명), 플로리다(7명), 버지니아(7명), 노스캐롤라이나(6명), 텍사스(5명), 캘리포니아(4명)가 특히 많았다. 참여자들의 가구당 연평균 소득은 6~7만 달러였으며 52퍼센트가 4년제 대학을 졸업했다. 무직은 1명뿐이었지만 12명이 은퇴한 사람이었고 5명이 집안일을 전업으로 하는 부모였으며 10명이 대학생이었다. 또한 46퍼센트가 기혼자, 32퍼센트가 18세 미만의 자녀와 함께 살았다. 종교는 개신교(32명), 불가지론 또는 무신론(37명), 가톨릭(16명)이 가장 큰 비율을 차지했다. 다양한 지역과 인구 통계 집단에서 참여자를 모집했지만 미국 인구를 대표하지는 못한다. 수가 적은 이유도 있지만 공화당 또는 민주당 지지자이면서 정기적으로 트위터를 사용하는 사람만 대상으로 연구했기 때문이다. 질적 연구 분석으로 트위터 밖에서 하는 행동을 대체로 분석했지만, 우리가 도출한 결과가 다른 소셜 미디어 플랫폼에서도 일반화되기까지는 추가적인 연구가 필요하다.

트위터 유저들이 비유저들과 다른 성향이 있을 가능성을 배제하지 못하기 때문이다.

2018년 7월 말에서 10월 중순 사이에 1차 면담을 진행했다. 모든 면담은 전화로 진행했고 휴대전화 애플리케이션으로 녹음했다. 우리는 사회 과학 분야의 대학원생과 관련 분야에서 이미 석박사 학위를 취득한 9명의 면담 진행자를 고용했다. 모든 면담 진행자들은 질적 연구 방법에 관한 강좌를 하나 이상 수료한 상태였고 여성 7명과 남성 2명으로 구성되었다. 2명은 공화당이 우세한 지역에서, 7명은 민주당이 우세한 지역에서 성장했다. 가능하면 공화당 지지자들은 공화당이 다수인 지역에서 자란 면담 진행자들과 면담하도록 연결해 주었다. 면담 진행자의 억양이나 전화상의 언어 습관, 표현이 참여자에게 미치는 영향을 줄이기 위해서였다. 그들은 석박사 학생과 내가 진행하는 교육에 참가해, 실제로 면담을 진행하기 전 함께 연습했다. 현장에 투입되기 전 5명이 예비 면담을 진행했고, 연구팀은 온·오프라인 회의에서 이 자료를 이용해 면담 질문을 수정했다. 우리는 또한 뛰어난 질적 연구자들에게 면담 질문에 관해 자문을 구했다.

면담 진행자들은 먼저 면담을 녹음해도 되는지 허락을 구하고 연구팀이 '엄격한 비밀 유지 기준'을 따르며 참여자들의 이름은 가명으로, 인구 통계적 정보는 바꾸거나 없애 비밀이 철저하게 유지된다고 설명했다. 그다음 연구팀이 작성한 대본을 각자의 말로 풀어 설명했다. 대본은 다음과 같다. "오늘 저와 함께 이야기할 시간을 내어 주셔서 감사합니다. 저는 미국인들이 트위터, 페이스북 같은 소셜 미디어를 사용하는 방법을 조사하는 연구원입니다. 저는 귀하가 소셜 미디어를 사용하게 된 계기, 일상생활에서 소셜 미디어를 사용하는 양상,

소셜 미디어의 장단점에 관해 이야기하고자 합니다." 참여자들이 열린 대화로 여기고 삶에 관한 세부적인 사항을 이야기하도록 권장하기 위해 다음과 같이 말했다.

"이 대화는 귀하가 유고브에서 응답한 설문과 다를 수 있습니다. 미리 준비된 질문과 선택지를 드리지 않고, 귀하가 세상을 보는 관점을 듣고자 합니다. 귀하께서 느끼는 소셜 미디어, 소셜 미디어 사이트에서의 경험, 삶에서 일어난 다양한 일화, 중요하게 생각하는 점을 귀하가 원하는 방식으로 들려주십시오. 짧은 시간이지만 서로 알아 가며 즐거운 대화를 나누었으면 좋겠습니다."

면담 진행자들은 "대화의 목표는 참여자에 관해서 그리고 소셜 미디어가 그들의 삶에서 어떻게 작용하는지 알아가는 것이므로 언제든 편하게 말해도 좋다"고 환기했다.

진행자들은 면담의 첫 주제인 소셜 미디어 사용 계기에 관해 몇 가지 개방형 질문을 던졌다. 그리고 가장 최근 두 차례 소셜 미디어 사이트에 접속해서 무엇을 했는지, 온라인에서 어떤 종류의 계정을 팔로우하는지 물었다. 그러고 나서 "만약 제가 귀하를 실제로 만나거나 대화를 나눠 본 적이 없는 채, 소셜 미디어 계정만 본다면 귀하가 누구인지 파악할 수 있겠습니까?"라는 질문으로 첫 주제를 마무리했다. 다음으로는 소셜 미디어, 텔레비전, 신문 같은 여러 미디어를 비롯해 뉴스나 시사 정보를 얻는 경로를 질문했다. 먼저 우리는 뉴스와 시사를 아는 것이 그들에게 얼마나 중요한지 질문했다. 둘째, 뉴스 정보를 얻기 위해 사용하는 경로의 이름(만약 있다면)과 좋아하는 이유, 소셜 미디어 사용 여부도 물었다. 셋째, 뉴스에서 그들이 중요하게 보는 주제가 무엇인지 물었고 뉴스나 시사에 관심을 두지 않는다고 말한 참여자에게는 정치나 정부에 관해 최근에 들은 이야기를 해 달라고 요청했다. 마지막으로 잘못된 정보와 미디어의 편향성에 관해 몇 가지 질문을 던졌다.

1차 면담의 다음 단계로 우리는 참여자들의 정치적 견해에 관해 질문했다. 먼저, 어린 시절 정치에 관련해 들었던 기억과 삶에서 신념을 형성하는데 영향을 준 사람들을 이야기해 달라고 요청했다. 다음으로는 무슨 당을 지지하는지, '민주당' 또는 '공화당'이라는 이름이 자신의 견해를 잘 드러내는지, 왜 특정 당으로 기우는지 물었다. 우리는 또한 "각 당의 한 가지를 바꾼다면 어떤 점을 바꾸겠습니까?"라는 질문을 던졌다. 그러고 나서 상대 정당 지지자들을 어떻게 생각하는지, 정치적 견해가 다른 사람과 얼마나 소통하는지, 그 소통의 결과가 어떤지 질문했다.

면담의 다음 단계에서는 사상적 일관성 척도에 수록된 사회 정책 문제에 관해 질문했다. 이것은 앞서 양적 연구 봇 실험에서 참여자들의 정치적 사상을 평가하기 위해 사용한 척도라고 설명한 바 있다. 첫째, 우리는 참여자에게 정부의 경제 규제가 필수적이라고 생각하는지 경제 발전을 더디게 한다고 생각하는지 질문했다. 다음으로 이민 문제, 특히 미국이 이민자들을 더 받아야 한다고 생각하는지 물었다. 또한 이민자들이 미국인들의 직장과 가치관에 영향을 미치는지, 미국이 난민을 수용해야 할 책임이 있는지도 물었다. 그러고 나서는 환경에 관해 질문했다. 정부가 기후 변화를 막기 위해 무엇이든 해야 한다고 생각하는지, 개인적으로 환경의 변화 때문에 영향을 받은 적이 있는지 물었다. 다음으로는 인종, 불평등, 경찰의 권력 행사에 관한 질문을 던졌다. 구체적으로 빈곤 흑인층을 형성하는 주된 요인이 인종차별이라고 생각하는지, 경찰이 흑인들을 다르게 대한다고 생각하는지 물었다. 마지막으로 트럼프 대통령을 평가하는 질문을 했다. 그가 어떤 영역에서 '잘하는지', '잘하지 못하는지' 그리고 2016년 대통령 선거 이후 전반적인 지지율이 올라갔는지 내려갔는지 물었다.

1차 면담은 참가자들의 온·오프라인 행동의 차이에 관한 몇 가지 개방형 질문을 끝으로 마무리되었다. 첫째, 우리는 특정 문제, 투표할 후보자에 관한 의견, 대화 방식을 바꾸게 한 소셜 미디어 게시물을 본 적이 있는지 질문했다. 둘째, 우리는 참여자의 기분을 상하게 한 게시물을 본 적이 있는지 물었다. 본 적이 있다면 그 게시물 때문에 어떤 감정이 들었는지, 댓글을 달았는지, 그리고 소셜 미디어의 게시물에서 얼마나 자주 마음이 상하는지 질문했다. 셋째, 시간이 한참 지난 후에도 자꾸 생각이 나는 게시물이 있는지 물었다. 넷째, 오프라인상으로 다른 사람과 정치 이야기를 한 적이 있는지, 있다면 온라인에서 본 주제로 이야기했는지 질문했다. 다섯째, 시위, 불매 운동, 지지 단체 가입 같은 오프라인상의 정치적인 운동에 참여한 적이 있는지 물었다. 마지막으로 우리는 2018년 11월 중간 선거에서 어떤 후보를 뽑을지 밝힐 의사가 있는지, 선거 이후에 면담한 참여자들에게는 누구를 뽑았는지 밝힐 의사가 있는지 물었다.

우리는 지지 정당과 정당 충성도에 따라 면담 참여자들을 여러 집단으로 나누고서 무작위로 처리 조건과 통제 조건을 부여했다. 2018년 10월 중순, 처리집단의 모든 참여자는 실험 봇을 팔로우해 달라는 초대장을 받았다(초대장은 1차 면담과 무관한 연구로 보이도록 고안되었다). 이번에도 매주 참여자들에게 봇이 트윗한 귀여운 동물 사진과 게시물에 관해 질문하고 순응도를 추적했는데, 전반적으로 참여자의

70퍼센트가 적어도 1회 이상 순응도 시험에서 통과했다. 한 달간의 처리 기간이 끝나고 일주일 뒤, 우리는 처리집단과 통제집단의 모든 참여자에게 1시간짜리 다른 면담에 응하면 75달러 상당의 아마존 선물 카드를 사례비로 줄 것이라고 알렸다. 1차 면담을 완료한 83명의 참여자 중 72명이 2018년 11월 말부터 2019년 2월까지 다시 면담에 참여해, 총 155건의 면담이 진행되었다. 후속 면담 초대에 응답하지 않은 13명 중 민주당 지지자는 5명, 공화당 지지자는 8명이었다. 이들 중 처리집단은 8명, 통제집단은 5명이었다.

사후 처리 면담 질문과 사전 처리 면담 질문의 차이점은 다음과 같다. 첫째, 2차 면담에서는 그들의 소셜 미디어 사용 이력이나 정치에 관한 어렸을 적 기억을 묻지 않았다. 대신 진행자들은 참여자들의 최근 트위터 사용 경험과 마지막으로 트위터에 로그인했을 때의 활동, 최근에 트위터에서 무엇을 보았는지, 1차 면담 이후 팔로우한 새로운 계정이 있는지 물었다. 그다음 단계에서는 1차 면담의 질문을 반복했다. 정치적 정체성과 양당(민주당과 공화당)을 향한 참가자들의 태도, 이전 면담에서 다룬 다섯 가지 중요한 문제(경제, 이민, 환경, 인종, 트럼프 대통령)에 관해 동일한 개방형 질문이었다.

아울러 면담 진행자들은 처리 기간에 일어난, 세계의 시선을 끈 사건을 바라보는 참여자들의 태도를 살피기 위한 질문도 집어넣었다. 2018년 11월 중간 선거, 트럼프 행정부의 캐나다, 멕시코와의 무역 협정, 중국과 단계적으로 진행되는 무역 전쟁이 질문에 포함되었다. 이 기간은 미국과 멕시코 국경으로 향하는 이민자들의 캠핑카 행렬로 논란이 일었고 그들을 해산시키기 위해 미국 국경 지대 보안관들이 최루탄을 이용한 사건과도 맞물렸다. 캠프파이어, 시카고에서 범죄자를 쫓던 백인 경찰관이 흑인 보안 요원을 쏜 사건도 일어났다. 또한 트럼프의 전 선거사무장과 변호사가 범죄로 기소되면서 전 연방수사국 국장 로버트 뮬러의 특검이 연장되었다. 미국 전 대통령인 조지 H. W. 부시가 세상을 떠났고 《워싱턴 포스트》의 기자 자말 카슈끄지가 터키 대사관에서 암살되었다는 소식이 전해졌다. 우리는 먼저 참여자들에게 이런 사건들을 들어 보았는지 물어보았고, 들어 본 적이 없다고 대답하면 면담 진행자가 간략하게 사건을 설명했다. 어쨌든 우리는 참여자들이 각 문제를 바라보는 관점을 알아내기 위해 여러 질문을 던졌다.

사후 처리 면담에서는 두 가지 이유로 봇에 관해 어떤 질문도 하지 않았다. 첫째, 우리는 봇을 팔로우해 달라는 초대와 면담 요청의 관련성을 참여자들에게 알리고 싶지 않았다. 호손 효과, 참여자의 과도한 대답, 연구를 바라보는 사적인 감정으로 비롯된 견해가 증가할 수 있기 때문이었다. 둘째, 수많은 연구에 따르면 사람들은 자신이 생각을 바꾼 이유를 설명할 때 매우 부정확한 경향이 높다고 한다. 이런 현상은 단순히 기억의 오류 때문일 수도 있고 동기화된 추론* 또는 사회 심리학자들이 확신성의 필요라고 하는 자기 보호 전략 때문일 수도 있다.[11] 따라서 우리는 사전 처리와 사후 처리 면담에서 사람들이 질문에 답하는 내용을 비교하고, 앞서 언급한 중요한 사건들에 관해 처리집단과 통제집단이 대답한 내용을 비교함으로써 봇을 팔로우한 영향을 평가하는 것을 목표로 잡았다. 트위터에서 최근에 겪은 경험을 이야기해 달라는 질문은 참여자가 원한다면 봇 이야기를 하게끔

---

* 이미 형성된 자신의 신념에 맞는 증거만을 취합하는 행동.

유도하기 위해 고안된 질문이었다. 마지막으로 면담 진행자들은 참여자가 처리집단인지 통제집단인지 모르는 상태로 면담을 진행했다. 연구팀에서 단 두 명만이 실험의 구성을 알았다.

모든 면담은 전사했고, 수차례의 분석과 주제별 약호화*를 거쳤다. 처음 약호화를 작성할 때 나는 전사 자료에서 면담 진행자가 질문한 각 개방형 질문과 참여자의 답변을 식별했다. 두 번째로 약호화를 작성할 때 나는 155건의 면담을 모두 읽고 각 참여자의 사회적 배경, 직업, 지역, 정치적 신념과 행동에 관한 대략적 정보를 담은 메모를 남겼다. 또한 봇을 팔로우하기 전과 후에 참여자의 신념과 행동이 변화한 사항도 적었다. 그 후 메모를 읽으며 약호화하는 데 필요한 새로운 분류표를 작성했는데, 이 과정에서 나는 최대한 객관적으로 분석하기 위해 참여자들이 어느 집단에 속해 있는지 따로 알아보지 않았다. 나는 모든 면담을 다시 읽으며 이 약호화를 적용하고 처리집단과 통제집단의 참여자들에 관한 기록을 살펴보며 경향을 분석했다. 마지막으로 모든 참여자의 약호화 분포를 분석하며, 각 과정에서 찾은 전형화할 만한 참여자들의 목록을 작성했다. 그 뒤 이 집단들의 면담 전사 자료를 모두 다시 읽고 각 참여자에 관해 더 자세하게 기록하며 이 책에서 소개할 이야기를 만들어 냈다.

질적 연구 참여자들에게서 수집한 면담 데이터에 더해, 우리는 그들이 트위터에 공개적으로 게시한 정보, 다른 트위터 유저가 그들에 관해 공개한 정보를 모두 수집했다. 양적 연구와 마찬가지로 이 정보는 참여자가 작성한 게시물, '좋아요'를 누른 게시물, 프로필 정보,

---

* coding. 수집한 자료를 읽으면서 텍스트에 담긴 의도와 의미를 개념화하는 과정.

각 참여자들의 세부적인 소셜 네트워크 데이터가 모두 있는 거대한 양의 자료가 되었다. 참여자가 자신의 다른 소셜 미디어 정보를 줬을 때는 그 사이트와 구글 검색을 이용하여 그들의 일상생활에 관해 더 많은 정보를 얻을 수 있었다.

가상 소셜 미디어
플랫폼 실험

책의 전반에 걸쳐 소개한 연구의 세 번째 목표는 소셜 미디어 플랫폼의 여러 특징이 어떻게 정치적 양극화의 원인이 되는지 알아보는 것이었다. 지금부터는 학문적 연구를 위해 만든 소셜 미디어 플랫폼에서 익명성이 양극화에 미치는 영향을 관찰한 실험을 설명할 것이다. 이 실험은 소셜 미디어 플랫폼이 유저들에게 지위를 부여하는 법, 추천 체계가 정치적 타협의 가능성을 형성하는 과정과 같은 여러 요인을 실험하도록 설계된 몇 안 되는 연구에 속한다. 새로운 플랫폼을 사용한 첫 연구의 결과가 따로 설명되어 있지 않기 때문에 이곳에서 연구 설계에 관한 다양한 세부사항을 이야기할 것이다.

2020년 1월 중순 우리는 유고브를 고용해 비확률표본 1200명(민주당 지지자와 공화당 지지자 각 600명)에게 두 가지 온라인 설문을 완성해달라고 요청했다. 우리는 900명에게 소셜 미디어를 사용한 추가 사례비를 지급할 계획이었다. 예비 연구를 바탕으로 검토한 결과, 여러 차례 설문을 시행하고 앱을 설치하고 다른 사람과 소통하기 위해 앱 사용법까지 배울 의사가 있는 사람을 찾기가 어렵다고 생각했기 때문이다. 응답률을 낮게 예상한 우리는 설문 기관에 엄청난 수의 사람들을 모집해 사전 처리 설문을 요청했다. 2020년 1월 중순, 7074명의 참여자가 21분짜리 온라인 설문을 마쳤다. 조건은 다음과 같다. 첫째, 미국 시민권 소유자, 둘째, 스스로 공화당 또는 민주당 지지자라고 밝힌 사람, 셋째, 스마트폰이나 태블릿을 사용하는 사람이다. 모든 참여자는 아마존 선물 카드나 다른 혜택으로 변환할 수 있는 12.5달러 상당의 설문 기관 포인트를 받는다.

사전 처리 설문에는 정치적 양극화 지수를 측정하는 데 사용되는 정치적 태도에 관한 질문들과 참여 동의서가 수록되어 있다. 또한 상대 정당 지지자를 향한 태도를 측정하는 열 가지 기준과 우리 플랫폼에서 토론하게 될 두 가지 사회 정책(이민과 총기 규제)에 관한 태도를 측정하는 열 가지 기준이 포함되어 있다. 덧붙여 설문은 결과에 영향을 미칠 만한 다른 문제들 즉, 정치적 지식, 성격, 정당에 대한 충성도 strength of partisanship, 미디어 소비, 소셜 미디어 사용을 측정하기도 했다. 그리고 우리는 설문조사 기관에서 참가자에 관한 기본적인 인구 통계학 정보(이를테면 나이, 교육 수준, 지역)도 수집했다.

모든 참여자는 무작위로 5가지 중 1가지 조건을 부여받았다. 처리 조건이 적용되는 세 집단의 참여자들은 17.5달러 상당의 사례비를 받았으며, 이들의 처리 효과를 측정하기 위해서 우리는 다른 두 조건이 적용된 경우와 비교했다. 네 번째 조건이 적용된 참여자들에게는 이민이나 총기 규제에 관해 글을 쓰되 다른 사람과 이 문제에 관해 이야기하지 말라고 요청했다. 다섯 번째 집단은 추가적인 조건이 적용되지 않았다. 사전 처리 설문을 하고 바로 다음 날, 처리 조건이 적용된 모든 참여자는 '디스커스잇'이라는 소셜 미디어 플랫폼을 테스트하기 위해 도와달라는 초대장과 함께 "여러 문제와 주제에 관해서 익명으로 토론"하라는 요청을 받았다. 플랫폼 이름과 광고 문구는 정치에 집중하지 않도록 고안되었다. 유저들은 "진실한 대화"에 참여해야 하므로 일주일 동안 플랫폼에서 다른 유저에게 최소한 14번 답변해야 하며 각 답변은 대화로 이어지는 서술문이어야 한다는 지시를 받았다. 예비 연구에서 우리의 정체를 드러냈을 때 참여자들이 더 활발하게 대답하는 경향을 보였으므로 이번에는 학자들이 개발하고 있는 플랫폼이라는 정보는 주지 않았다. 연구가 마무리되었을 때 설문조사 기관은 모든 참여자에게 실험 결과를 알렸다.

앱을 사용하는 데 동의한 참여자들은 온라인 광고 화면으로 들어가 iOS, 안드로이드 스마트폰, 태블릿에서 디스커스잇을 설치하는 방법을 숙지하고, 플랫폼에 로그인할 때 사용하는 초대 코드를 받았다. 참여자들이 눈치채지 못한 사이에 앱은 이 초대 코드를 사용해 상대 정당 지지자와 짝을 지어 주었다. 디스커스잇 앱에 보이는 처음 세 개의 소개 화면은 참여자들에게 이 플랫폼이 익명으로 대화하도록 고안되었으며 앱을 사용하는 동안 무작위 가명을 받으리라는 정보를 다시 알려 준다. 또한 앱을 테스트하고 사례비를 받기 위해서는 대화에서 적어도 14번은 답변을 해야 한다는 점을 환기하고, 대화 파트너가 답변을 달면 업데이트를 받을 수 있도록 알람을 설정하라고 유도한다. 다음 화면에서 유저들은 이민이나 총기 규제 중 한 가지 주제로 토론할 것이라는 지시를 보는데, 주제에 관한 서술문에 얼마나 찬성 또는 반대하는지 대답해야 한다. 유저는 자신의 대답에 따라 대화 상대가 정해질 것이라는 인상을 받는다. 이 과정이 끝나면 시스템은 유저에게 적합한 상대 정당 지지자를 검색한다.

일단 짝이 정해지면 참여자들은 대화 상대에게 자기를 소개하라는 메시지를 받는다. 모든 참여자는 중성적인 가명(제이미, 제시, 테일러, 퀸, 케이시)을 부여받는다. 연구의 주된 처리 조건에 더해 우리는 각 참여자의 대화 상대 정보에 관한 하위 조건을 추가했다. 첫 번째 하위 조건 집단에서 참여자들은 대화 상대의 이름만 볼 수 있었고 두 번째 하위 조건 집단에서는 대화 상대의 지지 정당도 볼 수 있었으며 세 번째 하위 조건 집단에서는 대화 상대의 잘못 기재된 지지 정당을 볼 수 있었다. 이 하위 조건들은 참여자들이 상대 정당 혹은 자기 정당 지지자와 이야기한다고 생각할 때, 익명성이라는 조건이 서로의 공통점을 찾는데 직접적 영향을 주는지 판단하기 위한 것이었다. 이 책에 보고된 결과는 참여자들의 지지 정당에 상관없이 이 앱을 사용한 사람들에 모두 적용된다. 현재 동료들과 나는 대화 상대의 지지 정당이 드러난 하위 조건, 드러나지 않은 하위 조건, 잘못된 정보가 드러난 하위 조건을 분석하며 다음 출판물을 준비하고 있다.

일단 참여자들에게 대화 상대가 배정되면 그들은 디스커스잇의 채팅창으로 접속되며 다음 두 질문에 관한 생각을 나누라는 안내를 받는다. "당신은 이민자들이 주는 이익이 손해보다 크다고 생각합니까?", "총기 규제가 주는 이익이 불이익보다 크다고 생각합니까?" 두 유저가 서로에게 생각을 말하고 나면 그들은 앱 테스트 사례비를 받기 위해서 최소한 13개의 답변을 더 보내야 한다는 알림을 받는다. 이 앱은 대화 상대가 사흘 이상 답변하지 않으면 새로운 짝을 다시 찾아주었으며, 대화를 유도하는 기능이 있어서 대화가 막힐 때는 "이 문제가 당신 삶에 어떤 영향을 미칩니까?", "당신이 이 태도를 보이는 가장 중요한 이유는 무엇입니까?"라고 묻기도 했다. 유저들이 서로 13번씩 이야기를 주고받고 나면 "마지막 메시지를 보낸 후, 앱 내에서 간단한

소셜 미디어 프리즘

설문조사를 하게 될 것입니다"라는 안내 메시지를 받는다. 앱 설문조사는 이민 또는 총기 규제를 보는 태도, 상대 정당 지지자를 향한 태도의 변화와 앱 사용의 전반적인 경험을 측정함으로써 처리 후 즉시 나타나는 효과를 알아보기 위해 고안되었다. 일주일 동안 진행된 테스트 기간의 마지막에 이르면 10번 이상 14번 미만으로 메시지를 보낸 소수의 참가자는 앱의 출구 조사로 연결되어 처리 조건이 적용된 참여자로 고려되었다. 출구 조사는 대화 상대, 상대 정당 지지자를 보는 태도에 관한 몇 가지 질문으로 구성되었다.

일주일의 처리 기간이 끝나고 며칠 후 모든 참여자는 후속 설문을 완성하도록 요청받았다. 이 설문의 광고 문구는 이전의 설문 그리고 디스커스잇 앱과 관련이 없는 설문으로 보이도록 설계되었다. 후속 설문은 사전 처리 설문에서 정치적 양극화 정도를 측정하기 위해 사용된 모든 질문을 포함했고, 사전 처리 설문과 연관성을 줄이기 위해 의료보험과 세제개혁에 관한 여러 질문을 추가했다. 총 1306명이 디스커스잇 앱을 사용했고 525명은 총기 규제나 이민에 관해 글을 써 달라는 요청을 받은 통제집단에, 403명은 추가적인 활동을 하지 않은 통제집단에 속했다.

새로운 소셜 미디어 플랫폼에서 반대 정당 지지자와 익명으로 정치 논의를 한 경험의 영향을 평가하기 위해 우리는 사전 처리와 사후 처리 설문 사이의 양극화 지수 차이를 계산했다. 이 지수는 부호화되어 상승 수치는 더 심한 양극화를 의미했다(상대 정당 정책에서 멀어지는 것 또는 다른 정당을 향한 반감이 증가하는 것). 우리는 참여자의 정치적 지식, 성격, 정치적 관심도, 정당에 대한 충성도, 나이, 성별, 인종, 교육 수준을 동일하게 설정한 상태로 처리집단의 양극화 지수와 짧은 글을 쓴 집단의 양극화 지수를 비교하는 선형 모델을 만들었다. 전반적으로 사후 처리 설문 참여자들에게서 나타난 결과는 우리 앱을 사용해 양극화의 정도를 나타내는 표준편차가 0.3으로 감소했다는 사실을 보였다.

내가 정치적 양극화에 관심을 두게 된 계기는 지극히 개인적인 경험 때문이다. 11세 때 부모님을 따라 내전의 위험이 도사리는 국가에 가서 살게 되었다. 당시 프랑스령 콩고라고 알려진 그 지역은 과두정치가 코코예, 코브라, 닌자라고 불리는 민병대 사이의 갈등을 부추기는 상황이었다. 어린 시절을 보낸 안락한 보스턴의 교외와 프랑스령 콩고의 수도 브라자빌은 극명히 달랐다. 공중 보건 활동가가 된 의사인 아버지가 브라자빌에 있는 세계보건기구에서 일하는 동안 부모님은 나를 이웃 나라의 기숙학교로 보낼 계획이었다. 그러던 중, 당시 자이르라고 불린 옆 나라에서 인종간 갈등이 더 심해져 학교가 문을 닫았다는 사실을 접했다. 두 나라를 가르는 큰 강의 수심이 낮아지는 저녁이면 총성과 수류탄 소리가 들렸다.

그 후 몇 년이라는 시간은 내 인생을 송두리째 바꿔 놓았다. 나에게 미국식 피자를 만들어 주려고 시끌벅적한 시장에서 밀가루를 사던 어머니는 누군가가 던진 칼이 바로 옆에 떨어져 죽을 뻔했다. 아버지는 신호 위반으로 체포당하고 싶지 않으면 돈을 내라고 위협한 민병대의 명령을 거부했다가 감금을 당했다. 끝끝내 뇌물을 주지 않은 아버지 때문에 결국 어머니는 보석금을 내러 집을 나섰다. 나 혼자 집에 남은 바로 그때 강도가 들었다. 집에 돌아온 부모님은 옷장에 숨어 있던 나를 발견했다. 어머니와 나는 그 길로 바로 프랑스령 콩고를 떠나는 비행기를 탔고, 반년 후 아버지는 그 나라를 떠나는 마지막 몇 안 되는 미국인으로, 대사관에서 근무한 미 해군을 대피시키는 헬리콥터를 타고 함께 빠져나왔다.

우리 가족이 프랑스령 콩고를 떠나고 난 후, 그곳은 일상적 삶이 더는 가능하지 않은 나라가 되었다. 콩고의 경험은 사람들이 서로 그토록 증오하는 원인을 이해하고자 하는 오랜 갈망의 씨앗이 되었다. 한편 아버지는 미국으로 돌아와 사하라 이남 지역의 가난과 질병을 퇴치하기 위해 비영리 단체를 설립하며 활동가로서 더 깊이 발을 들였다. 진리와 화해의 힘을 믿으며 점점 더 낙관적으로 움직인 아버지와 달리 나는 타협하는 능력과 인간의 본성을 비관적으로 보게 되었다. 이유는 모르겠지만 정확한 이름조차 모르는 독일 철학자들의 난해한 책을 읽으며 위로받곤 했다. 아버지가 일 이야기를 꺼낼 때면, 매년 아버지와 아프리카로 순례를 같이 가는 진보적인 미국인들의 죄책감을 더는 것 말고 대체 무슨 의미가 있는지 의구심을 품으며 지독하게 회의적인(독일식 회의주의) 태도를 보였다.

프랑스령 콩고에서 옮은 병으로 작년에 아버지가 돌아가시기 전, 나는 아버지의 무한한 이타주의를 이해하기 위해 여러 시간을 함께 이야기했다. 이 책을 집필하기 시작한 시점도 그때였다. 전에는 내 성격과 "들어맞는" 학문을 연구했다. 예를 들어 소셜 미디어 플랫폼이 문제를 악화한다고 경고하기 위해 미국에서 증가하는 반이슬람교 극단주의를 주제로 책을 집필했다. 하지만 이 책의 윤곽을 잡는 과정에서 방향을 바꿨다. 소셜 미디어 플랫폼에서 미국이 전례 없는 양극화

소셜 미디어 프리즘

를 경험하고 있지만 정치적 부족주의에 대항하는 싸움을 조심스럽게 낙관적으로 바라보게 된 것이다. 플랫폼의 해결책을 제시하는 내용을 집필할 때쯤, 내 안의 고집스러운 이타주의가 어디에서 나오는지 깨달았다. 나는 혼자 미소를 짓고 눈물을 흘리며 이 책을 아버지에게 바치기로 했다.

"아버지, 당신이 결국 저를 이끌어 주셨습니다."

유별난 어린 시절이 책의 아이디어를 주었다면 출판계의 특별한 동료들은 내게 용기와 비전과 힘을 실어 주었다. 책의 콘셉트는 브로크만의 탁월한 출판 대행인 마고 플래밍과 몇 달에 걸쳐 대화하고 기안을 쓰고 수정하면서 태어났다. 마고는 이 책을 상상하게끔 도와줬을 뿐 아니라 프린스턴 대학 출판부라는 완벽한 거처를 찾아 주었다. 미건 레빈슨은 내 비전을 함께 보았을 뿐 아니라 수정을 거듭할 때마다 책을 더 멋지게 집필할 수 있도록 동기를 불어넣었다. 미건은 팬데믹 동안 어린 자녀를 돌보면서도 오랜 시간을 들여 내 주장과 문장을 더 설득력 있게 다듬어 주었고, 책에 실은 농담이 내 생각만큼 재미있지 않다고 미안해하며 알려 주었다. 또한 이 책이 나오도록 도와준 출판사의 다른 많은 분, 특히 독자들에게 내 연구를 전달하는 법을 가르쳐 준 마리아 웰런, 캐스린 스티븐스, 콜린 설직, 로리 슐레진저, 크리스티 헨리, 데이비드 럴작 그리고 옥스퍼드 쉼표에 관한 농담을 빼도록 끈질기게 나를 설득한 교열 담당자 진 페리스에게도 감사의 말을 전한다.

이 책은 양극화 연구실에서 함께 일한 여러 분야의 연구자들이 없었다면 탄생하지 못했을 것이다. 부서 공동 책임자인 앨릭스 볼포브스키와 선샤인 힐리거스에게도 무한한 감사를 보낸다. 또한 이 책에 소개한 연구의 일부를 진행한 학생과 연구 조교들(몇몇은 현재 부서원, 박사 후 연구원, 소셜 미디어 플랫폼의 데이터 사이언티스트로 활약하고 있다)인 리사 아가일, 테일러 브라운, 존 범퍼스, 닉 차크라보티, 관화 첸, 하오한 첸, 에이든 콤스, 준청 동, 브라이언 과이, 메리 베스 헌제커, 네하 카르나, 프리돌린 머하우트, 시키 모, 그레이엄 티어니, 카이 청 유에게도 진심으로 감사한다. 반년이 넘도록 마커스 만은 질적 연구를 진행하는 훌륭한 연구자들인 커스틴 애덤스, 라라 벨리언, 메리 베스 그루, 애슐리 헤드릭, 메리 케이트 마이섹, 세라 마이, 커샌드라 로, 제러드 라이트를 이끌고 이 책에 제시된 엄청난 데이터를 수집했다. 또한 나와 동료들이 질적 연구 기술을 개선하도록 도와준 에이미 바인더, 미첼 스티븐스, 제시 스트라이브에게도 감사한다. 양적 현장 실험을 개선하도록 도와준 조나 버거, 게리 킹, 스킵 루피아, 짐 무디, 브렌던 니한, 린 스미스러빈, 덩컨 와츠에게도 감사를 보낸다. 제이미 드러크먼은 열 장이 넘는 논평을 주어 이 책을 훨씬 더 낫게 만들어 주었는데, 감사하다는 말이 부족할 정도이다. 원고를 읽고 전반적인 논평을 해 준 메이블 버레진에게도 감사한다. 댄 애릴리는 우리의 연구를 일반 독자에게 전하는 방법에 훌륭한 조언을 아끼지 않았다. 대니얼 크라이스와는 이 책에 관해 너무나 이야기를 많이 한 나머지 책을 읽어 달라고 부탁하기도 민망했지만 그의 피드백은 이 책의 전반에 큰 영향을 주었다. 샤리크 하산과 맷 퍼랄트도 귀중한 피드백을 주었다.

이 책은 여러 기관의 지지 없이는 나오지 못했을 것이다. 카네기 재단, 구겐하임 재단, 러셀 세이지 재단, 국립과학재단은 연구를 재정적으로 지원해 주었다. 듀크 대학 교무처는 양극화 연구실을 운영할 수 있도록 종자 기금을 마련해 주었다. 듀크 대학의 사회 과학 연구 기관, 사회학부, 듀크의 인포메이션 이니셔티브는 연구실 공간을 마련해 주고 연구에 필수적인 통계적 자료를 지원했다. 고요한 도시라는 뜻을 가진 라 세레니시마La Serenissima*가 진척을 늦출 때도 있었지만, 이 책을 집필할 수 있도록 고요한 공간을 마련해 준 베니스 국제대학에 감사한다. 책의 메시지를 다듬고 플랫폼에서 양극화에 대응하는 방법을 날카롭게 전달하도록 조언을 아끼지 않은, 소셜 미디어 기업 동료들과 친구들에게도 감사의 말을 전한다. 맷 샐가닉과 공동 설립한 하계 전산 사회 과학 연구소는 훌륭한 인큐베이터로 남았다. 그곳에서 매년 나는 전산 사회 과학 분야의 명석한 젊은이들을 만날 행운을 누렸고, 많은 젊은 학자들이 이 책의 메시지를 효율적으로 전달하는 일을 도왔다.

끝으로 연구에 참가한 수천 명의 사람들에게 감사의 말을 전한다. 우리를 신뢰하여 정치적 신념과 삶의 사적인 부분에 관한 민감한 정보를 공유해 주었기에 이 책을 집필하는 영광을 누릴 수 있었다. 너무나 많은 축복으로 가득한 삶에서 내 멋진 친구들과 가족에게 가장 깊은 감사를 전한다. 끝없이 영감을 주고 나와 함께 웃고 나를 응원하는 가족과 친구들을 위해서, 그리고 온라인 세상을 조금이나마 나은 곳으로 만들기 바라는 희망에서 이 책을 집필했다.

---

*   베니스를 부르던 이름.

주석
참고문헌
찾아보기

주석

1장 반향실의 **전설**

1. 연구 과정에서 면담한 모든 사람의 이름은 개인정보를 보호하기 위해 가명으로 적었다. 필요할 때는 지역, 직업, 가족 수와 같은 인구 통계학적 정보를 수정해 정보 보호를 한 단계 강화했다. 이 책 전반에 걸쳐 소개한 이들의 이야기는 여러 심층 면담, 두 차례의 온라인 설문, 참여자들의 소셜 미디어와 온라인에 공개된 정보와 설문조사 기관에서 제공한 지역성에 관한 추가적인 정보를 바탕으로 만들어졌다. 공개된 소셜 미디어 계정에서 참여자들이 게시한 내용을 인용할 때는 개인정보를 보호하기 위해 문장을 다르게 표현하거나 요약한 후 책에 실었다. 한 참여자의 사례를 예로 들자면, 우리는 그의 소셜 미디어에서 인용한 문장의 단어들을 모두 동의어로 바꿔 검색해도 찾을 수 없도록 했다. 데이브 켈리와 같은 소셜 미디어 유저의 이야기를 만드는 데 사용한 연구법 설명은 부록을 참고하라.

2. 이 소제목을 다음 책에서 빌려왔다. Guess et al., *Avoiding the Echo Chamber about Echo Chambers.*

3. 이 책에서 나는 일반적으로 미국의 공화당과 연관 짓는 원칙은 '보수', 민주당과 관련된 원칙은 '진보'라는 단어로 나타냈다. 그 과정에서 보수와 진보의 사상적 체계가 두 정당과 정확하게 일치하지 않으며, 국제적인 맥락에서는 더욱 모호하다는 사실을 알았다. 국제적인 맥락에서 '진보적'이라는 용어는 자유방임주의적 경제 정책에 대한 선호의 의미로 쓰일 때가 많았다. 책 후반부에서 사상 측정 기준과 정당 충성도의 불일치에 관해 자세하게 다룰 예정이다.

4. 반향실이라는 용어는 원래 1930년대에 넓은 공간에서 이야기하는 효과를 내기 위

해 오디오 공학에서 사용된 방법을 의미했다. 2장에서 자세하게 설명하겠지만 세계 대전이 두 차례 발발하고 난 후 집단 사고와 선전에 관심이 높아지면서, 20세기 중반부터 사회 과학자들은 사회 관계망이 정치적 신념을 형성하는 현상을 연구했다. 해럴드 라스웰, 폴 라자스펠드, 엘리자베스 노엘 노이만, 버나드 베렐슨, 로버트 머튼 같은 학자들은 사회적 관계에서 무리를 조성하는 행동이 같은 종류의 정보에 지속적으로 노출되도록 하는 현상에 관심을 두었다. 라스웰과 노엘 노이만은 대중 매체의 영향에 주목한 반면, 라자스펠드와 머튼은 대중 매체와 개인을 연결하는 중간 경로, 즉 사회적 관계망을 구체적으로 조사했다. 라자스펠드는 대중 매체가 보도하는 선거와 여론에 관한 메시지가 사람들 사이의 대화에서 퍼지는 정도를 추적해 학계에 크게 영향을 미쳤다. 당시 미디어가 미치는 영향에 관한 우세한 이론과는 달리, 라자스펠드는 뉴스, 텔레비전 프로그램, 라디오가 대중에게 의견을 주입하는 주사기가 아니라는 사실을 밝혀냈다. 그들은 오히려 정치에 관심이 많고 뉴스에 집중하는 소수 집단을 통해 대중 매체가 간접적으로 영향 미친다는 사실을 발견했는데, 그런 여론 주도층은 대중 매체의 메시지에 아주 비판적일 때가 많다고 한다. 그렇기는 해도 대중 매체는 여론 주도층의 논쟁 주제를 종류를 결정하는 경향이 있다. 대중 매체의 간접적인 영향에 관한 중요한 사실이 드러나면서 사회적 관계망이 형성되는 과정, 특히 자신과 비슷한 생각을 하는 사람을 찾는 경향(동종 선호로 알려진 개념으로 2장에 더욱 자세하게 다룬다)에 관한 폭넓은 연구가 시작되었다. 자세한 내용은 다음을 참고하라. Lazarsfeld, Berelson, and Gaudet, *The People's Choice; Katz and Lazarsfeld, Personal Influcence.* 이 연구의 역사적 개관은 다음을 참고하라. *Katz, Communications Research since Lazarsfeld.*

5. 다음을 참고하라. Key, *The Responsible Electorate.*

6. 1980년대까지만 해도 몇몇 미디어 대기업이 미국의 전국적인 뉴스를 장악했다. 당시 두 정당 지지자들 모두가 매체를 시청했기에 대중 매체는 공공연하게 한 정당에 치중된 보도를 피했다. 1980년대 기술의 변화로 24시간 방영하는 작은 규모의 케이블 뉴스와 라디오 방송이 시청자들을 유인할 기회를 잡으면서 뉴스 시장은 세분화되었다. 전과 달리 새로운 미디어들은 소수 시청자를 확보하기 위해 당파적인 태도를 노골화해 유인했다. 미국 대중 매체의 양극화를 형성한 역사적 영향력에 관한 논의는 다음을 참고하라. Starr, *The Creation of the Media*; Prior, *Post-Broadcast Democracy* and "Media and Political Polarization"; Peck, *Fox*

Populism; Berry and Sobieraj, *The Outrage Industry*; Sobieraj and Berry, "From Incivility to Outrage"; Arceneaux and Martin Johnson, *Changing Minds or Changing Channels?*

7. 다음을 참고하라. Kull, Ramsay, and Lewis, *Misperceptions, the Media, and the Iraq War*. 편파적 보도가 시청자의 정치관에 미치는 영향에 관한 폭넓은 논의는 다음을 참고하라. Levendusky, *Why Do Partisan Media Polarize Viewers?*

8. 다음을 참고하라. Eady et al., *How Many People Live in Political Bubbles on Social Media?*, 18.

9. 선스타인의 저서 『Republic.com』을 참고하라. 정보 통제자가 없는 소셜 미디어에서 무례한 정치 유세가 확장되는 상황에 관한 설명은 다음을 참고하라. Berry and Sobieraj, *The Outrage Industry*.

10. 패리저의 『생각 조종자들』을 참고하라.

11. 다음을 참고하라. Messing, and Adamic, *Exposure to Ideologically Diverse News and Opinion on Facebook*.

12. 바르베라의 연구 〈Birds of the Same Feather Tweet Together〉를 참고하라. 이 연구의 한 가지 한계는 트위터 유저들이 공유한 메시지의 의도를 고려하지 않았다는 점이다. 유저는 비난의 의도로 메시지를 리트윗했을 수 있다. 또한 7장에서 다루었듯, 최신 자료는 소셜 미디어, 적어도 트위터에서 보이는 반향실 현상이 과장되었다는 사실을 드러낸다. 다음을 참고하라. Eady et all., *How Many People Live in Political Bubbles on Social Media?*, 18; Barberá, *Social Media, Echo Chambers, and Political Polarization*.

13. 다음을 참고하라. Shearer, *Social Media Outpaces Print Newspapers in the U.S. as a New Source*.

14. 와츠의 『상식의 배반』(생각연구소, 2011)을 참고하라.

15. 소셜 미디어 반향실을 연구하면 방법론적 어려움을 수없이 직면하게 된다. 첫째, 반향실 현상은 개인적 차원이 아니라 집단에서 일어나는 과정이므로, 단순히 많은 사람의 데이터만 수집한다고 되는 것이 아니라 사람들이 서로 어떻게 연결되어 있는지도 알아야 한다. 사회 과학자들의 도구 중에서 일반 기법(무작위로 추출한 개인정보로 큰 집단의 결과까지 추론하는 여론조사)만 사용한다면 개인을 연결하는 사회적 연결망은 드러나지 않는다. 사회적 관계망은 반향실 연구의 중요한 단서인 데다 주변의

206   소셜 미디어 프리즘

영향으로 만들어진 개인 의견은 통계적 추론의 가설에 혼선을 주므로, 사회적 관계망이 개인 신념을 형성하는 과정을 분리하는 것이 중요하다. 네트워크 자기상관 문제에 관한 정보는 다음을 참고하라. Dow et al., *Galton's Problem as Network Autocorrelation*. 이런 현상이 공론에 미치는 영향에 관한 논의는 다음을 참고하라. Leenders, *Modeling Social Influence through Network Autocorrelation*; Friedkin and Johnsen, *Social Influence Network Theory*; Klar and Shmargad, *The Effect of Network Structure on Preference Formation*. 둘째, 반향실은 개인 의견뿐 아니라 세계관을 형성하기도 한다. 즉 우리가 주변 세계를 해석할 때 당연하게 여겨지는 신념 그리고 정의나 현실과 같은 중요한 사항을 판단하는 기준을 형성한다. 이런 유의 신념 체계는 일반적인 여론조사로 측정하기 어렵다. 다음을 참고하라. Bourdieu, *Public Opinion Does not Exist*. 마지막으로 반향실 개념을 평가하기 위해서는 시간이 지남에 따라 이런 세계관이 어떻게 영향을 받는지 관찰해야 하는데, 종적 여론조사는 시행하기 어려운 데다 연구 자금도 많이 필요하다. 정리하자면 큰 집단의 세계관을 여러 시기에 걸쳐 조사해야 하므로 반향실은 까다로운 연구 주제다.

16. 컴퓨터Computational 사회 과학 분야의 개요는 다음을 참고하라. Lazer, Pentland, et al., *Computational Social Science*; Golder and Macy, *Digital Footprints*; Bail, *The Cultural Environment*; Salganik, *Bit by Bit; Edelmann et al., Computational Social Science and Sociology*. 컴퓨터 사회 과학 실험이 긍정적인 행동을 이끈 사례는 다음을 참고하라. Bond et al., *A 61-Million-Person Experiment in Social Influence and Political Mobilization*; Cameron et al., *Social Media and Organ Donor Registration*.

17. 다음을 참고하라. Kosinski, Stillwell, and Graepel, *Private Traits and Attributes Are Predictable from Digital Records of Human Behavior*.

18. 코신스키 팀은 페이스북의 미국 유저 5만 8366명을 모집해 마이퍼스널리티 myPersonality라는 애플리케이션을 설치하도록 요청해, 플랫폼에서 '좋아요'를 누른 게시물로 추론한 유저 성격 분석 정보를 보냈다. 연구자들에 따르면 유저는 연구에 참가하기로 동의했지만 조항에 어떤 정보를 공유할 것인지 구체적으로 명시하지 않았다. 당시에 만들어진 대다수 앱과 마찬가지로 페이스북 응용 프로그래밍 인터페이스로(유저들에게 동의를 받았다고 가정하고) 개인정보를 수집했다. 이 인터페이스

는 유저 데이터를 수집하고, 유저의 친구(이를테면 친구의 이름, '좋아요'를 누른 페이지, 생일, 거주 도시 등)에 관한 기본 정보를 알아내는 데 사용되었다. 연구를 마치고 나서 (또한 기업이나 정부가 특정 집단을 겨냥하는 데 정보를 사용할 수 있다는 위험을 경고하고 나서) 코신스키는 공개적으로 데이터를 발행했다. 다른 연구자들이 데이터를 구할 수 있어야 연구의 타당함이 보장되고 연구 결과를 확장할 수 있으므로 사회 과학에서는 일반적인 일이었다. 하지만 2018년 8월 페이스북은 연구자들이 데이터 감사에 응하지 않고 "별다른 보호 조치 없이 연구자들 및 기업과 정보를 공유했다"는 이유로 앱의 사용을 금지했다. 다음을 참고하라. Archibong, *An Update on Our App Investigation.* 현재는 이 데이터에 정보를 제공한 참가자 목록을 알 수 없지만 마이퍼스널리티 앱은 전산 사회 과학에 사용된 연구가 비학문적인 목적으로 사용될 수 있다는 우려 확산의 시작점이 되었다. 정치 컨설팅 기업 케임브리지 애널리티카 또한 온라인 크라우드 소싱 사이트인 아마존 메커니컬 터크Amazon Mechanical Turk의 직원들을 고용해, 특정 집단을 겨냥하는 데 사용할 데이터를 만들어내기 위해 코신스키 팀이 만든 것과 비슷한 앱을 제공했다는 사실로 비난받았다. 다음을 참고하라. Weissman, *How Amazon Helped Cambridge Analytica Havest Americans' Facebook Data.* 소셜 미디어 데이터를 이용한 연구 윤리에 관해서는 다음을 참고하라. Salganik, Bit by Bit.

19. 다른 연구에서 코신스키는 특정 집단을 겨냥한 광고가 클릭과 광고 시청 횟수를 늘린다고 발표했다. 다음을 참고하라. Matz et al., *Psychological Targeting as and Effective Approach to Digital Mass Persuasion.* 하지만 7장에 언급했듯, 그런 캠페인이 투표의 결과를 대규모로 바꾼다는 이론에 회의적인 사회 과학자들이 많다. 다음을 참고하라. Eckles, Gordon, and Johnson, *Field Studies of Psychologically Targeted Ads Face Threats to Internal Validity.* 특정 집단을 겨냥하는 캠페인이 정치에서 자리를 잡지 못한 데다, 메타분석의 결과를 보면 대다수 정치 캠페인의 영향은 큰 차이를 주지 못했기 때문이다. 다음을 참고하라. Kalla and Broockman, *The Minimal Persuasive Effects of Campaign Contact in General Elections.*

20. 소셜 미디어 사이트의 데이터와 디지털 데이터가 인간 행동의 전체 기록을 보여주지 못한다는 논의에 관해서는 다음을 참고하라. DiMaggio, Hargittai, et al., *Social Implications of the Internet*; Hargittai, *Whose Space* and *Potential*

Biases in Big Data; boyd and Crawford, *Critical Questions for Big Data*; Bail, *The Cultural Environment*; Tufekci, Big Data; Freelon, *On the Interpretation of Digital Trace Data in Communication and Social Computing Research.*

2장 반향실을 **부술 수는 없을까**

1. 다음을 참고하라. Tucker Higgins, *Trump Declares without Evidence That 'Criminals and Unknown Middle Easterners Are Mixed In' with Migrant Caravan Making It's Way from Honduras.*

2. 다음을 참고하라. ESPN Internet Ventures, *2016 Election Forecast.*

3. 다음을 참고하라. Westwood, Messing, and Lelkes, *Projecting Confidence.*

4. 다음을 참고하라. Lazarsfeld, Berelson, and Gaudet, *The People's Choice*; Katz and Lazarsfeld, *Personal Influence*, Merton, Lowenthal, and Curtis, *Mass Persuation*; Merton and Lazarsfeld, *Studies in Radio and Film Propaganda*. 동종 선호에 관한 최근 통합 연구는 다음을 참고하라. Mcpherson, Smith-Lovin, and Cook, *Birds of a Feather.*

5. 다음을 참고하라. Lazarsfeld and Merton, *Friendship as Social Process*, 22.

6. 사회 과학 분야의 현장 실험에 관한 포괄적인 개요는 다음을 참고하라. *Field Experiments: Design, Analysis, and Interpretation.*

7. 페이스북은 타인의 감정에 노출된 사람들이 더 감정적으로 변하는지를 조사한 대규모 연구에 참여했다는 이유로 비난받았다. 코넬 대학 연구팀은 페이스북 유저 68만 9003명이 참가한 실험을 진행했다. 연구자들은 게시물 순서를 결정하는 알고리즘을 수정해, 참가자 절반에게 긍정적이거나 부정적인 감정이 드러나는 콘텐츠를 먼저 보여줬다. 그다음 처리집단 유저들이 감정적인 언어를 사용하는 빈도를 측정해 소셜 미디어 피드가 바뀌지 않은 통제집단 유저와 비교했다. 그들은 감정의 확산을 보여주는 확실한 증거를 발견하지 못했지만 페이스북 유저들에게 실험에 참가하지 않을 자유를 주지 않았다는 이유로 큰 비판을 받았다. 다음을 참고하라. Kramer, Guillory, and Hancock, *Experimental Evidence of Massive-Scale Emotional Contagion through Social Network*. 논란에 관한 자세한 내용은 다음을 참고하

라. Salganik, *Bit by Bit*.

8. 인터넷 연구 에이전시의 소셜 미디어 캠페인이 정책 입안자, 전문가, 미디어의 시선을 끈 것은 사실이지만 여론에 얼마나 영향을 미쳤는지는 충분히 연구되지 않았다. 7장에 소개했듯, 동료들과 내가 진행한 연구는 인터넷 연구 에이전시와 관련된 트위터 계정에 노출되어도 정치적 태도나 행동 변화의 6가지 측정 기준에 영향을 주지 않는다는 결과를 보였다. 다음을 참고하라. Bail, Guay, et al., *"Assessing the Russian Internet Research Agency's Impact on the Political Attitudes and Behaviors of American Twitter Users in Late 2017*.

9. 최근 몇 년, 봇을 이용한 사회 과학 연구가 급속도로 증가했다. 어떤 학자들은 참여자들이 온라인 협력 과제를 수행하며 봇과 상호작용하는 연구를 시행해 새로운 협업의 역학을 연구했다. Shirado and Christakis, *Locally Noisy Autonomous Agents Improve Global Human Coordination in Network Experiments*; Traeger et al., *Vulnerable Robots Positively Shape Human Conversational Dynamics in a Human-Robot Team*; Jahani et al., *Exposure to Common Enemies Can Increase Political Polarization*. 우리 연구와 마찬가지로 일상생활에서 봇을 사용한 연구자도 있다. 정치학자 케빈 멍거는 봇을 사용해 소셜 미디어에서 인종차별적 언어를 검열하는 데 피부색이 미치는 영향을 연구했다. 그는 어두운 피부색을 가진 아바타 봇보다 밝은 피부색의 아바타 봇이 인종차별적 언어를 쓰지 않도록 사람들을 설득하는데 영향력이 있다는 사실을 발견했다. *Tweetment Effects on the Tweeted*. 봇을 사용한 새로운 영역의 연구 개괄은 다음을 참고하라. Rahwan et al., *Machine Behaviour*.

10. 우리 연구 설계의 한계에 관해 적혀 있다. Bail, Argyle, et al., *Exposure to Opposing Views on Social Media Can Increase Political Polarization*. 우리 연구는 자기 자신을 민주당 또는 공화당 지지자라고 밝히며 트위터를 자주 사용하는 사람을 대상으로 조사했으므로, 미국 전체 인구 또는 모든 소셜 미디어 플랫폼을 대표하지 못한다. 우리 연구의 표본과 미국 인구를 비교 조사한 방법 그리고 연령대가 미치는 영향을 평가하기 위해 사용한 통계 기법은 이 책의 부록 또는 다음을 참고하라. Bail, Argyle, et al., *Exposure to Opposing Views on Social Media Can Increase Political Polarization*.

11. 다음을 참고하라. Barberá, *Birds of the Same Feather Tweet Together*.

12. 참여자 중 실험 봇과 소통한 사람이 있으므로 봇의 이름을 밝힐 수는 없다. 특히 새로운 기계 학습 방법은 데이터를 메타데이터로 연결할 수 있으므로 참여자들의 개인정보가 유출될 위험이 있다.

13. 순응도를 측정하는 우리 연구 전략의 한계점은 결과의 외적 타당도를 포기했다는 점이다. 다시 말해 연구 결과는 일반적으로 특정 트윗에 노출되었을 때가 아니라, 사람들이 상대 정당의 트윗을 봄으로써 금전적으로 보상받았을 때 나타나는 결과를 보여준다. 금전적 보상을 하지 않고 실험을 진행했다면 상대 정당의 메시지를 무시했을 가능성이 크다.

14. 다음을 참고하라. Landsberger, *Hawthorne Revisited*.

15. 사람들의 견해에 영향을 주려 했던 이전 연구들은 연구자를 '속였을' 가능성이 있다. 특히 소위 역효과 현상에 관한 유명한 연구에 참여했던 보수주의 학생들 사례를 보라. 다음을 참고하라. Wood and Porter, *The Elusive Backfire Effect*.

16. 표면상 관련 없는 이 설문은 참여자들이 사전 처리 설문과 처리 조건을 연관 짓지 못한다면 사후 처리 설문에서 과장하여 대답하지 않으리라는 가정 아래 설계되었다. 자세한 사항은 다음을 참고하라. Broockman and Kalla, *Durably Reducing Transphobia*.

17. 한 달 동안 노출된 후, 민주당 봇을 팔로우한 공화당 지지자들은 사상적 일관성 척도에서 표준편차 0.11~0.59로 보수주의적 사상이 증가했다. 사회 과학의 다른 현장실험과 비교했을 때 처리 효과의 상당한 변화를 보여준다.

18. 다음을 참고하라. Q. Yang, Qureshi, and Zaman, *Mitigating the Backfire Effect Using Pacing and Leading*.

19. 2020년 연구에서 노스웨스턴 대학 수학자들은 에이전트 기반 모델링(연구자들이 인공적인 사회를 창조해 사회적 소통에서 나올법한 가능한 결과를 모의 실험하는 기법)을 사용해 우리 연구 결과의 공식적인 증거를 밝혔다. 다음을 참고하라. Sabin-Miller and Abrams, *When Pull Turns to Shove*. 한편 예일 대학의 경제학자 로이 레비가 진행한 최근 연구는 이 주제는 한층 복잡하다고 말했다. 다음을 참고하라. Levy, *Social Media, New Consumption, and Polarization*. 레비는 페이스북 유저 대상으로 설문을 시행하고 무작위로 처리집단을 지정해 페이스북의 보수 또는 진보 뉴스를 구독해달라고 요청했다. 매체는 MSNBC, 〈폭스뉴스〉와 같은 유명한 뉴스 기관 여덟 군데를 포함했지만 우리 봇이 리트윗한 다양한 여론 주도층, 지지 단체, 전

문가는 포함하지 않았다. 그런 기관에 '좋아요'를 누르기로 동의하고 피드에서 메시지를 받은 사람들은 정치적 견해를 눈에 띄게 바꾸지 않았다. 하지만 처리집단은 상대 정당을 향해 아주 약간 긍정적인 태도를 얻었다(측정 범위 0~100 중 0.58~0.96). 레비가 경고했듯, 이 결과는 신중하게 해석해야 한다. 상대 정당의 뉴스를 팔로우하는 데 동의한 처리집단보다 통제집단이 후속 설문에 응할 확률이 높기 때문이다. 그러므로 실험에 끝까지 남은 사람들은 처음부터 참을성이 강한 사람들일 가능성이 높다.

20. 집단 간 접촉이 경쟁 집단의 긴장감을 줄인다는 이론은 하버드 대학의 사회 심리학자 고든 올포트가 연구한 뒤로 인기를 얻었다. 고든 윌러드 올포트의 『편견』(교양인, 2020)을 참고하라. 올포트는 모든 형태의 접촉이 집단 간 편견을 줄인다고 주장하기보다는, 긍정적 효과를 내기 위해 지켜야 할 필수적인 조건을 정리했다. 예를 들면 경쟁 집단의 구성원은 비슷한 사회적 지위와 공통된 목표를 지니고 기관이나 정부의 지지를 받아야 한다는 조건이 요구된다. 사회학자 허버트 블루머는 이런 조건이 없을 때 사람들은 집단이 위협을 받는 효과를 경험하고 상대 집단 구성원들을 위협 또는 사회적·경제적 경쟁자로 보게 된다고 주장했다. 다음을 참고하라. *Race Prejudice as a Sense of Group Position*, 3-7. 다른 학자들이 지적했듯, 접촉과 집단 위협 가설은 양립하므로 두 이론 모두 집단 간 접촉의 결과를 결정할 때 더 넓은 사회적 환경의 중요성을 강조한다. 다음을 참고하라. Bobo and Fox, *Race, Racism, and Discrimination.*

21. 2006년, 사회 심리학자 토머스 페티그루와 린다 트롭은 집단 간 접촉과 편견의 관계에 관한 515건 연구를 메타 분석했다. *How Does Intergroup Contact Reduce Prejudice?*. 그 결과 94퍼센트 연구에서 접촉의 긍정적 효과를 보여주는 증거가 발견되었고 연구 설계가 엄격할수록 효과는 컸다. 또한 연구자들은 집단 간 접촉이 외집단의 개별적 구성원을 넘어 다른 구성원들에게도 영향을 미치며, 고든 올포트의 기존 연구에서 나열한 조건을 모두 충족하지 않아도 편견이 줄었다는 결과를 보고했다. 하지만 페티그루와 트롭의 메타 분석은 대부분 실험실에서 진행된 것들이었다. 최근 메타 군나르 렘머와 울리히 바그너가 실행한 메타 분석은 2015년 이전 실험실 밖에서 진행된 집단 간 접촉에 관한 모든 연구를 조사했다. *Can We Really Reduce Ethnic Prejudice outside the Lab?* 그들 또한 집단 간 접촉의 긍정적인 효과가 지속하였음을 보고했다. 하지만 최근 몇십 년 동안, 앞서 언급한 집단 위

협 가설에 근거를 두는 연구도 아주 많아졌다. 다음을 참고하라. Riek, Mania, and Gaertner, *Intergroup Threat and Outgroup Attitudes*. 정치학자 라이언 이너스는 보스턴 도시권에서 집단 위협을 연구하기 위해 배우들을 고용해 몇 달간 통근 열차에서 스페인어를 사용하게 하고 반응을 살피는 현장 실험을 진행했다. *Casual Effect of Intergroup Contact on Exclusionary Attidues*. 그는 이 배우들과 함께 열차를 탄 처리집단이 통제집단보다 이민자를 배척하는 태도로 바라본다는 사실을 알았다.

22. 오래도록 학자들은 다른 견해를 지닌 사람들에게 노출되는 상황이 정치적 참여와 입장에 어떤 영향을 주는지 논쟁을 벌여왔다. 이 상관관계는 폴 라자스펠드 팀이 처음으로 논의한 주제인데, 정치학자 다이애나 머츠가 『Hearing the Other Side』에서 한층 체계적으로 분석했다. 머츠는 상대편 견해를 노출하는 방법은 정치적 견해를 온건하게 하지만 정치 참여를 줄일 수도 있다는 사실을 발견했다. 최근에 7만 명이 넘는 참여자를 조사한 48건의 실증 연구를 대상으로 진행한 메타 분석은 교차적 노출과 정치 참여 사이에 유의미한 연관성이 없다고 밝혔다. 다음을 참고하라. Matthes et al., *A Meta-Analysis of the Effects of Cross-Cutting Exposure on Political Participation*. 한편 로버트 헉펠트는 동종 선호에 중점을 두고 정치적 불일치가 생기는 조건들을 연구했는데(*Political Disagreement*), 양당 지지자의 접촉이 의견 불일치와 연관되며 불일치 정도는 관계망 안에서 사회적 거리가 멀수록 커진다는 사실을 증명했다. 집단 간 긴장을 줄이기 위한 양당 지지자 간 접촉의 중요성은 미국 양극화를 주제로 한 민족지학적 연구에서도 찾아볼 수 있다. 혹실드의 『자기 땅의 이방인들』, 클라이넨버그의 『도시는 어떻게 삶을 바꾸는가』 참고.

23. 역효과 현상은 20세기 중반에 처음으로 보고되었다. 다음을 참고하라. Lazarsfeld, Berelson, and Gaudet, *The People's Choice; and Lord and Lepper, Biased Assimilation and Attitude Polarization: The Effects of Prior Theories on Subsequently Considered Evidence*. 초기 연구를 기반으로 정치학자 브렌던 나이헌과 제이슨 라이플러는 피험자들에게 오해의 소지가 있는 신문기사, 이를테면 이라크의 독재자 사담 후세인이 2003년 미국의 이라크 침공 전에도 핵무기를 보유했다는 기사를 읽게 한 후, 피험자 중 절반에게는 교정된 기사를 다시 보여주었다. 교정된 정보를 본 공화당 지지자들은 그러지 않은 사람들보다 후세인이 원래 핵무기를 보유했다고 생각하는 확률이 훨씬 높았다. 다양

한 설정에서 이 결과를 마주했는데, 자폐 범주성 장애의 원인이 아이들 백신에 자주 쓰이는 티메로살 성분에 있다는 주장, 버락 오바마가 이슬람교도라는 주장 역시 교정된 정보를 본 사람들이 오히려 오보를 믿는 경향을 보였다. 다음을 참고하라. Nyhan et al., *Effective Message in Vaccine Promotion; and Berinsky, Rumors and Health Care Reform*). 하지만 정치학자 토머스 우드와 이선 포터가 역효과 현상을 관찰하기 위해 온라인 설문에 참가한 피험자들을 대상으로 시행한 연구(*The Elusive Backfire Effect*)에서는 역효과 현상을 찾아보기 어려웠다. 정치학자 앤드루 게스와 알렉산더 코폭 역시 비슷한 후속 연구에서 이런 현상을 발견하지 못했다. 다음을 참고하라. Guess and Coppock, *Does Counter-Attitudinal Information Cause Backlash?*

24. 초기 역효과 현상 연구는 원인을 정확하게 파악하지 못했다. 어떤 학자들은 우리 신념과 모순되는 상황에 부딪혔을 때 분노하거나 두려워한다는 이론인 동기화된 추론이라는 개념을 끌어와 설명한다. 분노를 느끼면 우리는 감정을 정당화하는 환경 내에서 정보를 찾거나 우리 주장을 입증하는 사실을 막무가내로 찾는다. 두 경우 모두 우리는 결국 교정적 정보에 반대하는 이유들을 찾게 된다. 동기화된 추론의 개념은 이스라엘의 사회 심리학자 지바 쿤다(그는 역사 퀴즈 게임에 참여할 피험자들을 모집해 실험하기도 했다)가 대중화했으며, 그는 사람들이 기존 관점을 강화하기 위해 옳음의 정의까지도 바꾼다고 했다(*The Case for Motivated Reasoning*). 이 개념은 후에 법률학자 댄 카핸이 정치의 영역까지 확장했다. 그는 민주당과 공화당 지지자들이 수학 문제의 답까지 정치적 신념과 일치하게끔 바꾼다는 사실을 보였다(*Ideology, Motivated Reasoning, and Cognitive Reflection*). 흥미롭게도 이 과정은 신경학적으로도 증거를 찾을 수 있다. 심리학자 드루 웨스턴은 2004년 대선 동안 30명의 공화당과 민주당 지지자들을 기능적 자기공명영상 기계 안에서 관찰하는 실험을 시행했다(*Neural Bases of Motivational Reasoning*). 피험자가 지지하는 후보자의 메시지를 비판하는 정보를 보여주자 뇌에서 감정을 주관하는 부분이 활동하는 반면, 냉철함을 담당하는 이성은 마비되었다. 역효과 현상이 일시적일 뿐이라는 이론도 존재한다. 교정적 정보를 반복해서 보면 잘못된 신념을 점점 바꿔나가는 과정, 즉 베이즈 정리를 거칠 수도 있다. 정치학자 세스 J. 힐의 최근 논문은 대선 후보자들에 관한 교정적 정보를 보여줌으로써 양당 지지자들의 견해가 바뀌었다는 증거를 제시한다(*Learning Together Slowly*).

25. 우리 실험 봇이 리트윗한 메시지 중 오해를 살 만한 내용이 있긴 하나 대부분은 정확한 정보를 전달하는 메시지였다. 상대 정당과 더 관련이 있으므로 평소에 자주 접하지 않은 정보도 있었을 것이다. 예를 들면 진보 봇을 팔로우한 보수주의자는 인종차별과 기후 변화에 관한 메시지를 더 봤을 테고 보수 봇을 팔로우한 진보주의자는 경찰을 공격한 사건에 관한 정보를 더 봤을 것이다. 이런 메시지는 사람들의 오해를 교정하기 위해 만들어진 정보와 매우 다르다. 우리 연구의 참여자들은 잘난 척하는 전문가들에게 자신들의 견해가 틀렸다는 말을 듣지 않았다. 그 대신 일상생활에서 장기간 다양한 인사들의 주장에 노출되었다.

26. 이 문제에 관한 자세한 내용은 다음을 참고하라. Gross and Niman, *Attitude-Behavior Consistency*; 하이트, 『바른 마음』(웅진지식하우스, 2014) *Vaisey, Motivation and Justification*; and Jerolmack and Khan, *Talk Is Cheap*.

27. 이 연구에서 사용한 기법에 관해서는 부록의 '질적 연구 봇 실험'을 참고하라.

28. 질적 연구의 결과(목표는 연역적으로 사회적 과정을 확인하기보다 귀납적으로 새로운 과정을 찾는 것이었다)를 보고할 때면 연구의 넓이와 깊이 사이의 균형을 잡기 위해 고민하기 마련이다. Tavory and Timmermans, *Abductive Analysis*. 수많은 면담자의 공통점을 제시할 수도 있고(중요한 세부 사항을 희생해야 할 수도 있다) 몇몇 사례만 선택해 깊이 있게 다룰 수도 있다. 3장에서 소수 사례만 다룬 이유는 다음과 같다. 첫째, 거시적 관점은 이미 이전 연구에 정립해놓았다. 둘째, 종적 면담은 시간이 거듭됨에 따라 사회적 과정에 관한 중대한 자료를 제공한다. 따라서 거시적 설명을 반복하기보다 미시적 관점으로 연구를 심화했다.

3장 반향실을 부수면 **어떻게 될까**

1. 다음을 참고하라. Converse, *The Nature of Belief Systems in Mass Publics* (1964). 정치적 무관심이 여론을 형성하는 방식에 관한 논의는 다음을 참고하라. Zaller, *The Nature and Origins of Mass Opinion*.

2. Eliasoph, *Avoiding Politics*.

3. 7장에서 논의했듯, 4분의 3에 이르는 미국인(18~29세는 10명 중 9명)은 적어도 하나의 소셜 미디어를 이용한다. Perrin and Anderson, *Share of U.S. Adults Using*

Social Media, Including Facebook, Is Mostly Unchanged since 2018.

4. 한 연구에 따르면 패티와 마찬가지로 2012년에는 오바마에게, 2016년에는 트럼프에게 표를 던진 사람들은 대학을 졸업하지 않은 백인이며 이민이나 인종 불평등에 다소 부정적인 태도를 취하는 사람이 다수였다. 다음을 참고하라. Sides, Tesler, and Vavreck, *Identity Crisis.*

5. CEO를 바라보는 패티의 관점 역시 진보적으로 변했다. 첫 면담에서도 CEO가 벌어들이는 돈이 너무 많다고 했지만 두 번째 면담에서는 구체적으로 비판했다. "CEO는 지나치게 많은 돈을 가져가요. 바로 아래에서 일하는 사람들과 비슷하게 받아야죠. 높은 지위에 올라갔으니 다른 사람보다 자신이 낫다며, 해서는 안 될 일까지 하는 경영자들이 많아요. 돈을 하도 많이 버니까 모든 영역의 지도자라도 된 양 생각하잖아요. 글쎄, 혼자의 힘으로 그 자리까지 올라갈 수 있었을까요? 다른 사람들에게 고마워하고 나눌 줄도 알아야 합니다."

6. 정치학자 존 잴러는 여론에 관한 유명한 저서(*The Nature and Origins of Mass Opinion*)에서 대다수 미국인이 정치 관여도가 낮으며 패티와 마찬가지로 몇 가지 문제에 관해서만 강한 견해를 보인다고 말한다. 여러 영역의 문제를 자세하게 논할 수 있는 사람은 소수다. 잴러는 정치적으로 타인을 설득할 일은 드물지만, 활발하게 정치에 관심을 두는 사람을 대상으로 그들이 집중하는 특정 주제를 공략할 때 설득할 가능성이 있다고 주장한다.

7. 참여자가 본인 견해를 자세하게 설명한 것은 우리 연구팀과 관계를 형성해 목소리를 내기가 편해진 결과라고 해석할 수도 있다. 하지만 가능하면 첫 면담과 두 번째 면담에 다른 진행자를 배치했으며, 처리집단과 달리 통제집단(봇을 팔로우하지 않은 집단)에서는 의미 있는 변화를 관찰하지 못했으므로 이 해석은 타당성이 낮다.

8. 소셜 미디어 사용과 정치적 활동의 관계에 관해서는 다음을 참고하라. Perrin, *Social Media Usage.*

9. 2016년 페이스북에서 잘못된 정보와 음모론이 퍼진 사건을 조사한 대규모 연구에 따르면 이런 정보는 대체로 정치적 반향실에 갇힌 사람들 사이에서 공유되었다. Del Vicario et al., *The Spreading of Misinformation Online.* 또한 2019년 트위터에서 인터넷 연구 에이전시가 미치는 영향을 조사한 연구에서 동료들과 나는 반향실의 강도가 가장 유력한 예측 변수라는 사실을 발견했다. Bail, Guay, et al., *Assessing the Russian Internet Research Agency's Impact on the Political*

소셜 미디어 프리즘

Attitudes and Behaviors of American Twitter Users in Late 2017.

10. U.S. Customs and Border Protection, *CBP Use of Force Statistics.*

4장 소셜 미디어 **프리즘**

1. 셰리프의 실험과 삶에 관한 이야기는 다음을 참고하라. Perry, *The Lost Boys.*
2. 같은 책 115.
3. 사례는 다음을 참고하라. Tajfel, *Differentiation between Social Groups.*
4. 다음을 참고하라. Brown, *Human Universals.*
5. 관련 연구 개관을 위해 다음을 참고하라. Tajfel, *Experiments in Inter-group Discrimination; Diehl, The Minimal Group Paradigm.*
6. 다음을 참고하라. Mason, *Uncivil Agreement.*
7. 다음을 참고하라. Goodman, *The Republic of Letters.*
8. 다음을 참고하라. Schudson, *Was There Ever a Public Sphere?*
9. 하버마스의 『공론장의 구조변동』(나남출판, 2004)을 참고하라.
10. 사례는 롤스의 『존 롤스 정의론』(쌤앤파커스, 2018)을 참고하라.
11. 관련 연구 개관을 위해 다음을 참고하라. Fishkin and Luskin, *Experimenting with a Democratic Ideal.*
12. 다른 초기 참여자들은 냉소적이었다. 캐스 선스타인이 인터넷과 소셜 미디어의 어두운 면을 경고하기 훨씬 전에, 경영학자 마셜 밴 앨스타인과 에릭 브린올프슨은 사이버상에서 사람들이 작은 집단으로 분열되는 현상을 우려했다(*Electronic Communities: Global Village or Cyberbalkan*s). 그렇지만 의도 자체를 꺾기보다는 정치 참여의 새로운 도구로서 소셜 미디어를 제안한 사람도 있다(다음을 참고하라. Papacharissi, *A Private Sphere*).
13. Levin and Wong, *He's Learned Nothing.*
14. Romm and Dwoskin, *Jack Dorsey Says He's Rethinking the Core of How Twitter Works.*
15. Cohen, *Party over Policy.*
16. 사회학자 폴 디마지오와 연구자들이 종합사회조사기관(General Social Survey)과 미

국 선거연구기관이 20년간 수집한 자료를 분석한 결과, 당시 문화 전쟁을 치르고 있다는 널리 퍼진 믿음에도 1974~1994년까지 미국인들의 양극화가 더 심해지지 않았다. 다음을 참고하라. DiMaggio, Evans, and Bryson, *Have American's Social Attitudes Become More Polarized?* 이후 정치학자 앨런 어브래머위츠와 모리스 피오리나는 양극화가 10년 이상 증가하는 추세를 보이는지에 대해 긴 토론을 치렀다. 다음을 참고하라. Abramowitz and Saunders, *Is Polarization a Myth?*; Fiorina and Abrams, *Political Polarization in the American Public*; and Campbell, *Polarized*. 6장과 8장에서 깊이 다루었지만 주제별 정치 양극화는 심해지지 않았다고 생각하는 학자들이 대부분이다. 오늘날 사회 과학자들 사이에서 사상적 양극화를 설명하는 주된 논거는 정당별 선호 이념으로 설명된다. 즉 복지 같은 중요한 문제를 두고 유권자들이 양극화되는 것이 아니라, 정당이 다양한 유권자를 모두 아우르기 위해 여러 이념을 포용하는 현상이다. 이 주제에 관한 더 자세한 분석은 다음을 참고하라. Baldassarri and Gelman, *Partisans withouth Constraint* and Levendusky, *The Partisan Sort*.

17. Almond and Verba, *Civic Culture Study*.

18. Iyengar, Sood, and Lelkes, *Affect, Not Ideology*.

19. 다음을 참고하라. Boxell, Gentzkow, and Shapiro, *Cross-Country Trends in Affective Polarization*.

20. 혹실드의 『자기 땅의 이방인들』(이매진, 2017)을 참고하라.

21. 하나의 예를 꼽자면 정당 정체성은 투표 행태를 결정하는 가장 중요한 요인으로 간주된다. 다음을 참고하라. Achen and Bartels, D*emocracy for Realists*; Sides, Tesler, and Vavreck, *Identity Crisis*. 많은 사회 과학자들은 정당 충성도를 사회적 정체성의 필수적인 요소로 결론 내렸다. 사례는 다음을 참고하라. Price, *Social Identification and Public Opinion*; Green, *Understanding Party Identification*; 하이트, 『바른 마음』; Huddy, *Group Identity and Political Cohesion*; Gutmann, *Identity in Democracy*; Mason, *Uncivil Agreement*; Huddy, Mason, and Aarøe, *Expressive Partisanship*; and Klar, *When Common Identities Decrease Trust*. 또한 다른 집단 정체성(특히 미국 정치에서 백인과 연관되는 정체성)을 향한 관심이 높아지고 있다. 다음을 참고하라. Jardina, *White Identity Politics*. 정체성이 정치적 양극화를 형성하는 과정에 관한 포괄적인 연구는 다음을 참고하라.

Klein, *Why We're Polarized*.

22. McConnell et al., *The Economic Consequences of Partisanship in a Polarized Era*. 다른 연구는 양당 지지자 모두 금전적 보상이 있어도 자기 정당 입장의 사실 정확성을 평가하기는 꺼린다는 사실을 드러낸다. Peterson and Iyengar, *Partisan Gaps in Political Information and Seeking Behavior*.

23. 다음을 참고하라. Iyengar and Westwood, *Fear and Loathing across Party Lines*; Gift and Gift, *Does Politics Influence Hiring?*

24. 다음을 참고하라. Klar and Krupnikov, *Independent Politics* and Nicholson et al., *The Politics of Beauty*. 정치적 신념이 일치하는 부부가 늘어날 뿐 아니라 세대 내에서 정당 충성도가 전달되는 현상이 증가한다는 사실을 보여주는 연구가 많다. Iyengar, Konitzer, and Tedin, *The Home as a Political Fortress*.

25. 다음을 참고하라. DellaPosta, Shi, and Macy, *Why Do Liberals Drink Lattes?*; Shi et al., *Millions of Online Book Co-Purchases Reveal Partisan Differences in the Consumption of Science*; Hetherington and Weiler, *Prius or Pickup?*; A. Lee, *How the Politicization of Everyday Activities Affects the Public Sphere*; and Klein, *Why We're Polarized*.

26. 사례는 다음을 참고하라. Achen and Bartels, *Democracy for Realists*; Mason, *Uncivil Agreement*; Levendusky, *The Partisan Sort*.

27. 정치적 정체성의 유동성과 상황적 특징에 관해서는 다음을 참고하라. Barth, *Ethnic Groups and Boundaries*; Lamont and Molnár, *The Study of Boundaries in the Social Science*; Wimmer, *The Making and Unmaking of Ethnic Boundaries*; Douglas, *Purity and Danger*; and Huddy, *Group Identity and Political Cohesion*.

28. 사례는 다음을 참고하라. 엘리아스의 『문명화과정 1, 2』(한길사, 2002); 고프먼의 『자아 연출의 사회학』(현암사, 2016); DiMaggio, *Culture and Cognition*; Baumeister and Leary, *The Need to Belong*; and Cikara and Van Bavel, *The Neuroscience of Intergroup Relations*.

29. 다음을 참고하라. Kreiss, Barker, and Zenner, *Trump Gave Them Hope*; Mason, *Uncivil Agreement*.

30. 문화 사회학자와 인류학자는 사람들이 이른바 상징적 경계를 만들고 유지하며 초월

하는 과정을 기록한 자료를 축적해왔다. 이를 검토하려면 다음을 참고하라. Lamont and Molnár, *The Study of Boundaries in the Social Science*; Wimmer, *The Making and Unmaking of Ethnic Boundaries*. 이 이론의 패러다임 사례는 다음을 참고하라. Barth, *Ethnic Groups and Boundaries*; Douglas, *Purity and Danger*; Lamont, *Money, Morals, and Manners*.

31. Cooley, *Human Nature and the Social Order*.

32. 사회 환경에서 다른 사람들의 반응을 인식하는 방법에 따라 우리 정체성을 개발한다는 이론은 쿨리의 연구뿐 아니라 어빙 고프먼의 우리가 스스로 연출하는 방법(*The Presentation of Self in Everyday Life*), 노르베르트 엘리아스의 수치심과 사회적 심리(*The Civilizing Process*), 레온 페스팅거의 사회비교 이론(*A Theory of Social Comparison Process*)에서도 주요하다.

33. 다음을 참고하라. Goffman, *Stigma*.

34. 다음을 참고하라. Elias and Scotson, *The Established and the Outsiders*.

35. Goffman, *The Presentation of Self in Everyday Life*.

36. 다음을 참고하라. Marwick and boyd, *I Tweet Honestly, I Tweet Passionately*. 소셜 미디어가 자아 연출을 변화시키는 데 대한 논의는 다음을 참고하라. Boyd and Hargittai, *Facebook Privacy Settings*; Marwick, *Status Update*; Tufekci, *Grooming, Gossip, Facebook and Myspace*.

37. 다음을 참고하라. Meshi et al., *The Emerging Neuroscience of Social Media*.

38. 다음을 참고하라. Vogel et al., *Who Compares and Despairs?*

39. 다음을 참고하라. Midgely, *When Everyday Is a High School Reunion*.

40. 페이스북 연구자들은 2016년 연구(Scissors, Burke, and Wengrovitz, *What's in a Like?*) 그리고 3만 8,000명이 넘는 유저를 분석한 2020년 연구(Burke, Cheng, and de Gant, *Social Comparison and Facebook*)에서 비슷한 결론을 내렸다.

41. 다음을 참고하라. Marwick, *Status Update*.

42. Bazarova et al., *Social Sharing of Emotions on Facebook*.

43. 다음을 참고하라. Meshi et al., *The Emerging Neuroscience of Social Media*; Von Der Heide et al., *The Social Network-Network*; 아랄, 『하이프 머신』(쌤앤파커스, 2022)

44. Sherman et al., *The Power of the Like in Adolescence*, 1027.

---

45. 기술회사가 중독성이 강한 제품을 만든다는 이론을 둘러싼 논의는 다음을 참고하라. Eyal, *Hooked*.
46. 닐 포스트먼 같은 다른 학자들은 사람들이 여가의 오락으로 시사 뉴스를 본다고 지적하며 이런 현상이 민주주의와 이성적 타협에 이루는 데 위험한 결과를 가져다준다고 경고했다. 닐 포스트먼과 앤드루 포스트먼의 『죽도록 즐기기』(굿인포메이션, 2020)를 참고하라. 내 주장은 오락이 아니라 정체성 보호, 지위 획득과 관련이 있으므로 포스트먼의 주장과는 차이가 있다.

5장 프리즘이 극단주의를 **유도하는 방식**

1. Casselman and Tankersley, *Face It*.
2. 이 장에서 나는 '극단주의자'라는 용어를 사용했다. 강한 사상을 지니면서 온라인에서 타인에게 인신공격이나 모욕하는 말을 하거나 잘못된 정보를 퍼뜨림으로써 제 정당을 지지하고 상대방을 불신하게 하는 등 무례한 행동을 하는 사람을 의미한다.
3. 다음을 참고하라. Sageman, *Understanding Terror Networks*; Daniels, *Cyber Racism*; Stampnitzky, D*isciplining an Unruly Field*; Bail, *Terrified*. 온라인 극단주의와 트롤의 초기 연구는 다음을 참고하라. Marwick and Lewis, *Media Manipulation and Disinformation Online*, Siegal, *Online Hate Speech*. 온라인 극단주의와 전반적인 흐름은 다음을 참고하라. Philips, *This Is Why We Can't Have Nice Things*. 소셜 미디어 극단주의에 관한 언론의 시선은 다음을 참고하라. Marantz, *Antisocial*.
4. 오래전에 나는 아이시스ISIS에 자극을 받아 폭력적 과격화 연구에 발을 들였다. 하지만 얼마간 자료를 조사한 후 폭력적 극단주의 지지 여부에 대해 측정하는 설문에 회의가 들었다. 사회적 바람직성 편향, 즉 타인의 시선을 생각해 극단적인 견해를 숨기는 경향뿐만 아니라 온라인 극단주의자들은 정부나 보안 기관에 발견될 위험 때문에 소통을 피하기 때문이다. 이후에 몇몇 동료와 나는 구글 검색 기록 자료로 온라인 극단주의자 행동이 퍼진 정도를 측정할 수 있었다. 다음을 참고하라. Bail, Merhout, and Ding, *Using Internet Search Data to Examine the Relationship*

between Anti-Muslim and pro-ISIS sentiment in U.S. Counties. 하지만 이런 디지털 기록 또한 한계점이 많다. 극단주의자들의 태도와 행동의 차이에 관해서는 다음을 참고하라. Khalil, Horgan, and Zeuthen, *The Attitudes-Behaviors Corrective (ABC) Model of Violent Extremism.*

5. 사례는 다음을 참고하라. Daniels, *Cyber Racism*; Marwick and Lewis, *Media Manipulation and Disinformation Online.* 예외적으로 신나치주의와 온·오프라인 급진적 환경운동의 연결성에 집중한 커뮤니케이션 학자 마그달레나 보이체샥의 연구가 있으나 온·오프라인에서의 자아 연출 차이는 언급되지 않는다. Wojcieszak, *Carrying Online Participation Offline.*

6. 이전 연구는 온라인 극단주의의 지위가 갖는 역할에 관해 종합적인 분석이 부족했으나, 오프라인 환경에서 느끼는 불공평이 과격화를 부추기는 주된 요인이라고 밝히는 심리학 연구가 많아지는 추세다. 다음을 참고하라. Van Den Bos, *Unfairness and Radicalization.*

7. 미국 서부 기술 기업가에게서 창출된 새로운 부의 양극화 효과를 폭넓게 논의하려면 다음을 참고하라. Farrell, *Billionaire Wilderness.*

8. 커뮤니케이션학자 앨리스 마윅과 레베카 루이스는 이 주제를 다룬 학술지에서 온라인 극단주의의 주된 이유가 지위를 얻으려는 데 있다고 추측했다. 다음을 참고하라. Marwick and Lewis, *Media Manipulation and Disinformation Online*, 28.

9. Petersen, Osmundsen, and Arceneaux, T*he 'Need for Chaos' and Motivations to Share Hostile Political Rumors.*

10. 온라인 극단주의자들이 성별을 바탕으로 희롱하는 현상에 관한 종합적인 논의는 소버라이즈의 *Credible Threat*을 참고하라.

11. 온라인과 오프라인 두 환경 모두에서 극단주의를 추적하는 몇 안 되는 연구를 진행한 커뮤니케이션학자 마그달레나 보이체샥은 오프라인에서 견해가 다른 사람과 주로 만나는 사람들이 온라인에서 유대감을 결속하는 의식에 참여하는 경우가 많다고 밝혔다. 흥미롭게도 오프라인 환경에서 생각이 비슷한 극단주의자들과 만나는 경험 또한 온라인 활동을 증가시킨다. 다음을 참고하라. Wojcieszak, *Don't Talk to Me.*

12. 2018년 우리는 후속 연구로써 극단주의자들이 정치적 견해보다는 지위를 중요하기 여긴다는 주장을 뒷받침했다. 다음을 참고하라. Yang, Qureshi, and Zaman, *Mitigating the Backfire Effect Using Pacing and Leading.* 이 연구에서 연구자

들은 트위터에서 반이민 견해를 표현한 사람들을 팔로우하는 봇을 만들었다. 유저가 봇을 팔로우하면 자동화된 계정은 유저의 트윗에 '좋아요'를 누르기 시작하며 이민 정책을 비롯해 다양한 주제와 견해를 담은 트윗을 게시한다. 트위터 유저 중 이민에 관한 반대 견해에 노출된 사람만이 2018년 우리 연구에서 관찰한 반응과 같은 반응(반이민 견해를 더 자주 표현했다)을 보였다. 반대로 처음에는 반이민 견해에 노출되었지만, 후에 친이민자 견해를 본 유저들은 반이민 견해를 덜 보이는 게시물을 올리기 시작했다. 이런 결과는 사람들이 지위를 확보하기 위해서는 이전 견해와 모순되더라도 기꺼이 태도를 바꾼다고 해석할 수 있다.

13. Toennies et al., *Max Weber on Church, Sect, and Mysticism*.

14. 도덕 언어가 퍼지는 현상을 분석한 대규모 연구에서도 비슷한 집단 역학이 관찰되었으나, 정치적 극단주의자를 대상으로 집중한 연구는 아니었다. Brady et al., *Emotional Shapes the Diffusion of Moralized Content in Social Networks*.

15. 다음을 참고하라. Festinger, Riecken, and Schachter, *When Prophecy Fails*; Martin, *Power, Authority, and the Constraint of Belief Systems*; Christakis, *Blueprint*; Rawlings, *Cognitive Authority and the Constraint of Attitude Change in Group*.

16. 머튼의 연구에 이어 차후에 진행된 여러 연구는 '허위 합의 효과'라고 알려진 인지 편향을 설명했다. 다음을 참고하라. Robert K. Merton, *Sociological Ambivalence and Other Essays*; Ross, Greene, and House, *The 'False Consensus Effect'*; and Goel et al., *Real and Perceived Attitude Agreement in Social Networks*). 같은 현상(작은 집단의 구성원들이 제 집단을 큰 집단이라고 인식하는 현상)은 여섯 군데의 실제 관계망을 대상으로 한 대규모 연구와 정치학자 제이미 세틀의 페이스북 유저 연구에서도 관찰되었다. 다음을 참고하라. E. Lee et al., *Homophily and Minority Size Explain Perception Biases in Social Networks*; Settle, *Frenemies*). 또한 신나치주의자와 급진적인 환경 단체를 대상으로 한 설문은 허위 합의 효과가 특히 온라인 환경에서 강하게 나타난다는 결과를 밝혔다.

17. Settle, *Frenemies*. 최근 정치학자들이 진행한 연구에서 비슷한 현상이 나타났다. 학자들은 공화당과 민주당 지지자에게 소셜 미디어에서 자기 정당을 향한 무례한 비난 발언을 보여주고 그 반응을 관찰했다. 두 실험에 걸쳐 그들은 이런 노출이 양당

간의 편견 또는 정서적인 양극화를 높이며 특히 강한 견해를 지닌 사람은 더 큰 변화를 보였다는 점을 발견했다. 다음을 참고하라. Suhay, Bello-Pardo, and Maurer, *The Polarizing Effects of Online Partisan Criticism*.

6장 프리즘이 **온건주의자들의 입을 닫게 하는 법**

1. 정치관은 '매우 진보'에서 '매우 보수'라는 1차원적인 척도에 있다고 생각될 때가 많지만, 사회 과학자들 사이에서 미국인의 정치적 견해는 훨씬 다차원적이라는 의견이 증가하고 있다. 정치학자 숀 트라이어와 D. 선샤인 힐리거스가 밝혔듯, 주제에 따라 진보와 보수 성향을 모두 지닌 미국인이 다수이기 때문이다(*The Nature of Political Ideology in the Contemporary Electorate*). 양당의 견해를 모두 지닌 사람들은 일반적인 정치적 성향 측정 기준으로 자기 자신을 온건주의자라고 표현하거나 "모른다"라고 대답할 때가 많다. 또한 선호 정당을 질문하는 측정법은 측정 기준이 잘못되어 있을 때가 많다. 예를 들어 자기 자신이 무당파층이라고 말하는 사람들은 기존의 정당보다 훨씬 보수적이거나 진보적인 견해를 지닌 사람들이 다수이다.
2. 다음을 참고하라. American National Election Study, *2016 Times Series Study*.
3. 다음을 참고하라. DiMaggio, Evans, and Bryson, *Have American's Social Attitudes Become More Polarized?*; Baldassarri and Gelman, *Partisans without Constraint*; Levendusky, *The Partisan Sort*; Lelkes, *Mass Polarization*.
4. 미국 선거 연구 기관의 다음 설문을 참고하라. *2018 Pilot Study*.
5. 다음을 참고하라. Duggan, *Online Harassment 2017*.
6. 소셜 미디어에서 여성을 대상으로 하는 위협은 세라 렌돈이 보여준 자기 검열 같은 행동으로 이어질 때가 많다(소버라이즈, *Credible Threat*).
7. 8장에서 거짓 양극화 개념에 관해 더 자세하게 다루었다. 더 자세한 논의는 다음을 참고하라. Pronin, Lin, and Ross, *The Bias Blind Spot*. The University of Pennsylvania porlitical scienctist Yphtach Lelkes has further linked this concept to political porlarization, though he used the term *perceived*

polarization in lieu of false polarization(_Mass Polarization_, 392).

8. 다음을 참고하라. Levendusky and Malhotra, _(Mis)perceptions of Partisan Polarization in the American Public_.

9. 다음을 참고하라. Pew Research Center, _Republicans, Democrats See Opposing Party as More Ideological Than Their Own_.

10. 다음을 참고하라. Banks et al., _#PolarizedFeeds_. 8장에서 소셜 미디어와 거짓 양극화의 관계에 관해 더 자세히 다루었다.

11. 다음을 참고하라. Pew Research Center, _National Politics on Twitter_. 두 정치학자는 2012년 대선 유세 동안 트위터에서 편파적인 뉴스가 퍼진 현상을 체계적으로 분석해 소수의 유저가 대다수 뉴스를 퍼뜨렸다는 사실을 밝혔다. Barberá and Rivero, _Understanding_

12. 다음을 참고하라. Hughes, _A Small Group of Prolific Users Account for a Majority of Political Tweets Sent by U.S. Adults_. 온라인 극단주의에 관한 자료를 검토한 결과 비교적 소수의 사람들이 대다수 극단적인 메시지를 작성했다는 사실이 드러났다. 다음을 참고하라. Marwick and Lewis, _Media Manipulation and Disinformation Online; and Siegal, Online Hate Speech_.

13. 다음을 참고하라. Barnidge, _Exposure to Political Disagreement in Social Media versus Face-to-Face and Anonymous Online Settings_.

14. 다음을 참고하라. Settle, _Frenemies_.

15. 다음을 참고하라. Duggan and Smith, _Political Content on Social Media_.

16. 다음을 참고하라. Anderson and Quinn, _46% of U.S. Social Media Users Say They Are "Worn Out" by Political Posts and Discussion_s.

17. 다음을 참고하라. Hughes, _A Small Group of Prolific Users Account for a Majority of Political Tweets Sent by U.S. Adults_.

18. 다음을 참고하라. Pew Research Center, _National Politics on Twitter_.

19. 관련 자료는 다음에서 살필 수 있다. Duggan and Smith, _Political Content on Social Media_.

7장 계정을 **지워야 할까**

1. 러니어의 『지금 당장 당신의 SNS 계정을 삭제해야 할 10가지 이유』(글항아리, 2019)를 참고하라.

2. 다음을 참고하라. Perrin, *Americans Are Changing Their Relationship with Facebook*.

3. 또한 사회 과학자들은 소셜 미디어가 만연하기 전, 인터넷 사용이 사람들의 교제에 미치는 영향을 연구했다. 노먼 니는 시간 일지를 작성해 가족, 친구와 보내는 시간이 줄어들고 직장 내의 교류는 증가하는 현상이 인터넷 사용과 유관함을 드러냈다. 다음을 참고하라. Nie, Hillygus, and Erbring, *Internet Use, Interpersonal Relations, and Sociability*.

4. 다음을 참고하라. Allcott et al., *The Welfare Effects of Social Media*.

5. 또한 계정을 비활성화한 사람들은 정치 소식이 훨씬 느렸으므로, 양극화를 줄이는 효과는 시민들의 참여를 줄일 가능성도 있다(ibid).

6. 다음을 참고하라. Perrin and Anderson, *Share of U.S. Adults Using Social Media, Including Facebook, Is Mostly Unchanged Since 2018*.

7. 다음을 참고하라. Allcott et al., *The Welfare Effects of Social Media*.

8. 다음을 참고하라. Lanier, *Jaron Lanier Fixes the Internet*.

9. 다음을 참고하라. Perrin and Anderson, *Share of U.S. Adults Using Social Media, Including Facebook, Is Mostly Unchanged Since 2018*.

10. 다음을 참고하라. Anderson and Jiang, *Teens, Social Media & Technology 2018*.

11. 같은 자료를 참고하라.

12. 소셜 미디어 사용을 부정적으로 보는 사람도 상당하지만, 긍정적으로 보는 사람이 다수이다. 퓨 연구센터의 설문에 따르면 미국 청소년 중 소셜 미디어가 자신의 세대에 "주로 부정적인" 영향을 끼친다고 보는 비율은 25퍼센트 채 되지 않았다. 반대로 거의 3분의 1에 육박하는 청소년들은 소셜 미디어가 "주로 긍정적인" 영향을 미친다고 대답했으며 45퍼센트는 "부정적이지도 긍정적이지도 않다"라고 대답했다(Anderson and Jiang, *Teens, Social Media & Technology 2018*).

13. 다음을 참고하라. Shepherd and Lane, *In the Mix*.

14. 다음을 참고하라. Shearer and Grieco, *Americans Are Wary of the Role Social*

소셜 미디어 프리즘

MediaSites Play in Delivering the News.

15. 다음을 참고하라. Shearer, *Social Media Outpaces Print Newspapers in the U.S. as aNews Source*.

16. 같은 자료를 참고하라.

17. 다음을 참고하라. Lalancette and Raynauld, *The Power of Political Image*; Parmelee and Roman, *Insta-Politicos*.

18. 다음을 참고하라. Serrano, Papakyriakopoulos, and Hegelich, *Dancing to the Partisan Beat*.

19. 다음을 참고하라. McPherson, Smith-Lovin, and Brashears, *Social Isolation in America*; 클라이넨버2, 『폭염 사회』(글항아리, 2018); 『고잉 솔로 싱글턴이 온다』(더퀘스트, 2013); 『도시는 어떻게 삶을 바꾸는가』(웅진지식하우스, 2019); Parigi and Henson, *Social Isolation in America*.

20. 다음을 참고하라. B. Lee and Bearman, *Political Isolation in America*.

21. 다음을 참고하라. Bishop, The Big Sort.

22. 다음을 참고하라. Abrams and Fiorina, *'The Big Sort' That Wasn't*.

23. 다음을 참고하라. Huber and Malhotra, *Political Homophily in Social Relationships*.

24. 민주당과 공화당 지지자들이 연인 관계에서 신체적인 매력보다 같은 정당을 지지하는 요인을 더 중요하게 생각한다는 실험 증거도 존재한다. Klar and Krupnikov, *Independent Politics*; and Nicholson et al., *The Politics of Beauty*.

25. 다음을 참고하라. Chen and Rohla, *The Effect of Partisanship and Political Advertising on Close Family Ties*.

26. 이얄의 『초집중』(안드로메디안, 2020), 맥나미의 『마크 저커버그의 배신』(에이콘출판사, 2020)을 참고하라.

27. 다음을 참고하라. Bosker, *The Binge Breaker*. 소셜 미디어 기업이 정치적 양극화를 조장한다고 날카롭게 비판하는 학자들도 많다. Vaidhyanathan, *Antisocial Media*.

28. 기업 사명과 반대되는 정책을 펼치는 기업이 많으므로 이런 비평은 매우 설득력이 있다. 기술 평론가 쇼샤나 주보프에 따르면 구글은 데이터를 가장 중요한 상품으로 취급하는, 해로운 자본주의 시대에 앞다퉈 참여함으로써 "사악해지지 말자"는 사명

을 무색하게 하고 있다(*The Age of Surveillance Capitalism*). 한편 너무나 많은 민주주의 제도를 깨뜨리고 있는 페이스북의 슬픈 신조는 "빨리 움직여서 깨뜨리자"이다. 거대 기술 기업들은 선한 의도로 경영한다고 선언하지만 실리콘밸리에서 나온 초기 참여자들은 부와 지위를 유지하기 위해 보여주기식 정책을 펼치는 기업가들을 경고한다.(사례는 『마크 저커버그의 배신』을 참고하라. McNamee, *Zucked*)

29. 소셜 미디어와 관련된 정치적 문제를 다룬 학술 연구에 관한 개요는 다음을 참고하라. Persily and Tucker, *Conclusion: The Challenges and Opportunities for Social Media Research*. 아랄의 『하이프 머신』도 참고하라.

30. 다음을 참고하라. Tufekci, *YouTube, the Great Radicalizer*; and Roose, *The Making of a YouTube Radical*. 다음을 참고하라. Lewis, *Fiction Is Outperforming Reality*.

31. 다음을 참고하라. Ribeiro et al., *Auditing Radicalization Pathways on YouTube*. 최근, 전 구글 엔지니어인 기욤 샬로가 개발한 웹 크롤링을 사용하여 유튜브가 VPN 계정에 추천하는 콘텐츠를 알아내기 위해, 미주리 세인트루이스의 한 사용자의 검색 행동을 모의 실험했다. 연구자들은 6가지 영역의 영상 콘텐츠(극우 권위자 영상부터 무술이나 음식에 관련한 정보까지)를 검색한 다음, 웹 크롤러에 추천된 콘텐츠를 직접 코딩해 과연 사람들이 주장하는 것처럼 '엄청난 세력'이 조종 목적으로 음모론적 콘텐츠를 내보내는지 알아보았다. 음모론의 정의가 광범위하긴 하지만, 유튜브의 알고리즘은 극우 권위자를 검색한 사용자에게만 해당 콘텐츠를 노출했다. 더군다나 사용자들이 실제로 그런 콘텐츠를 클릭하는지, 그렇지 않으면 그들에게 추천만 되는지는 밝혀지지지 않았다. 2018년 초, 급진적이고 음모론적 콘텐츠를 노출한다는 비난을 받고 난 이후, 유튜브가 지속해서 그런 콘텐츠를 추천하는지에 관해서는 조사된 바가 없다.

32. 다음을 참고하라. Bakshy, Messing, and Adamic, *Exposure to Ideologically Diverse News and Opinion on Facebook*.

33. 다음을 참고하라. Munger and Phillips, *A Supply and Demand Framework for YouTube Politics*.

34. 한편 《월스트리트 저널》은 페이스북 직원들이 추천 알고리즘이 독일의 극단주의를 부추긴다는 사실을 알아냈다고 보고했다(다음을 참고하라. Horwitz and Seetharaman, *Facebook Executives Shut Down Efforts to Make the Site Less*

소셜 미디어 프리즘

Divisive). 이 보고에 따르면 페이스북 직원들은 정치적으로 극단적인 내용을 담은 게시물이 "독일의 주요 정당 플랫폼의 3분의 1이상을 차지한다"라고 밝혔다고 한다. 이 게시물은 "매우 활발한 유저의 일부"가 작성했다고 알려졌는데 사회 과학자들이 조사한 가짜 뉴스, 잘못된 정보에 관한 연구와 일치점을 보인다.(다음을 참고하라. Guess, Nagler, and Tucker, *Less than You Think; and Bail, Guay, et al. Assessing the Russian Internet Research Agency's Impact on the Political Attitudes and Behaviors of American Twitter Users in Late 2017*). 페이스북 내에서도 추천 알고리즘이 "극단주의자 그룹 가입의 64퍼센트"를 야기했다고 발표했다. 하지만 추천 알고리즘이 실제로 사람들의 견해에 영향을 미치는지, 이미 극단적인 견해를 지닌 사람들이 서로 소통하도록 더 효과적인 수단을 제공하는지는 분명하지 않다.

35. 다음을 참고하라. Grinberg et al., *Fake News on Twitter during the 2016 U.S. Presidential Electio*n.

36. 다음을 참고하라. Allcott and Gentzkow, *Social Media and Fake News in the 2016 Election*.

37. 다음을 참고하라. Guess, Nagler, and Tucker, *Less than You Think*. 또한 다음을 보라. Watts and Rothschild, *Don't Blame the Election on Fake News*, and Allen et al., *Evaluating the Fake News Problem at the Scale of the Information Ecosystem*.

38. 다음을 참고하라. Aral and Eckles, *Protecting Elections from Social Media Manipulation*.

39. 다음을 참고하라. Bail, Guay, et al., *Assessing the Russian Internet Research Agency's Impact on the Political Attitudes and Behaviors of American Twitter Users in Late 2017*.

40. 다음을 참고하라. Bennett and Iyengar, *A New Era of Minimal Effects?*

41. 다음을 참고하라. Kalla and Broockman, *The Minimal Persuasive Effects of Campaign Contact in General Elections*. 한편 소셜 미디어의 광고가 정치 유세에 영향을 주는 현상에 관한 연구는 아직 초기 단계에 불과하다(Fowler, Franz, and Ridout, *Online Political Advertising in the United State*s). 초기 연구는 소셜 미디어 광고가 예비 선거에는 약간의 영향을 미치지만 총선에서는 영향을 미치지 않는다는 사실을 발견했다(Shaw, Blunt, and Seaborn, *Testing Overall and Synergistic*

Campaign Effects in a Partisan Statewide Election). 이 결과는 온라인 광고가 특정 후보자나 문제에 관한 관심을 일으킬 수는 있으나, 유권자들의 의견이나 행동에 직접적인 영향을 휘두르지는 못한다는 사실을 보여준다(버거의 『캐털리스트』(문학동네, 2020)를 참고하라.

42. 다음을 참고하라. Hersh and Schaffner, *Targeted Campaign Appeals and the Value of Ambiguity*; Bailey, Hopkins, and Rogers, *Unresponsive and Un-persuaded*; Vogel et al., *Who Compares and Despairs?*

43. 다음을 참고하라. Gordon et al., A *Comparison of Approaches to Advertising Measurement.*

44. 다음을 참고하라. Eady et al., *How Many People Live in Political Bubbles on Social Media?*

45. 구글 뉴스에 관한 비슷한 연구 역시 개별화된 검색이 사람들을 필터 버블에 가둔다는 증거를 찾지 못했다. (Haim, Graefe, and Brosius, *Burst of the Filter Bubble?*).

46. 다음을 참고하라. Flaxman, Goel, and Rao, *Filter Bubbles, Echo Chambers, and Online News Consumption.* 또한 다음을 보라. Guess, *(Almost) Everything in Moderation.* 정당 충성도가 강한 지지자들 사이에서 반향실의 효과가 가장 강하다는 사실은 이전 연구에서도 증명되었다(Levendusky, *Why do Partisan Media Polarize Viewers?*).

47. 다음을 참고하라. Salganik et al., *Measuring the Predictability of Life Outcomes with a Scientific Mass Collaboration.*

48. 마찬가지로 가장 발전된 기계 학습을 이용해 트위터에서 인기를 얻게 될 메시지를 예상하는 초기 연구는 매우 실망스럽게 마무리되었다(Martin et al., *Exploring Limits to Prediction in Complex Social Systems*). 이 기법을 사용한 학자들은 게시물이 공유되는 수치를 반도 설명하지 못했다. 사회 과학에서 결과 예상에 관한 문제를 더 깊이 알고 싶다면 다음을 참고하라. Risi et al., *Predicting History.* 사회 과학 문제에 기계 학습을 도입하는 것은 인종, 성별에 관련된 불평등을 악화한다고 주장하는 학자들도 있다. 다음을 참고하라. 노블, 『구글은 어떻게 여성을 차별하는가』(한스미디어, 2019); Obermeyer et al., *Dissecting Racial Bias in an Algorithm Used to Man- age the Health of Populations*; Kleinberg et al., *Algorithmic Fairness; and Athey, Beyond Prediction: Using Big Data for*

Policy Problems.

49. 다음을 참고하라. Smith, *Public Attitudes toward Technology Companies.*

50. 다음을 참고하라. Smith, *Public Attitudes towards Computer Algorithms.*

8장 프리즘 파헤치기

1. 다음을 참고하라. Prior, *Post-Broadcast Democracy.*

2. 다음을 참고하라. DiMaggio, Evans, and Bryson, *Have American's Social Attitudes Become More Polarized?*

3. 다음을 참고하라. Robinson et al., *Actual versus Assumed Differences in Construal.* 문화 사회학과 사회 심리학의 동반 상승 효과에 대한 전반적인 내용은 다음을 참고하라. DiMaggio, *Culture and Cognition*; Dimaggio and Markus, *Culture and Social Psychology.*

4. 다음을 참고하라. Levendusky and Malhotra, *(Mis)perceptions of Partisan Polarization in the American Public.*

5. 다음을 참고하라. Enders and Armaly, *The Differential Effects of Actual and Perceived Polarization.*

6. 다음을 참고하라. Moore-Berg et al., *Exaggerated Meta-Perceptions Predict Inter-group Hostility between American Political Partisans*; Lees and Cikara, *Inaccurate Group Meta-Perceptions Drive Negative Out-Group Attributions in Competitive Contexts.*

7. 사례는 다음을 참고하라. Schudson, *How Culture Works*; Gamson and Modigliani, *Media Discourse and Public Opinion on Nuclear Power*; Dimaggio et al., *The Role of Religious Actors and Religious Arguments in Public Conflicts over the Arts*; Snow, *Framing Processes, Ideology, and Discursive Fields.* 최근 공화당 지지자와 민주당 지지자의 인식 차이에 관한 논의는 다음을 참고하라. Yudkin, Hawkins, and Dixon, *The Perception Gap.*

8. 다음을 참고하라. Bail, *Terrified.*

9. 베리와 소버라이즈의 『분노하는 사회』를 참고하라.

10. 다음을 참고하라. Levendusky and Malhotra, *Does Media Coverage of Partisan Plarization Affect Political Attitudes?*

11. 다음을 참고하라. J. Yang et al., *Why Are 'Others' So Polarized?*

12. 같은 책에 더해 다음을 참고하라. Banks et al., *#PolarizedFeeds.*

13. 다음을 참고하라. McGregor, *Social Media as Public Opinion.*

14. 다음을 참고하라. Ahler and Sood, *The Parties in Our Heads.*

15. 초기 연구에서 사회 심리학자들은 이런 오해가 도덕적 판단에 미치는 현상을 연구했다. 양당 지지자들은 연민, 공정, 충직, 존중 같은 인간적 가치에 관해서도 상대 당 지지자들이 다른 믿음을 지닌다고 부풀려 말하는 경향을 보였다. 다음을 참고하라. Graham, Nosek, and Haidt, *The Moral Stereotypes of Liberals and Conservatives.*

16. 다음을 참고하라. Lees and Cikara, *Inaccurate Group Meta-Perceptions Drive Negative Out-Group Attributions in Competitive Contexts.*

17. 다음을 참고하라. Robinson et al., *Actual versus Assumed Differences in Construal.*

18. 다음을 참고하라. Bialik, *14% of Americans Have Changed Their Mind about an Issue Because of Something They Saw on Social Media.*

19. 다음을 참고하라. Van Boven, Judd, and Sherman, *Political Polarization Projection.*

20. 다음을 참고하라. Chang, Cheng, and Danescu-Niculescu-Mizil, *Don't Let Me BeMisunderstood.*

21. 다음을 참고하라. Sherif, *Social Categorization as a Function of Latitude of Acceptance and Series Range.* 또한 수용 지대와 거부 지대를 설명한 버거의 『캐털리스트』를 참고하라.

22. 다음을 참고하라. Sherif, *Social Categorization.* 수용 범위 개념과 유사한 최근 연구는 다음을 참고하라. Levendusky, *When Efforts to Depolarize the Electorate Fail.*

23. 다음을 참고하라. Dorison, Minson, and Rogers, *Selective Exposure Partly Relies onFaulty Affective Forecasts.* 유사하게 커뮤니케이션학자 마그달레나 보이체샥과 벤저민 R. 워너는 공화당 지지자와 민주당 지지자의 간접 접촉이 적대감

소셜 미디어 프리즘

을 줄인다는 사실을 발견했다. 다음을 참고하라. Wojcieszak and Warner, *Can Interparty Contact Reduce Affective Polarization?*

24. 다음을 참고하라. Wolak, *Compromise in an Age of Party Polarization*

25. 다음을 참고하라. Feinberg and Willer, *From Gulf to Bridge.*

26. 다음을 참고하라. Feinberg and Willer, *Moral Reframing.*

27. 다음을 참고하라. B. Lee and Bearman, *Political Isolation in America*; Parigi and Bergemann, *Strange Bedfellows*; McPherson, Smith-Lovin, and Brashears, *Social Isolation in America.*

28. 다음을 참고하라. Van Boven, Judd, and Sherman, *Political Polarization Projection.*

29. 다음을 참고하라. Dorison and Minson, *You Can't Handle the Truth!*

30. 다음을 참고하라. Minson, *Just Listen.* 이 현상은 온라인 환경에서도 관찰되었다. Wojcieszak and Price, *Perceived versus Actual Disagreement*; and Wojcieszak and Price, *Facts versus Perceptions.* 대학생들의 전체 사회 관계망에 관한 종적 자료로 정치적 대화를 연구한 노스웨스턴 대학은 이전 연구와 달리 양당의 정치적 대화를 장려하는 것이 어렵지 않으며, 목적이 분명한 행위가 아니라 우연한 연락만으로도 가능하다는 사실을 발견했다. Minozzi et al., *The Incidental Pundit.*

31. 다음을 참고하라. Klar, Krupnikov, and Ryan, *Affective Polarization or Partisan Disdain?*

32. 같은 자료를 참고하라. 382.

33. 다음을 참고하라. Bail, *Want to Bridge Divides?*

34. 다음을 참고하라. Rainie, Keeter, and Perrin, *Trust and Distrust in America*, 67.

9장   더 나은 **소셜 미디어**

1. 다음을 참고하라. Sewell, *Historical Events as Transformations of Structures*; Wagner-Pacifici, *Theorizing the Restlessness of Events*; Berezin, *Events as Templates of Possibility*; Bail, *Terrified.*

2.   Walt, *The Case against Peace*; Skrentny, *The Effect of the Cold War on African-American Civil Rights*.

3.   다음을 참고하라. Safegraph, *U.S. Geographic Responses to Shelter in Place Orders*.

4.   다음을 참고하라. Bartik et al., *How Are Small Businesses Adjusting to COVID-19?*

5.   다음을 참고하라. Safegraph, *Foot Traffic Patterns by State and Industry*. 이 그래프의 수치에는 내가 세이프그래프 데이터를 분석해 얻은 자료도 포함되어 있다.

6.   다음을 참고하라. Koeze and Popper, *The Virus Changed the Way We Internet*.

7.   다음을 참고하라. Green et al., *Elusive Consensus*.

8.   다음을 참고하라. Van Green and Tyson, *5 Facts about Partisan Reactions to COVID-19 in the U.S.*

9.   다음을 참고하라. Vavreck, COVID-19: *Tracking American Responses*.

10. 다음을 참고하라. Baum, Ognyanova, and Lazer, *These Three Governors Are Re-Opening Their States Faster than Their Voters Want*.

11. 다음을 참고하라. More in Common, *COVID-19*.

12. 다음을 참고하라. Pew Research Center, *Republicans, Democrats Move Even Further Apart in Coronavirus Concern*.

13. 다음을 참고하라. Rivlin, *Wallflower at the Web Party*.

14. 다음을 참고하라. Arrington, *It's Official(ish)*.

15. 다음을 참고하라. Constine, *Instagram's Growth Speeds up as It Hits 700 Million Users*.

16. 다음을 참고하라. Shontell, T*he Truth about Snapchat's Active Users*; D'Onfro, *Snapchat Now Has Nearly 100 Million Daily Active Users*.

17. 다음을 참고하라. Leskin, *Inside the Rise of TikTok*.

18. 다음을 참고하라. Perrin and Anderson, *Share of U.S. Adults Using Social Media, Including Facebook, Is Mostly Unchanged Since 2018*.

19. 다음을 참고하라. Lazarsfeld, Berelson, and Gaudet, *The People's Choice*; Katz and Lazarsfeld, *Personal Influence*; Zaller, *The Nature and Origins of Mass Opinion*; Burt, *The Social Capital of Opinion Leaders"*; Watts and

Dodds, *"Influentials, networks, and public opinion formation."*

20. 게시할 수 있는 글자 수를 늘리면서 트위터에서 성숙한 대화가 증가했다는 사실이 드러났다. Jaidka, Zhou, and Lelkes, *Brevity Is the Soul of Twitter*.

21. 다음을 참고하라. Phillips, *This Is Why We Can't Have Nice Things*.

22. 다음을 참고하라. Safronova, *The Rise and Fall of Yik Yak, the Anonymous Messaging App*.

23. 다음을 참고하라. Papacharissi, *Democracy Online*.

24. 다음을 참고하라. Tan et al., *Winning Arguments*.

25. 이 실험에 관한 자세한 사항은 다음을 참고하라. *Simulated Social Media Platform Experiment* section of the appendix.

26. 연구가 끝나고 설문 기관은 연구의 실제 목적을 모든 참여자에게 알렸다.

27. 익명으로 대화를 진행한 다른 연구들도 비슷한 결과를 냈다는 사실이 고무적이다. 정치학자 에린 로시터는 아마존 메커니컬 터크 웹사이트에서 공화당과 민주당 지지자들을 모집해 총기 규제에 관해 대화하기를 청했다. 우리와 마찬가지로 로시터 역시 양당 지지자들의 가벼운 대화만으로 서로를 향한 반감이 감소하는 현상을 발견했다. 또한 이야기하는 주제에 상관없이 익명의 대화가 양극화를 줄이는 효과를 낸다는 점도 관찰했다. 다음을 참고하라. Rossiter, *The Consequences of Interparty Conversation on Outparty Affect and Stereotypes*. 익명의 대화가 양극화를 감소하는 효과는 최근 다른 연구에서도 증명되었다. 양당 지지자들은 기후 변화에 관한 복잡한 문제를 맞히는 온라인 게임에 참여했다. 익명으로 진행될 때 참여자들은 문제를 더 정확하게 맞혔으나('대중의 지혜'라 불리는 현상) 지지하는 정당을 밝히고 게임을 하자 정확도가 떨어졌다. 다음을 참고하라. Guilbeault, Becker, and Centola, *Social Learning and Partisan Bias in the Interpretation of Climate Trends*.

28. 다음을 참고하라. Zuckerberg, *Bringing the World Closer Together*.

29. 다음을 참고하라. Carlson, *The Real History of Twitter*.

30. 다음을 참고하라. Garber, *Instagram Was First Called 'Burbn.'*

31. 종래 연구에 따르면 온라인 플랫폼과 토론 집단이 정한 기준은 사용자에게 상당한 영향을 준다. 한 계산 과학 연구팀은 정치 기사에 댓글을 남기게 하는 실험을 진행했다. 기사 아래에 달린 무례한 댓글에 노출된 참가자들은 그러지 않은 참가자들보

다 무례한 댓글을 달게 되는 비율이 훨씬 높았다. 다음을 참고하라. Cheng et al., *Anyone Can Become a Troll.* 반대로 심리학자 J. 네이선 마티아스는 과학 토론 온라인 공간에서 무작위로 참가자들에게 공동체의 규정을 소개하는 대규모 실험을 진행했다. 규정을 본 참가자들은 보지 않은 참가자들보다 규칙을 잘 따를 뿐 아니라 전반적으로 활발하게 참여했다. 다음을 참고하라. Matias, *Preventing Harassment and Increasing Group Participation through Social Norms in 2190 Online Science Discussions.*

32. 소셜 미디어에서 정치 유세를 규제하고 조정하는 투명성에 관해서는 다음을 참고하라. Kreiss and Mcgregor, *The 'Arbiters of What Our Voters See.'* 다음을 참고하라. Barabas, Narula, and Zuckerman, *Decentralized Social Networks Sound Great.*

34. 다음을 참고하라. Zuckerman, *The Case for Digital Public Infrastructure.*

부록 연구 방법

1. 다음을 참고하라. Barberá, *Birds of the Same Feather Tweet Together.*
2. 우리 실험 봇이 리트윗한 내용은 다음을 참고하라. Bail, Argyle, et al., *Exposure to Opposing Views on Social Media Can Increase Political Polarization.*
3. 다음을 참고하라. Salganik, *Bit by Bit.*
4. 다음을 참고하라. Lazer et al., *The Parable of Google Flu.*
5. 다음을 참고하라. Gupta et al., *WTF.*
6. 같은 자료를 참고하라.
7. 다음을 참고하라. Montgomery, Nyhan, and Torres, *How Conditioning on Post-treatment Variables Can Ruin Your Experiment and What to Do About It.*
8. 분석 방법에 대한 자세한 정보는 다음을 참고하라. Bail, Argyle, et al., *Exposure to Opposing Views on Social Media Can Increase Political Polarization.*
9. 같은 자료를 참고하라.
10. 다음을 참고하라. Tavory and Timmermans, Abductive Analysis; Deterding

and Waters, *Flexible Coding of In-Depth Interviews*.

11. 다음을 참고하라. Jerolmack and Khan, *Talk Is Cheap; Vaisey, Motivation and Jus-tification and Is Interviewing Compatible with the Dual-Process Model of Culture?*

Abramowitz, Alan I., and Kyle L. Saunders. "Is Polarization a Myth?" *Journal of Politics 70, no. 2* (April 1, 2008): 542-55. https://doi.org/10.1017/S0022381608080493.

Abrams, Samuel J., and Morris P. Fiorina. "'The Big Sort' That Wasn't: A Skeptical Reexamination." *PS: Political Science and Politics 45, no. 2* (April 2012): 203-10. https://doi.org/10.1017/S1049096512000017.

Achen, Christopher, and Larry Bartels. *Democracy for Realists: Why Elections Do Not Produce Responsive Government.* (Princeton, NJ: Princeton University Press, 2017)

Ahler, Douglas J., and Gaurav Sood. "The Parties in Our Heads: Misperceptions about Party Composition and Their Consequences." *Journal of Politics 80, no. 3* (April 27, 2018): 964-81. https://doi.org/10.1086/697253.

Alfano, Mark, Amir Ebrahimi Fard, J. Adam Carter, Peter Clutton, and Colin Klein. "Technologically Scaffolded Atypical Cognition: The Case of YouTube's Recommender System." (Synthese, June 9, 2020). https://doi.org/10.1007/s11229-020-02724-x.

Allcott, Hunt, Luca Braghieri, Sarah Eichmeyer, and Matthew Gentzkow. "The Welfare Effects of Social Media." *American Economic Review 110, no. 3* (March 2020): 629-76. https://doi.org/10.1257/aer.20190658.

Allcott, Hunt, and Matthew Gentzkow. "Social Media and Fake News in the 2016

Election." *Journal of Economic Perspectives 31, no. 2* (2017): 211-36. https://www.aeaweb.org/articles?id=10.1257/jep.31.2.211.

Allen, Jennifer, Baird Howland, Markus Mobius, David Rothschild, and Duncan J. Watts. "Evaluating the fake news problem at the scale of the information ecosystem." *Science Advances, 6, no. 14* (2020): 1-6. https://advances.sciencemag.org/content/6/14/eaay3539.

Allport, Gordon Willard. *The Nature of Prejudice*. (Cambridge, MA: Addison- Wesley, 1954).

Almond, Gabriel, and Sydney Verba. "Civic Culture Study, 1959-1960" (Inter-University Consortium for Political and Social Research, 1960). https://www.icpsr.umich.edu/web/ICPSR/studies /7201/versions/V2/variables.

American National Election Study. "2016 Time Series Study" (Ann Arbor: University of Michigan, 2016).

_____. "2018 Pilot Study" (Ann Arbor: University of Michigan, 2018).

Anderson, Monica, and Jingjing Jiang. "Teens, Social Media & Technology 2018." (Pew Research Center, May 31, 2018). https://www.pewresearch.org/internet/2018/05/31/teens-social-media-technology-2018/.

Anderson, Monica, and Dennis Quinn. "46% of U.S. Social Media Users Say They Are 'Worn Out' by Political Posts and Discussions." Fact Tank (blog). (Pew Research Center, August 8, 2019). https://www.pewresearch.org/fact-tank/2019/08/08/46-of-u-s-social-media-users-say-they-are-worn-out-by-political-posts-and-discussions/.

Aral, Sinan. *The Hype Machine: How Social Media Disrupts Our Elections, Our Economy, and Our Health—and How We Must Adapt*. (New York: Currency, 2020).

Aral, Sinan, and Dean Eckles. "Protecting Elections from Social Media Manipulation." *Science 365, no. 6456* (August 30, 2019): 858-61. https://doi.org/10.1126/science.aaw8243.

Arceneaux, Kevin, and Martin Johnson. *Changing Minds or Changing Channels? Partisan News in an Age of Choice.* (Chicago: University of Chicago Press, 2013).

Archibong, Ime. "An Update on Our App Investigation." (Facebook.com (newsroom blog), August 22, 2018).

Arrington, Michael. "It's Official(ish): MySpace Is Biggest Site on Internet." (TechCrunch, December 12, 2006).

Athey, Susan. "Beyond Prediction: Using Big Data for Policy Problems." *Science 355, no. 6324*: 483-85. https://science.sciencemag.org/content/355/6324/483.

Bail, Christopher. "The Cultural Environment: Measuring Culture with Big Data." *Theory and Society 43, no. 3-4* (2014): 465-82. http://dx.doi.org/10.1007/s11186-014-9216-5.

———. *Terrified: How Anti-Muslim Fringe Organizations Became Mainstream.* (Princeton, NJ: Princeton University Press, 2015).

———. "Want to Bridge Divides? Clean Your Twitter House First." (CNN, November 22, 2019).

Bail, Christopher, Lisa P. Argyle, Taylor W. Brown, John P. Bumpus, Haohan Chen, M.B. Fallin Hunzaker, Jaemin Lee, Marcus Mann, Friedolin Merhout, and Alexander Volfovsky. "Exposure to Opposing Views on Social Media Can Increase Political Polarization." *Proceedings of the National Academy of Sciences of the United States of America 115, no. 37* (Sep-tember 11, 2018): 9216-21. https://doi.org/10.1073/pnas.1804840115.

Bail, Christopher, Brian Guay, Emily Maloney, Aidan Combs, D. Sunshine Hillygus, Friedolin Merhout, Deen Freelon, and Alexander Volfovsky. "Assessing the Russian Internet Research Agency's Impact on the Political Attitudes and Behaviors of American Twitter Users in Late 2017." *Proceedings of the National Academy of Sciences of the United States of America 117, no. 1* (January 7, 2020): 243-50. https://doi.org/10.1073/pnas.1906420116.

Bail, Christopher, Friedolin Merhout, and Peng Ding. "Using Internet Search Data to Examine the Relationship between Anti-Muslim and pro-ISIS Sentiment in U.S. Counties." *Science Advances 4, no. 6* (June 1, 2018): eaao5948. https://doi.org/10.1126/sciadv.aao5948.

Bailey, Michael A., Daniel J. Hopkins, and Todd Rogers. "Unresponsive and Unpersuaded: The Unintended Consequences of a Voter Persuasion Effort." *Political Behavior 38, no. 3* (September 1, 2016): 713-46. https://doi.org/10.1007/s11109-016-9338-8.

Bakshy, Eytan, Solomon Messing, and Lada A. Adamic. "Exposure to Ideologically Diverse News and Opinion on Facebook." *Science 348, no. 6239* (June 5, 2015): 1130-32. https://doi.org/10.1126/science.aaa1160.

Baldassarri, Delia, and Andrew Gelman. "Partisans without Constraint: Political Polarization and Trends in American Public Opinion." *American Journal of Sociology 114, no. 2* (January 28, 2008): 408-46. https://doi.org/10.2139/ssrn.1010098.

Banks, Antoine, Ernesto Calvo, David Karol, and Shibley Telhami. "#PolarizedFeeds: Three Experiments on Polarization, Framing, and Social Media."(International Journal of Press/Politics, July 23, 2020) https://doi.org/10.1177/1940161220940964.

Barabas, Chelsea, Neha Narula, and Ethan Zuckerman. "Decentralized So- cial Networks Sound Great. Too Bad They'll Never Work." (Wired, Sep tember 8, 2017). https://www.wired.com/story/decentralized-social-networks-sound-great-too-bad-theyll-never-work/.

Barberá, Pablo. "Birds of the Same Feather Tweet Together: Bayesian Ideal Point Estimation Using Twitter Data." *Political Analysis 23, no. 1* (January 1, 2015): 76-91. https://doi.org/10.1093/pan/mpu011.

――――――. "Social Media, Echo Chambers, and Political Polarization." In *Social Media and Democracy: The State of the Field, Prospects for Reform*, edited by Nathaniel Persily and Joshua A. Tucker, 34-54. Cambridge:

(Cambridge University Press, 2020).

Barberá, Pablo, and Gonzalo Rivero. "Understanding the Political Representativeness of Twitter Users." *Social Science Computer Review 33, no. 6* (December 1, 2015): 712-29. https://doi.org/10.1177/0894439314558836.

Barnidge, Matthew. "Exposure to Political Disagreement in Social Media versus Face-to-Face and Anonymous Online Settings." *Political Communication 34, no. 2* (April 3, 2017): 302-21. https://doi.org/10.1080/10584609.2016.1235639.

Barth, Frederick. *Ethnic Groups and Boundaries: The Social Organization of Cultural Difference.* (Boston: Little, Brown, 1969).

Bartik, Alexander W., Marianne Bertrand, Zoë B. Cullen, Edward L. Glaeser, Michael Luca, and Christopher T. Stanton. "How Are Small Businesses Adjusting to COVID-19? Early Evidence from a Survey." *NBER Working Paper 26989.* (National Bureau of Economic Research, Cambridge, MA, April 2020). https://doi.org/10.3386/w26989.

Baum, Matthew, Katherine Ognyanova, and David Lazer. "These Three Governors Are Reopening Their States Faster than Their Voters Want." Monkey Cage (blog). (Washington Post, April 29, 2020). https://www.washingtonpost.com/politics/2020/04/29/these-three-governors-are-reopening-their-states-faster-than-their-voters-want/.

Baumeister, Roy F., and Mark R. Leary. "The Need to Belong: Desire for Interpersonal Attachments as a Fundamental Human Motivation." *Psychological Bulletin 117, no. 3* (1995): 497-529.

Bazarova, Natalya (Natalie), Yoon Choi, Victoria Schwanda Sosik, Dan Cosley, and Janis Whitlock. "Social Sharing of Emotions on Facebook." In *Proceedings of the 18th ACM Conference on Computer Supported Cooperative Work and Social Computing*, 154-64. (New York: Association for Computing Machinery, 2015). https://doi.org/10.1145/2675133.2675297.

Bennett, W. Lance, and Shanto Iyengar. "A New Era of Minimal Effects? The Changing Foundations of Political Communication." *Journal of Communication 58, no. 4* (December 1, 2008): 707-31. https://doi. org/10.1111/j.1460-2466.2008.00410.x.

Berezin, Mabel. "Events as Templates of Possibility: An Analytic Typology of Political Facts." In *The Oxford Handbook of Cultural Sociology*, edited by Jeffrey C. Alexander, Ronald N. Jacobs, and Philip Smith, 613-35. (New York: Oxford University Press, 2012).

Berger, Jonah. *The Catalyst: How to Change Anyone's Mind*. (New York: Simon and Schuster, 2020).

Berinsky, Adam J. "Rumors and Health Care Reform: Experiments in Political Misinformation." *British Journal of Political Science 47, no. 2* (April 2017): 241-62. https://doi.org/10.1017/S0007123415000186.

Berry, Jeffrey M., and Sarah Sobieraj. *The Outrage Industry: Political Opinion Media and the New Incivility*. (Oxford: Oxford University Press, 2013).

Bialik, Kristen. "14% of Americans Have Changed Their Mind about an Issue Because of Something They Saw on Social Media." Fact Tank (blog). (Pew Research Center, August 15, 2018). https://www.pewresearch.org/fact-tank/2018/08/15/14-of-americans-have-changed-their-mind -about-an-issue-because-of-something-they-saw-on-social-media/.

Bishop, Bill. *The Big Sort: Why the Clustering of Like-Minded America Is Tearing Us Apart*. (Boston: Mariner Books, 2009).

Blumer, Herbert. "Race Prejudice as a Sense of Group Position." *Pacific Sociological Review 1*, no. 1 (Spring 1958): 3-7. https://doi. org/10.2307/1388607.

Bobo, Lawrence, and Cybelle Fox. "Race, Racism, and Discrimination: Bridging Problems, Methods, and Theory in Social Psychological Research." *Social Psychology Quarterly 66, no. 4* (December 2003): 319-32. https://psycnet. apa.org/doi/10.2307/1519832.

Bond, Robert M., Christopher J. Fariss, Jason J. Jones, Adam D. I. Kramer, Cameron Marlow, Jaime E. Settle, and James H. Fowler. "A 61-Million-

Person Experiment in Social Influence and Political Mobilization." *Nature 489, no. 7415* (September 13, 2012): 295-98.

Bosker, Bianca. "The Binge Breaker." (The Atlantic, November 2016). https://www. theatlantic.com/magazine/archive/2016/11/the-binge-breaker /501122/.

Bourdieu, Pierre. "Public Opinion Does Not Exist." In *Communication and Class Struggle, vol. 1: Capitalism, Imperialism*, edited by Armand Mattelart and Seth Siegelaub, 124-30. (New York: International General, 1979).

Boxell, Levi, Matthew Gentzkow, and Jesse M. Shapiro. "Cross-Country Trends in Affective Polarization." *NBER Working Paper 26669*, (National Bureau of Economic Research, Cambridge, MA, April 2020). https://www.nber.org/ papers/w26669.

boyd, danah, and Kate Crawford. "Critical Questions for Big Data: Provocations for a Cultural, Technological, and Scholarly Phenomenon." *Information, Communication and Society 15, no. 5* (2012): 662-79. https://doi.org/10.1080 /1369118X.2012.678878.

boyd, danah, and Eszter Hargittai. "Facebook Privacy Settings: Who Cares?" *First Monday 15, no. 8* (July 27, 2010). https://firstmonday.org /article/ view/3086/2589.

Brady, William J., Julian A. Wills, John T. Jost, Joshua A. Tucker, and Jay J. Van Bavel. "Emotion Shapes the Diffusion of Moralized Content in Social Networks." *Proceedings of the National Academy of Sciences of the United States of America 114, no. 28* (July 11, 2017): 7313-18. https://doi. org/10.1073/pnas.1618923114.

Broockman, David E. "Approaches to Studying Policy Representation." *Legislative Studies Quarterly 41, no. 1* (2016): 181-215. https://doi. org/10.1111/lsq.12110.

Broockman, David, and Joshua Kalla. "Durably Reducing Transphobia: A Field Experiment on Door-to-Door Canvassing." *Science 352, no. 6282* (2016): 220-24.

Brown, Donald. *Human Universals*. (New York: McGraw-Hill, 1991).

Burke, Moira, Justin Cheng, and Bethany de Gant. "Social Comparison and Facebook: Feedback, Positivity, and Opportunities for Comparison." In *CHI '20: Proceedings of the 2020 CHI Conference on Human Factors in Computing Systems, 1–13*. (New York: Association for Comput-ing Machinery, 2020). https://doi.org/10.1145/3313831.3376482.

Burt, Ronald S. "The Social Capital of Opinion Leaders." *ANNALS of the American Academy of Political and Social Science 566, no. 1* (November 1,1999): 37-54. https://doi.org/10.1177/000271629956600104.

Cameron, A. M., A. B. Massie, C. E. Alexander, B. Stewart, R. A. Montgomery, N. R. Benavides, G. D. Fleming, and D. L. Segev. "Social Media and Organ Donor Registration: The Facebook Effect." *American Journal of Transplantation 13, no. 8* (August 1, 2013): 2059-65.

Campbell, James E. *Polarized: Making Sense of a Divided America*. (Princeton, NJ: Princeton University Press, 2016).

Carlson, Nicholas. "The Real History of Twitter." (Businessinsider.com, April 13, 2011). https://www.businessinsider.com/how-twitter-was-founded-2011-4.

Casselman, Ben, and Jim Tankersley. "Face It: You (Probably) Got a TaxCut." (New York Times, November 19, 2019). https://www.nytimes.com/2019/04/14/business/economy/income-tax-cut.html.

Chang, Jonathan P., Justin Cheng, and Cristian Danescu-Niculescu-Mizil. "Don't Let Me Be Misunderstood: Comparing Intentions and Perceptions in Online Discussions." In *WWW '20: Proceedings of The Web Conference 2020*, 2066-77. (New York: Association for Computing Machinery, 2020). https://doi.org/10.1145/3366423.3380273.

Chen, M. Keith, and Ryne Rohla. "The Effect of Partisanship and Political Advertising on Close Family Ties." *Science 360, no. 6392* (June 1, 2018): 1020-24. https://doi.org/10.1126/science.aaq1433.

Cheng, Justin, Michael Bernstein, Cristian Danescu-Niculescu-Mizil, and Jure

Leskovec. "Anyone Can Become a Troll: Causes of Trolling Behavior in Online Discussions." In *CSCW '17: Proceedings of the 2017 ACM Conference on Computer Supported Cooperative Work and Social Computing*, 1217-30. (New York: Association for Computing Machinery, 2017). https://doi.org/10.1145/2998181.2998213.

Christakis, Nicholas A. *Blueprint: The Evolutionary Origins of a Good Society*. (New York: Little, Brown Spark, 2019).

Cikara, Mina, and Jay Van Bavel. "The Neuroscience of Intergroup Relations: An Integrative Review." *Perspectives on Psychological Science 9, no. 3* (2014): 245-74. https://doi.org/10.1177/1745691614527464.

Cohen, Geoffrey L. "Party over Policy: The Dominating Impact of Group Influence on Political Beliefs." *Journal of Personality and Social Psychology 85*, no. 5 (2003): 808-22. https://doi.org/10.1037/0022-3514.85.5.808.

Constine, Josh. "Instagram's Growth Speeds up as It Hits 700 Million Users." (TechCrunch, April 26, 2017). https://techcrunch.com/2017/04/26 /instagram-700-million-users/.

Converse, Philip E. "The Nature of Belief Systems in Mass Publics (1964)." *Critical Review 18, no. 1-3* (2006): 1-74. https://doi.org/10.1080 /08913810608443650.

Cooley, Charles Horton. *Human Nature and the Social Order*. (New York: Charles Scribner's Sons, 1902).

Daniels, Jessie. *Cyber Racism: White Supremacy Online and the New Attack on Civil Rights*. (Lanham, MD: Rowman and Littlefield, 2009).

Della Posta, Daniel, Yongren Shi, and Michael Macy. "Why Do Liberals Drink Lattes?" *American Journal of Sociology 120, no. 5* (March 1, 2015): 1473-511. https://doi.org/10.1086/681254.

Del Vicario, Michela, Alessandro Bessi, Fabiana Zollo, Fabio Petroni, Antonio Scala, Guido Caldarelli, H. Eugene Stanley, and Walter Quattrociocchi. "The Spreading of Misinformation Online." *Proceedings of the National Academy of Sciences of the United States of America 113, no. 3* (January 19, 2016): 554-59. https://doi.org/10.1073/pnas.1517441113.

Deterding, Nicole M., and Mary C. Waters. "Flexible Coding of In-Depth Interviews: A Twenty-First-Century Approach." (Sociological Methods and Research, October 1, 2018). https://doi.org/10.1177 /0049124118799377.

Diehl, Michael. "The Minimal Group Paradigm: Theoretical Explanations and Empirical Findings." *European Review of Social Psychology 1, no. 1* (1990): 263-92. https://doi.org/10.1080/14792779108401864.

DiMaggio, Paul. "Culture and Cognition." *Annual Review of Sociology 23* (1997): 263-87. https://doi.org/10.1146/annurev.soc.23.1.263.

Dimaggio, Paul, Wendy Cadge, Lynn Robinson, and Brian Steensland. "The Role of Religious Actors and Religious Arguments in Public Conflicts over the Arts: A Case Study of the Philadelphia Area, 1965-1997." (Working paper, Princeton University Woodrow Wilson School of Public and International Affairs, Center for Arts and Cultural Policy Studies).

DiMaggio, Paul, John Evans, and Bethany Bryson. "Have American's Social Attitudes Become More Polarized?" *American Journal of Sociology 102, no. 3* (1996): 690-755. https://doi.org/10.1086/230995.

DiMaggio, Paul, Eszter Hargittai, W. Russell Neuman, and John P. Robinson. "Social Implications of the Internet." *Annual Review of Sociology 27* (January 1, 2001): 307-36. https://doi.org/10.1146/annurev.soc.27.1.307.

Dimaggio, Paul, and Hazel Rose Markus. "Culture and Social Psychology: Converging Perspectives." *Social Psychology Quarterly 73, no. 4* (December 1, 2010): 347-52. https://doi.org/10.1177/0190272510389010.

D'Onfro, Jillian. "Snapchat Now Has Nearly 100 Million Daily Active Users." (Businessinsider.com, May 26, 2015). https://www.businessinsider.com/snapchat-daily-active-users-2015-5.

Dorison, Charles A., and Julia Minson. "You Can't Handle the Truth! Errors in Affective Perspective-Taking during Disagreement." (Working paper, Harvard

Kennedy School, Cambridge, MA, accessed August 30, 2020). http://www.
charlesdorison.com/uploads/1/2/4/4/124452321/dorisonminson.2019.pdf.

Dorison, Charles A., Julia A. Minson, and Todd Rogers. "Selective Exposure
Partly Relies on Faulty Affective Forecasts." *Cognition 188* (July 1, 2019):
98-107. https://doi.org/10.1016/j.cognition.2019.02.010.

Douglas, Mary. *Purity and Danger: An Analysis of Concepts of Pollution and
Taboo.* (New York: Praeger, 1966).

Dow, Malcolm M., Michael L. Burton, Douglas R. White, and Karl P. Reitz.
"Galton's Problem as Network Autocorrelation." *American Ethnologist 11,
no. 4* (1984): 754-70. https://doi.org/10.1525/ae.1984.11.4.02a00080.

Duggan, Maeve. "Online Harassment 2017." (Pew Research Center, July 11,
2017). https://www.pewresearch.org/internet/2017/07/11/online-
harassment-2017/.

Duggan, Maeve, and Aaron Smith. "Political Content on Social Media." (Pew
Research Center, October 25, 2016). https://www.pewresearch.org/
internet/2016/10/25/political-content-on-social-media/.

Eady, Gregory, Jonathan Nagler, Andy Guess, Jan Zalinsky, and Joshua A.
Tucker. "How Many People Live in Political Bubbles on Social Media?
Evidence from Linked Survey and Twitter Data." (SAGE Open, 2019) 1-21.
https://doi.org/10.1177%2F2158244019832705.

Eckles, Dean, Brett R. Gordon, and Garrett A. Johnson. "Field Studies
of Psychologically Targeted Ads Face Threats to Internal Validity."
*Proceedings of the National Academy of Sciences of the United States of
America 115, no. 23* (June 5, 2018): E5254-55. https://doi.org/10.1073/
pnas.1805363115.

Edelmann, Achim, Tom Wolff, Danielle Montagne, and Christopher A. Bail.
"Computational Social Science and Sociology." *Annual Review of Sociology
46* (2020): 61-81. https://doi.org/10.1146/annurev-soc-121919-054621.

Elias, Norbert. The Civilizing Process: Sociogenetic and Psychogenetic

Investigations. (Oxford: Blackwell Publishers, 1969).

Elias, Norbert, and John L Scotson. *The Established and the Outsiders: A Sociological Enquiry into Community Problems.* (London: Sage, 1994).

Eliasoph, Nina. *Avoiding Politics: How Americans Produce Apathy in EverydayLife.* (Cambridge: Cambridge University Press, 1998).

Enders, Adam M., and Miles T. Armaly. "The Differential Effects of Actual and Perceived Polarization." *Political Behavior 41, no. 3* (September 1, 2019): 815-39. https://doi.org/10.1007/s11109-018-9476-2.

Enos, Ryan. "Causal Effect of Intergroup Contact on Exclusionary Attitudes." Proceedings of the National Academy of Sciences of the United States of America 111, no. 10 (2014): 3699-3704. https://doi.org/10.1073/pnas.1317670111.

ESPN Internet Ventures. "2016 Election Forecast." fivethirtyeight.com, accessed September 2020.

Eyal, Nir. *Hooked: How to Build Habit-Forming Products.* Edited by Ryan Hoover. (New York: Portfolio, 2014).

———. *Indistractable: How to Control Your Attention and Choose Your Life.* (Dallas, TX: BenBella Books, 2019).

Farrell, Justin. *Billionaire Wilderness: The Ultra-Wealthy and the Remaking of the American West.* (Princeton, NJ: Princeton University Press, 2020).

Feinberg, Matthew, and Robb Willer. "From Gulf to Bridge: When DoMoral Arguments Facilitate Political Influence?" *Personality and Social Psychology Bulletin 41, no. 12* (December 1, 2015): 1665-81. https://doi.org/10.1177/0146167215607842.

———. "Moral Reframing: A Technique for Effective and Persuasive Communication across Political Divides." *Social and Personality Psychology Compass 13, no. 12* (December 2019): 2. https://doi.org/10.1111/spc3.12501.

Festinger, Leon. "A Theory of Social Comparison Processes." *Human Relations 7, no. 2* (May 1, 1954): 117-40. https://doi.org/10.1177/001872675400700202.

Festinger, Leon, Henry Riecken, and Stanley Schachter. *When Prophecy Fails.* (Eastford, CT: Martino Fine Books, 2009).

Fiorina, Morris P., and Samuel J. Abrams. "Political Polarization in the American Public." *Annual Review of Political Science 11, no. 1* (2008): 563-88. https://doi.org/10.1146/annurev.polisci.11.053106.153836.

Fishkin, James S., and Robert C. Luskin. "Experimenting with a Democratic Ideal: Deliberative Polling and Public Opinion." *Acta Politica 40, no. 3* (2005): 284-98. https://doi.org/10.1057/palgrave.ap.5500121.

Flaxman, Seth, Sharad Goel, and Justin M. Rao. "Filter Bubbles, Echo Chambers, and Online News Consumption." *Public Opinion Quarterly 80, no. S1* (January 1, 2016): 298-320. https://doi.org/10.1093/poq/nfw006.

Fowler, Erika Franklin, Michael M. Franz, and Travis N. Ridout. "Online Political Advertising in the United States." In *Social Media and Democracy: The State of the Field, Prospects for Reform*, edited by Nathaniel Persily and Joshua A. Tucker, 111-38. (Cambridge: Cambridge University Press, 2020).

Freelon, Deen. "On the Interpretation of Digital Trace Data in Communication and Social Computing Research." *Journal of Broadcasting and Electronic Media 58, no. 1* (January 2, 2014): 59-75. https://doi.org/10.1080/08838151.2013.875018.

Friedkin, Noah E., and Eugene C. Johnsen. *Social Influence Network Theory: A Sociological Examination of Small Group Dynamics.* (New York: Cambridge University Press, 2014).

Gamson, William, and Andre Modigliani. "Media Discourse and Public Opinion on Nuclear Power: A Constructionist Approach." *American Journal of Sociology 95, no. 1* (1989): 1-37. https://doi.org/10.1086/229213.

Garber, Megan. "Instagram Was First Called 'Burbn.'" (The Atlantic, July 2, 2014). https://www.theatlantic.com/technology/archive/2014/07/instagram-used-to-be-called-brbn/373815/.

Gerber, Alan S., and Donald P. Green. *Field Experiments: Design, Analysis, and Interpretation*. (New York: W. W. Norton, 2012).

Gift, Karen, and Thomas Gift. "Does Politics Influence Hiring? Evidence from a Randomized Experiment." *Political Behavior 37, no. 3* (September 1, 2015): 653-75. https://doi.org/10.1007/s11109-014-9286-0.

Goel, Sharad, Winter Mason, and Duncan J. Watts. "Real and Perceived Attitude Agreement in Social Networks." *Journal of Personality and Social Psychology 99, no. 4* (2010): 611-21. https://psycnet.apa.org/doiLanding?doi=10.1037%2Fa0020697.

Goffman, Erving. *The Presentation of Self in Everyday Life*. (New York: Doubleday and Company, 1959).

──────────. *Stigma: Notes on the Management of Spoiled Identity*. (New York: Touchstone, 1963).

Golder, Scott, and Michael Macy. "Digital Footprints: Opportunities and Challenges for Social Research." *Annual Review of Sociology 40* (2014). https://doi.org/10.1146/annurev-soc-071913- 043145.

Goodman, Dena. *The Republic of Letters: A Cultural History of the French Enlightenment*. (Ithaca, NY: Cornell University Press, 1996).

Gordon, Brett R., Florian Zettelmeyer, Neha Bhargava, and Dan Chapsky. "A Comparison of Approaches to Advertising Measurement: Evidence from Big Field Experiments at Facebook." *Marketing Science 38, no. 2* (2019): 193-364.

Graham, Jesse, Brian A. Nosek, and Jonathan Haidt. "The Moral Stereotypes of Liberals and Conservatives: Exaggeration of Differences across the Political Spectrum." *PLOS One* (2012). https://doi.org/10.1371/journal.pone.0050092.

Green, Jon, Jared Edgerton, Daniel Naftel, Kelsey Shoub, and Skyler J. Cranmer. "Elusive Consensus: Polarization in Elite Communication on the COVID-19 Pandemic." *Science Advances 6, no. 28* (July 1, 2020): eabc2717.

https://doi.org/10.1126/sciadv.abc2717.

Greene, Steven. "Understanding Party Identification: A Social Identity Approach." *Political Psychology 20, no. 2* (1999): 393-403. https://doi.org/10.1111/0162-895X.00150.

Grinberg, Nir, Kenneth Joseph, Lisa Friedland, Briony Swire-Thompson, and David Lazer. "Fake News on Twitter during the 2016 U.S. Presidential Election." *Science 363, no. 6425* (January 25, 2019): 374-78. https://doi.org/10.1126/science.aau2706.

Gross, Steven Jay, and C. Michael Niman. "Attitude-Behavior Consistency: A Review." *Public Opinion Quarterly 39, no. 3* (January 1, 1975): 358-68. https://doi.org/10.1086/268234.

Guess, Andrew. "(Almost) Everything in Moderation: New Evidence on Americans' Online Media Diets." *American Journal of Political Science 64, no. 4* (2020; forthcoming).

Guess, Andrew, and Alexander Coppock. "Does Counter-Attitudinal Information Cause Backlash? Results from Three Large Survey Experiments." *British Journal of Political Science 50, no. 4* (2018): 1497-1515. https://doi.org/10.1017/S0007123418000327.

Guess, Andrew, and Benjamin A. Lyons. "Misinformation, Disinformation, and Online Propaganda." In *Social Media and Democracy: The State of the Field, Prospects for Reform*, edited by Nathaniel Persily and Joshua A. Tucker, 10-33. Cambridge: (Cambridge University Press, 2020).

Guess, Andrew, Benjamin Lyons, Brendan Nyhan, and Jason Reifler. *Avoiding the Echo Chamber about Echo Chambers: Why Selective Exposure to Like-Minded Political News Is Less Prevalent Than You Think.* (The Knight Foundation, 2018).

Guess, Andrew, Jonathan Nagler, and Joshua Tucker. "Less than You Think: Prevalence and Predictors of Fake News Dissemination on Facebook." *Science Advances 5, no. 1* (January 1, 2019): eaau4586. https://doi.

org/10.1126/sciadv.aau4586.

Guilbeault, Douglas, Joshua Becker, and Damon Centola. "Social Learning and Partisan Bias in the Interpretation of Climate Trends." *Proceedings of the National Academy of Sciences of the United States of America 115, no. 39* (2018): 9714-19. https://www.pnas.org/content/115/39/9714.

Gupta, Pankaj, Ashish Goel, Jimmy Lin, Aneesh Sharma, Dong Wang, and Reza Zadeh. "WTF: The Who to Follow Service at Twitter." In *Proceedings of the 22nd International Conference on World Wide Web*, edited by Daniel Scwabe, Virgilio Almeida, and Hartmut Glaser, 505-14. (New York: Association for Computing Machinery, 2013). https://doi.org/10.1145/2488388.2488433.

Gutmann, Amy. *Identity in Democracy*. (Princeton, NJ: Princeton University Press, 2003).

Habermas, Jürgen. *The Structural Transformation of the Public Sphere: An Inquiry into a Category of Bourgeois Society*. Translated by Thomas Burger. (Cambridge, MA: MIT Press, 1991).

Haidt, Jonathan. *The Righteous Mind: Why Good People Are Divided by Politics and Religion*. (New York: Vintage Books, 2012).

Haim, Mario, Andreas Graefe, and Hans-Bernd Brosius. "Burst of the Filter Bubble?" *Digital Journalism 6, no. 3* (March 16, 2018): 330-43. https://doi.org/10.1080/21670811.2017.1338145.

Hargittai, Eszter. "Potential Biases in Big Data: Omitted Voices on Social Media." *Social Science Computer Review 38, no. 1* (February 1, 2020): 10-24. https://doi.org/10.1177/0894439318788322.

————. "Whose Space? Differences among Users and Non-Users of Social Network Sites." *Journal of Computer-Mediated Communication 13, no. 1* (October 1, 2007): 276-97. https://doi.org/10.1111/j.1083-6101.2007.00396.x.

Hersh, Eitan D., and Brian F. Schaffner. "Targeted Campaign Appeals and the

Value of Ambiguity." *Journal of Politics 75, no. 2* (April 1, 2013): 520-34. https://doi.org/10.1017/S0022381613000182.

Hetherington, Marc, and Jonathan Weiler. *Prius or Pickup? How the Answers to Four Simple Questions Explain America's Great Divide.* (Boston: Houghton Mifflin Harcourt, 201).

Higgins, Tucker. "Trump Declares Without Evidence That 'Criminals and Unknown Middle Easterners Are Mixed In' with Migrant Caravan Making Its Way from Honduras." (CNBC.com, October 22, 2018).

Hill, Seth J. "Learning Together Slowly: Bayesian Learning about Political Facts." *Journal of Politics 79, no. 4* (October 1, 2017): 1403-18. https://doi.org/10.1086/692739.

Hochschild, Arlie. *Strangers in Their Own Land: Anger and Mourning on the American Right.* (New York: New Press, 2018).

Horwitz, Jeff, and Deepa Seetharaman. "Facebook Executives Shut Down Efforts to Make the Site Less Divisive." (Wall Street Journal, May 26, 2020). https://www.wsj.com/articles/facebook-knows-it-encourages-division-top-executives-nixed-solutions-11590507499.

Huber, Gregory A., and Neil Malhotra. "Political Homophily in Social Relationships: Evidence from Online Dating Behavior." *Journal of Politics 79, no. 1* (January 1, 2017): 269-83. https://doi.org/10.1086/687533.

Huckfeldt, Robert. *Political Disagreement: The Survival of Diverse Opinions within Communication Networks.* (Cambridge: Cambridge University Press, 2004).

Huddy, Leonie. "Group Identity and Political Cohesion." In *Emerging Trends in the Social and Behavioral Sciences*, edited by Robert Scott and Stephen Kosslyn, 1-14. (New York: John Wiley and Sons, 2015).

Huddy, Leonie, Lilliana Mason, and Lene Aarøe. "Expressive Partisanship: Campaign Involvement, Political Emotion, and Partisan Identity." *American Political Science Review 109, no. 1* (February 2015): 1-17. https://doi.

org/10.1017/S0003055414000604.

Hughes, Adam. "A Small Group of Prolific Users Account for a Majority of Political Tweets Sent by U.S. Adults." Fact Tank (blog). (Pew Research Center, October 23, 2019). https://www.pewresearch.org/fact-tank/2019/10/23/a-small-group-of-prolific-users-account-for-a-majority-of-political-tweets-sent-by-u-s-adults/.

Iyengar, Shanto, Tobias Konitzer, and Kent Tedin. "The Home as a Political Fortress: Family Agreement in an Era of Polarization." *Journal of Politics 80, no. 4* (October 1, 2018): 1326-38. https://doi.org/10.1086/698929.

Iyengar, Shanto, Guarav Sood, and Yphtach Lelkes. "Affect, Not Ideology: A Social Identity Perspective on Polarization." *Public Opinion Quarterly 76, no. 3* (2012): 405-31.

Iyengar, Shanto, and Sean J. Westwood. "Fear and Loathing across Party Lines: New Evidence on Group Polarization." *American Journal of Political Science 59, no. 3* (2015): 690-707. https://doi.org/10.1111/ajps.12152.

Jahani, Eaman, Natalie Gallagher, Friedolin Merhout, Nicolo Cavalli, Douglas Guibeault, and Yan Leng. "Exposure to Common Enemies Can Increase Political Polarization: Evidence from a Cooperation Experiment with Automated Partisans." (Working paper, Polarization Lab, Duke University, 2020).

Jaidka, Kokil, Alvin Zhou, and Yphtach Lelkes. "Brevity Is the Soul of Twitter: The Constraint Affordance and Political Discussion." *Journal of Communication 69, no. 4* (August 1, 2019): 345-72. https://doi.org/10.1093/joc/jqz023.

Jardina, Ashley. *White Identity Politics*. (Cambridge: Cambridge University Press, 2019).

Jerolmack, Colin, and Shamus Khan. "Talk Is Cheap: Ethnography and the Attitudinal Fallacy." *Sociological Methods and Research 43, no. 2* (March 9, 2014): 178-209. https://doi.org/10.1177/0049124114523396.

Kahan, Dan. "Ideology, Motivated Reasoning, and Cognitive Reflection."

Judgment and Decision Making 8, no. 4 (2013): 407-24. https://doi.org/10.2139/SSRN.2182588.

Kalla, Joshua L., and David E. Broockman. "The Minimal Persuasive Effects of Campaign Contact in General Elections: Evidence from 49 Field Experiments." American Political Science Review 112, no. 1 (February 2018): 148-66. https://doi.org/10.1017/S0003055417000363.

Katz, Elihu. "Communications Research since Lazarsfeld." Public Opinion Quarterly 51, no. 4 (1987): S25-45.

Katz, Elihu, and Paul Lazarsfeld. Personal Influence: The Part Played by People in the Flow of Mass Communications. (New Brunswick, NJ: Transaction Publishers, 1955).

Key, V.O. The Responsible Electorate. (Cambridge, MA: Harvard University Press, 1966).

Khalil, James, John Horgan, and Martine Zeuthen. "The Attitudes-Behaviors Corrective (ABC) Model of Violent Extremism." Terrorism and Political Violence. (June 1, 2020). https://doi.org/10.1080/09546553.2019.1699793.

Klar, Samara. "When Common Identities Decrease Trust: An Experimental Study of Partisan Women." American Journal of Political Science 62, no. 3 (2018): 610-22. https://doi.org/10.1111/ajps.12366.

Klar, Samara, and Yanna Krupnikov. Independent Politics: How American Disdain for Parties Leads to Political Inaction. (New York: Cambridge University Press, 2016).

Klar, Samara, Yanna Krupnikov, and John Barry Ryan. "Affective Polarization or Partisan Disdain? Untangling a Dislike for the Opposing Party from a Dislike of Partisanship." Public Opinion Quarterly 82, no. 2 (June 26, 2018): 379-90. https://doi.org/10.1093/poq/nfy014.

Klar, Samara, and Yotam Shmargad. "The Effect of Network Structure on Preference Formation." Journal of Politics 79, no. 2 (April 1, 2017): 717-21. https://doi.org/10.1086/689972.

Klein, Ezra. *Why We're Polarized*. (New York: Avid Reader Press, 2020).

Kleinberg, Jon, Jens Ludwig, Sendhil Mullainathan, and Ashesh Rambachan. "Algorithmic Fairness." *AEA Papers and Proceedings 108* (May 2018): 22-27. https://www.aeaweb.org/articles?id=10.1257/pandp.20181018.

Klinenberg, Eric. *Going Solo: The Extraordinary Rise and Surprising Appeal of Living Alone*. (New York: Penguin Books, 2013).

_____. *Heat Wave: A Social Autopsy of Disaster in Chicago*. (Chicago: University of Chicago Press, 2002).

_____. *Palaces for the People: How Social Infrastructure Can Help Fight Inequality, Polarization, and the Decline of Civic Life*. (New York: Crown, 2018).

Koeze, Ella, and Nathaniel Popper. "The Virus Changed the Way WeInternet." (New York Times, April 7, 2020). https://www.nytimes.com/interactive/2020/04/07/technology/coronavirus-internet-use.html.

Kosinski, Michal, David Stillwell, and Thore Graepel. "Private Traits and Attributes Are Predictable from Digital Records of Human Behavior." *Proceedings of the National Academy of Sciences of the United States of America 110, no. 15* (April 9, 2013): 5802-5. https://doi.org/10.1073/pnas.1218772110.

Kramer, Adam D. I., Jamie E. Guillory, and Jeffrey T. Hancock. "Experimental Evidence of Massive-Scale Emotional Contagion through Social Networks." *Proceedings of the National Academy of Sciences of the United States of America 111, no. 24* (June 17, 2014): 8788-90.

Kreiss, Daniel, Joshua O. Barker, and Shannon Zenner. "Trump Gave Them Hope: Studying the Strangers in Their Own Land." *Political Communication 34, no. 3* (July 3, 2017): 470-78. https://doi.org/10.1080/10584609.2017.1330076.

Kreiss, Daniel, and Shannon C. Mcgregor. "The 'Arbiters of What Our Voters See': Facebook and Google's Struggle with Policy, Process, and

Enforcement around Political Advertising." *Political Communication 36, no. 4* (October 2, 2019): 499-522. https://doi.org/10.1080/10584609.2019.16196 39.

Kull, Steven, Clay Ramsay, and Evan Lewis. "Misperceptions, the Media, and the Iraq War." *Political Science Quarterly 118, no. 4* (2003): 569-98. https://doi. org/10.1002/j.1538-165X.2003.tb00406.x.

Kunda, Ziva. "The Case for Motivated Reasoning." *Psychological Bulletin 108, no. 3* (1990): 480-98.

Lalancette, Mireille, and Vincent Raynauld. "The Power of Political Image: Justin Trudeau, Instagram, and Celebrity Politics." *American Behavioral Scientist 63, no. 7* (June 2019): 888-924. https://doi.org/10.1177/0002764217744838.

Lamont, Michèle. *Money, Morals, and Manners: The Culture of the French and American Upper-Middle Class.* (Chicago: University of Chicago Press, 1992).

Lamont, Michèle, and Virág Molnár. "The Study of Boundaries in the Social Sciences." *Annual Review of Sociology 28* (2002): 167-95. https://doi. org/10.1146/annurev.soc.28.110601.141107.

Landsberger, Henry A. *Hawthorne Revisited: Management and the Worker: Its Critics, and Developments in Human Relations in Industry.* (Ithaca, NY: Cornell University Press, 1958).

Lanier, Jaron. "Jaron Lanier Fixes the Internet." Produced by Adam Westbrook. (New York Times, September 23, 2019). Video. https://www.nytimes.com/interactive/2019/09/23/opinion/data-privacy-jaron-lanier.html.

_____. *Ten Arguments for Deleting Your Social Media Accounts Right Now.* (NewYork: Henry Holt, 2018).

Lazarsfeld, Paul, Bernard Berelson, and Hazel Gaudet. *The People's Choice: How the Voter Makes Up His Mind in a Presidential Campaign.* (New York: Columbia University Press, 1948).

Lazarsfeld, Paul F., and Robert K. Merton. "Friendship as Social Process: A Substantive and Methodological Analysis." In *Freedom and Control in*

Modern Society, edited by Morroe Berger, Theodore Abel, and Charles H.Page, 18-66. (New York: Van Nostrand, 1954).

Lazer, David, Ryan Kennedy, Gary King, and Alessandro Vespignani. "The Parable of Google Flu: Traps in Big Data Analysis." *Science 343, no. 6176* (March 14, 2014): 1203-5.

Lazer, David, Alex Pentland, Lada Adamic, Sinan Aral, Albert-László Barabási, Devon Brewer, Nicholas Christakis, Noshir Contractor, James Fowler, Myron Gutmann, et al. "Computational Social Science." *Science 323, no. 5915* (February 6, 2009): 721-23. https://doi.org/10.1126/science.1167742.

Lee, Amber Hye-Yon. "How the Politicization of Everyday Activities Affects the Public Sphere: The Effects of Partisan Stereotypes on Cross-Cutting Interactions." *Journal of Communication* (2020).

Lee, Byungkyu, and Peter Bearman. "Political Isolation in America." *Network Science 8, no. 3* (September 2020): 333-55.

Lee, Eun, Fariba Karimi, Claudia Wagner, Hang-Hyun Jo, Markus Strohmaier, and Mirta Galesic. "Homophily and Minority Size Explain Perception Biases in Social Networks." *Nature Human Behaviour 3* (2019): 1078-87. https://doi.org/10.1038/s41562-019-0677-4.

Leenders, Roger Th. A. J. "Modeling Social Influence through Network Autocorrelation: Constructing the Weight Matrix." *Social Networks 24, no. 1* (January 1, 2002): 21-47.

Lees, Jeffrey, and Mina Cikara. "Inaccurate Group Meta-Perceptions Drive Negative Out-Group Attributions in Competitive Contexts." *Nature Human Behaviour 4, no. 3* (March 2020): 279-86. https://doi.org/10.1038/s41562-019-0766-4.

Lelkes, Yphtach. "Mass Polarization: Manifestations and Measurements." *Public Opinion Quarterly 80, no. S1* (January 1, 2016): 392-410. https://doi.org/10.1093/poq/nfw005.

Lemmer, Gunnar, and Ulrich Wagner. "Can We Really Reduce Ethnic Prejudice outside the Lab? A Meta-Analysis of Direct and Indirect Contact Interventions." *European Journal of Social Psychology 45, no. 2* (2015): 152-68. https://doi.org/10.1002/ejsp.2079.

Leskin, Paige. "Inside the Rise of TikTok, the Viral Video-Sharing App Wildly Popular with Teens and Loathed by the Trump Administration." (Businessinsider.com, August 7), 2020. https://www.businessinsider.com/tiktok-app-online-website-video-sharing-2019-7.

Levendusky, Matthew. *The Partisan Sort: How Liberals Became Democrats and Conservatives Became Republicans.* (Chicago: University of Chicago Press, 2009).

_____. "When Efforts to Depolarize the Electorate Fail." *Public Opinion Quarterly 82, no. 3* (October 18, 2018): 583-92. https://doi.org/10.1093/poq/nfy036.

_____. "Why Do Partisan Media Polarize Viewers?" *American Journal of Political Science 57, no. 3* (February 26, 2013): 611-23. https://www.jstor.org/stable/23496642.

Levendusky, Matthew, and Neil Malhotra. "Does Media Coverage of Partisan Polarization Affect Political Attitudes?" *Political Communication 33, no. 2* (April 2, 2016): 283-301. https://doi.org/10.1080/10584609.2015.1038455.

Levendusky, Matthew S., and Neil Malhotra. "(Mis)perceptions of Partisan Polarization in the American Public." *Public Opinion Quarterly 80, no. S1* (January 1, 2016): 378-91. https://doi.org/10.1093/poq/nfv045.

Levin, Sam, and Julia Carrie Wong. "'He's Learned Nothing': Zuckerberg Floats Crowdsourcing Facebook Fact-Checks." (The Guardian, February 20, 2019). https://www.theguardian.com/technology/2019/feb/20/facebook-fact-checking-crowdsourced-mark-zuckerberg.

Levy, Ro'ee. "Social Media, News Consumption, and Polarization: Evidence from a Field Experiment." (Social Science Research Network, August 19, 2020) https://papers.ssrn.com/sol3/papers.cfm?abstract_id=3653388.

Lewis, Paul. "'Fiction Is Outperforming Reality': How YouTube's Algorithm Distorts Truth." (The Guardian, February 2, 2018). https://www.theguardian.com/technology/2018/feb/02/how-youtubes-algorithm-distorts-truth.

Lord, Charles G., Ross Lee, and Mark R. Lepper. "Biased Assimilation and Attitude Polarization: The Effects of Prior Theories on Subsequently Considered Evidence." *Journal of Personality and Social Psychology 37, no. 11* (1979): 2098-109.

Marantz, Andrew. *Antisocial: Online Extremists, Techno-Utopians, and the Hijacking of the American Conversation.* (New York: Viking, 2019).

Martin, John Levi. "Power, Authority, and the Constraint of Belief Systems." *American Journal of Sociology 107, no. 4* (2002): 861-904.

Martin, Travis, Jake M. Hofman, Amit Sharma, Ashton Anderson, and Duncan Watts. "Exploring Limits to Prediction in Complex Social Systems." *Proceedings of the 25th International Conference on World Wide Web*, (April 2016): 683-94. https://dl.acm.org/doi/abs/10.1145/2872427.2883001.

Marwick, Alice E. *Status Update: Celebrity, Publicity, and Branding in the Social Media Age.* (New Haven, CT: Yale University Press, 2013).

Marwick, Alice E., and danah boyd. "I Tweet Honestly, I Tweet Passionately: Twitter Users, Context Collapse, and the Imagined Audience." *New Media and Society 13, no. 1* (2011): 114-33.

Marwick, Alice, and Rebecca Lewis. "Media Manipulation and Disinfor- mation Online." (New York: Data & Society Research Institute). Mason, Lilliana. *Uncivil Agreement: How Politics Became Our Identity.* (Chicago: University of Chicago Press, 2018).

Matias, J. Nathan. "Preventing Harassment and Increasing Group Participation through Social Norms in 2190 Online Science Discussions." *Proceedings of the National Academy of Sciences of the United States of America 116, no. 20* (2019): 9785-89.

Matthes, Jörg, Johannes Knoll, Sebastián Valenzuela, David Nicolas Hopmann, and Christian Von Sikorski. "A Meta-Analysis of the Effects of Cross-Cutting Exposure on Political Participation." *Political Communication 36, no. 4* (October 2, 2019): 523-42.

Matz, S. C., M. Kosinski, G. Nave, and D. J. Stillwell. "Psychological Targeting as an Effective Approach to Digital Mass Persuasion." *Proceedings of the National Academy of Sciences of the United States of America 114, no. 48* (November 28, 2017): 12714-19. https://doi.org/10.1073/pnas.1710966114.

McConnell, Christopher, Yotam Margalit, Neil Malhotra, and Matthew Levendusky. "The Economic Consequences of Partisanship in a Polarized Era." *American Journal of Political Science 62, no. 1* (2018): 5-18. https://doi.org/10.1111/ajps.12330.

McGregor, Shannon C. "Social Media as Public Opinion: How Journalists Use Social Media to Represent Public Opinion." *Journalism 20, no. 8* (August 1, 2019): 1070-86. https://doi.org/10.1177/1464884919845458.

McNamee, Roger. *Zucked: Waking Up to the Facebook Catastrophe*. (New York: Penguin Press, 2019).

McPherson, Miller, Lynn Smith-Lovin, and Matthew E. Brashears. "Social Isolation in America: Changes in Core Discussion Networks over Two Decades." *American Sociological Review 71, no. 3* (June 1, 2006): 353-75. https://doi.org/10.1177/000312240607100301.

McPherson, Miller, Lynn Smith-Lovin, and James M. Cook. "Birds of a Feather: Homophily in Social Networks." *Annual Review of Sociology 27, no. 1* (2001): 415-44. https://doi.org/10.1146/annurev.soc.27.1.415.

Merton, Robert K. *Mass Persuasion: The Social Psychology of a War Bond Drive*. (New York: Harper and Brothers, 1947).

Merton, Robert K. *Sociological Ambivalence and Other Essays*. (New York: Free Press, 1976).

Merton, Robert, and Paul Lazarsfeld. "Studies in Radio and Film Propaganda." In *Social Theory and Social Structure*, edited by Robert Merton, 553-70.

(New York: Free Press, 1949).

Merton, Robert, Marjorie Lowenthal, and Alberta Curtis. *Mass Persuasion: The Social Psychology of a War Bond Drive*. (New York: Harper, 1946).

Meshi, Dar, Diana I. Tamir, and Hauke R. Heekeren. "The Emerging Neuroscience of Social Media." *Trends in Cognitive Sciences 19, no. 12* (December 2015): 771-82.

Midgley, Claire. "When Every Day Is a High School Reunion: Social Media Comparisons and Self-Esteem." (PhD diss., University of Toronto, 2019). https://tspace.library.utoronto.ca/handle/1807/95911.

Minozzi, William, Hyunjin Song, David M. J. Lazer, Michael A. Neblo, and Katherine Ognyanova. "The Incidental Pundit: Who Talks Politics with Whom, and Why?" *American Journal of Political Science 64, no. 1* (2020): 135-51. https://onlinelibrary.wiley.com/doi/full/10.1111/ajps.12469.

Minson, Julia. "Just Listen: How Do Emotions Shape Our Willingness to Engage with Others." (Harvard Kennedy School, Winter 2020).

Montgomery, Jacob M., Brendan Nyhan, and Michelle Torres. "How Conditioning on Posttreatment Variables Can Ruin Your Experiment and What to Do about It." *American Journal of Political Science 62, no. 3* (July 2018): 760-75. https://doi.org/10.1111/ajps.12357.

Moore-Berg, Samantha, Lee-Or Ankori-Karlinsky, Boaz Hameiri, and Emile Bruneau. "Exaggerated Meta-Perceptions Predict Intergroup Hostility between American Political Partisans." *Proceedings of the National Academy of Sciences 117, no. 26* (January 9, 2020): 14864-72.

More in Common. "COVID-19: Polarization and the Pandemic." (Working paper, More in Common Foundation, April 3, 202).

Munger, Kevin. "Tweetment Effects on the Tweeted: Experimentally Reducing Racist Harassment." *Political Behavior 39, no. 3* (September 1, 2017): 629-49. https://doi.org/10.1007/s11109-016-9373-5.

Munger, Kevin, and Joseph Phillips. "A Supply and Demand Framework for

YouTube Politics." (Working paper, Department of Political Science, Penn State University, 2020). https://osf.io/73jys/download.

Murthy, Dhiraj. "Towards a Sociological Understanding of Social Media: Theorizing Twitter." *Sociology 46, no. 6* (December 1, 2012): 1059-73. https://doi.org/10.1177/0038038511422553.

Mutz, Diana C. *Hearing the Other Side: Deliberative versus Participatory Democracy.* (Cambridge: Cambridge University Press, 2006).

Nicholson, Stephen P., Chelsea M. Coe, Jason Emory, and Anna V. Song. "The Politics of Beauty: The Effects of Partisan Bias on Physical Attractiveness." *(Political Behavior 38, no. 4)* (December 1, 2016): 883-98. https://doi.org/10.1007/s11109-016-9339-7.

Nie, Norman H., D. Sunshine Hillygus, and Lutz Erbring. "Internet Use, Interpersonal Relations, and Sociability: A Time Diary Study." In *The Internet in Everyday Life*, edited by Barry Wellman and Caroline Haythornthwaite, 213-43. (John Wiley and Sons, 2002).

Noble, Safiya Umoja. *Algorithms of Oppression: How Search Engines Reinforce Racism.* (New York: NYU Press, 2018).

Nyhan, Brendan, and Jason Reifler. "When Corrections Fail: The Persistence of Political Misperceptions." *Political Behavior 32, no. 2* (March 2010): 303-30. https://doi.org/10.1007/s11109-010-9112-2.

Nyhan, Brendan, Jason Reifler, Sean Richey, and Gary L. Freed. "Effective Messages in Vaccine Promotion: A Randomized Trial." *Pediatrics 146, no. 3* (February 1, 2014): 2013-365. https://doi.org/10.1542/peds.2013-2365.

Obermeyer, Ziad, Brian Powers, Christine Vogeli, and Sendhil Mullainathan. "Dissecting Racial Bias in an Algorithm Used to Manage the Health of Populations." *Science 366, no. 6464* (2019): 447-53. https://science.sciencemag.org/content/366/6464/447.

Papacharissi, Zizi. "Democracy Online: Civility, Politeness, and the Democratic Potential of Online Political Discussion Groups." *New*

Media and Society 6, no. 2 (2004): 259-83. http://journals.sagepub.com/doi/10.1177/1461444804041444.

Papacharissi, Zizi A. *A Private Sphere: Democracy in a Digital Age*. (Cambridge: Polity, 2010).

Parigi, Paolo, and Patrick Bergemann. "Strange Bedfellows: Informal Relationships and Political Preference Formation within Boardinghouses, 1825-1841." *American Journal of Sociology 122, no. 2* (September 1, 2016): 501-31. https://doi.org/10.1086/688606.

Parigi, Paolo, and Warner Henson. "Social Isolation in America." *Annual Review of Sociology 40* (2014): 153-71.

Pariser, Eli. *The Filter Bubble: How the New Personalized Web Is Changing What We Read and How We Think*. (New York: Penguin Books, 2012).

Parmelee, John H., and Nataliya Roman. "InstaPoliticos: Motivations for Following Political Leaders on Instagram." *Social Media + Society 5, no. 2* (April 1, 2019). https://doi.org/10.1177/2056305119837662.

Peck, Reece. *Fox Populism: Branding Conservatism as Working Class*. (Cambridge: Cambridge University Press, 2019).

Perrin, Andrew. "Americans Are Changing Their Relationship with Facebook." Fact Tank (blog). (Pew Research Center, September 5, 2018).

——————. "Social Media Usage: 2005-2015." (Pew Research Center, October 8, 2015).

Perrin, Andrew, and Monica Anderson. "Share of U.S. Adults Using Social Media, Including Facebook, Is Mostly Unchanged since 2018." Fact Tank (blog). (Pew Research Center, April 10, 2019).

Perry, Gina. *The Lost Boys: Inside Muzafer Sherif's Robbers Cave Experiment*. (Melbourne, Australia: Scribe, 2018).

Persily, Nathaniel, and Joshua Tucker. "Conclusion: The Challenges and Opportunities for Social Media Research." In *Social Media and Democracy: The State of the Field, Prospects for Reform*, edited by Nathaniel Persily and Joshua A. Tucker, 313-331. (Cambridge: Cambridge University Press, 2020).

Petersen, Michael Bang, Mathias Osmundsen, and Kevin Arceneaux. "The 'Need for Chaos' and Motivations to Share Hostile Political Rumors." (PsyArXiv, May 2020). https://doi.org/10.31234/osf.io/6m4ts.

Peterson, Erik, and Shanto Iyengar. "Partisan Gaps in Political Information and Information-Seeking Behavior: Motivated Reasoning or Cheerleading?" *American Journal of Political Science*. (June 17, 202). https://doi.org/10.1111/ajps.12535.

Pettigrew, Thomas F., and Linda R. Tropp. "How Does Intergroup Contact Reduce Prejudice? Meta-Analytic Tests of Three Mediators." *European Journal of Social Psychology 38, no. 6* (September 1, 2008): 922-34. https://doi.org/10.1002/ejsp.504.

Pew Research Center. "National Politics on Twitter: Small Share of U.S. Adults Produce Majority of Tweets." (Pew Research Center, October 2019).

_____. "Republicans, Democrats Move Even Further Apart in Coronavirus Concern." (Pew Research Center, June 25, 2020).

_____. "Republicans, Democrats See Opposing Party as More Ideological Than Their Own." (Pew Research Center, September 13, 2018). https://www.people-press.org/2018/09/13/republicans-democrats-see-opposing-party-as-more-ideological-than-their-own/.

Phillips, Whitney. *This Is Why We Can't Have Nice Things: Mapping the Relationship between Online Trolling and Mainstream Culture*. (Cambridge, MA: MIT Press, 2015).

Postman, Neil, and Andrew Postman. *Amusing Ourselves to Death: Public Discourse in the Age of Show Business*. (New York: Penguin Books, 1985).

Price, Vincent. "Social Identification and Public Opinion: Effects of Communicating Group Conflict." *Public Opinion Quarterly 53* (1989): 197-224.

Prior, Markus. "Media and Political Polarization." *Annual Review of Political Science 16* (2013): 101-27. https://doi.org/10.1146/annurev-polisci-100711-135242.

_____. *Post-Broadcast Democracy: How Media Choice Increases Inequality in Political Involvement and Polarizes Elections.* (New York: Cambridge University Press, 2007).

Pronin, Emily, Daniel Y. Lin, and Lee Ross. "The Bias Blind Spot: Percep- tions of Bias in Self versus Others." *Personality and Social Psychology Bulletin 28, no. 3* (2002): 369-81. https://doi.org/10.1177/0146167202286008.

Rahwan, Iyad, Manuel Cebrian, Nick Obradovich, Josh Bongard, Jean-François Bonnefon, Cynthia Breazeal, Jacob W. Crandall, Nicholas A. Christakis, Iain D. Couzin, Matthew O. Jackson, et al. "Machine Behaviour." *Nature 568, no. 7753* (April 2019): 477-86. https://doi.org/10.1038/s41586-019-1138-y.

Rainie, Lee, Scott Keeter, and Andrew Perrin. *Trust and Distrust in America.* (Pew Research Center, July 22, 2019). https://www.pewresearch.org/politics/wp-content/uploads/sites/4/2019/07/PEW-RESEARCH-CENTER_TRUST-DISTRUST-IN-AMERICA-REPORT_2019-07-22-1.pdf.

Rawlings, Craig. "Cognitive Authority and the Constraint of Attitude Change in Group." (Working paper, Department of Sociology, Duke University, 2020).

Rawls, John. *A Theory of Justice.* (Cambridge, MA: Harvard University Press, 1971).

Ribeiro, Manoel Horta, Raphael Ottoni, Robert West, Virgílio A. F. Almeida, and Wagner Meira. "Auditing Radicalization Pathways on YouTube." (ArXiv 1908.08313 [Cs], December 4, 2019). http://arxiv.org/abs/1908.08313.

Riek, Blake M., Eric W. Mania, and Samuel L. Gaertner. "Intergroup Threat and Outgroup Attitudes: A Meta-Analytic Review." *Personality and Social Psychology Review 10, no. 4* (November 1, 2006): 336-53.

Risi, Joseph, Amit Sharma, Rohan Shah, Matthew Connelly, and Duncan J. Watts. "Predicting History." *Nature Human Behavior 3* (2019): 906-12. https://www.nature.com/articles/s41562-019-0620-8.

Rivlin, Gary. "Wallflower at the Web Party." New York Times, October 15, 2006.

Robinson, Robert J., Dacher Keltner, Andrew Ward, and Lee Ross. "Actual versus Assumed Differences in Construal: 'Naive Realism' in Intergroup Perception and Conflict." *Journal of Personality and Social Psychology 68, no. 3* (1995): 404-17. https://doi.org/10.1037/0022-3514.68.3.404.

Romm, Tony, and Elizabeth Dwoskin. "Jack Dorsey Says He's Rethinking the Core of How Twitter Works." (Washington Post, August 15, 2018). https://www.washingtonpost.com/technology/2018/08/15/jack-dorsey-says-hes-rethinking-core-how-twitter-works/.

Roose, Kevin. "The Making of a YouTube Radical." New York Times, June 8,2009.

Ross, Lee, David Greene, and Pamela House. "The 'False Consensus Effect':An Egocentric Bias in Social Perception and Attribution Processes." *Journal of Experimental Social Psychology 13, no. 3* (May 1, 1977): 279-301.

Rossiter, Erin. "The Consequences of Interparty Conversation on Outparty Affect and Stereotypes." (Working paper, Department of Political Science, Washington University, St. Louis, MO, 2020). https://erossiter.com/files/conversations.pdf.

Sabin-Miller, David, and Daniel M. Abrams. "When Pull Turns to Shove: A Continuous-Time Model for Opinion Dynamics." *Physical Review Re-search 2* (October 2020). Safegraph. "Foot Traffic Patterns by State and Industry." (Safegraph.com, May 24, 2020). https://www.safegraph.com/dashboard/reopening-the-economy-foot-traffic?s=US&d=05-24-2020&i=all.

_____. "U.S. Geographic Responses to Shelter in Place Orders." (Safegraph.com, May 22, 2020). https://www.safegraph.com/dashboard/covid19-shelter-in-place?s=US&d=05-22-2020&t=counties&m=index.

Safronova, Valeriya. "The Rise and Fall of Yik Yak, the Anonymous Messaging App." (New York Times, May 27, 2017).

Sageman, Marc. *Understanding Terror Networks*. (Philadelphia: University of Pennsylvania Press, 2004).

Salganik, Matthew. *Bit by Bit: Social Research in the Digital Age*. (Princeton, NJ:

Princeton University Press, 2018).

Salganik, Matthew J., Ian Lundberg, Alexander T. Kindel, Caitlin E. Ahearn, Khaled Al-Ghoneim, Abdullah Almaatouq, Drew M. Altschul, Jennie E. Brand, Nicole Bohme Carnegie, Ryan James Compton, et al. "Measuring the Predictability of Life Outcomes with a Scientific Mass Collaboration." *Proceedings of the National Academy of Sciences of the United States of America 117, no. 15* (April 14, 2020): 8398-8403.

Schudson, Michael. "How Culture Works: Perspectives from Media Studies on the Efficacy of Symbols." *Theory and Society 18, no. 2* (1989): 153-80. https://doi.org/10.1007/BF00160753.

_____. "Was There Ever a Public Sphere? If So, When? Reflections on the American Case." In *Habermas and the Public Sphere*, edited by Craig Calhoun, 143-63. (Cambridge, MA: MIT Press, 1992).

Scissors, Lauren E., Moira Burke, and Steven M. Wengrovitz. "What's in a Like? Attitudes and Behaviors around Receiving Likes on Facebook." In *CSCW '16: Proceedings of the Computer-Supported Cooperative Work and Social Computing Conference*, 1501-10. (New York: Association for Computing Machinery, 2016). https://doi.org/10.1145/2818048.2820066.

Serrano, Juan Carlos Medina, Orestis Papakyriakopoulos, and Simon Hegelich. "Dancing to the Partisan Beat: A First Analysis of Political Communication on TikTok." (ArXiv 2004.05478 [Cs], May 11, 2020). http://arxiv.org/abs/2004.05478.

Settle, Jaime E. *Frenemies: How Social Media Polarizes America*. (Cambridge: Cambridge University Press, 2018).

Sewell, William. "Historical Events as Transformations of Structures: Inventing Revolution at the Bastille." *Theory and Society 25, no. 6* (Decem-ber 1, 1996): 841-81. https://doi.org/10.1007/BF00159818.

Shaw, Daron, Christopher Blunt, and Brent Seaborn. "Testing Overall and Synergistic Campaign Effects in a Partisan Statewide Election." *Political*

Research Quarterly 71, no. 2 (2017): 361-79. https://journals.sagepub.com/doi/abs/10.1177/1065912917738577.

Shearer, Elisa. "Social Media Outpaces Print Newspapers in the U.S. as a News Source." Fact Tank (blog). (Pew Research Center, December 10, 2018). https://www.pewresearch.org/fact-tank/2018/12/10/social-media-outpaces-print-newspapers-in-the-u-s-as-a-news-source/.

Shearer, Elisa, and Elizabeth Grieco. "Americans Are Wary of the Role So- cial Media Sites Play in Delivering the News." (Pew Research Center, October 2, 2019). https://www.journalism.org/2019/10/02/americans-are-wary-of-the-role-social-media-sites-play-in-delivering-the-news/.

Shepherd, Hana, and Jeffrey Lane. "In the Mix: Social Integration and Social Media Adoption." *Social Science Research 82* (August 1, 2019): 1-17. https://doi.org/10.1016/j.ssresearch.2019.02.004.

Sherif, Carolyn W. "Social Categorization as a Function of Latitude of Acceptance and Series Range." *Journal of Abnormal and Social Psychology 67, no. 2* (1963): 148-56. https://doi.org/10.1037/h0043022.

Sherman, Lauren, Ashley Payton, Leanna Hernandez, Patricia Greenfield, and Mirella Dapretto. "The Power of the Like in Adolescence: Effects of Peer Influence on Neural and Behavioral Responses to Social Media." *Psychological Science 27, no. 7* (May 31, 2016): 1027-35.

Shi, Feng, Yongren Shi, Fedor A. Dokshin, James A. Evans, and Michael W. Macy. "Millions of Online Book Co-Purchases Reveal Partisan Differences in the Consumption of Science." *Nature Human Behaviour 1*, article no. 0079, (April 3, 2017). https://doi.org/10.1038/s41562-017-0079.

Shirado, Hirokazu, and Nicholas A. Christakis. "Locally Noisy Autonomous Agents Improve Global Human Coordination in Network Experiments." *Nature 545, no. 7654* (May 2017): 370-74. https://doi.org/10.1038/nature22332.

Shontell, Alyson. "The Truth about Snapchat's Active Users (the Numbers the

소셜 미디어 프리즘

Company Doesn't Want You to See)." (Businessinsider.com, December 9, 2013).
https://www.businessinsider.com/snapchat-active-users-exceed-30-million-2013-12.

Sides, John, Michael Tesler, and Lynn Vavreck. *Identity Crisis: The 2016 Presidential Campaign and the Battle for the Meaning of America.* (Princeton, NJ: Princeton University Press, 2018).

Siegal, Alexandra A. "Online Hate Speech." In *Social Media and Democracy: The State of the Field, Prospects for Reform*, edited by Nathaniel Persily and Joshua A. Tucker, 56-88. (Cambridge: Cambridge University Press, 2020).

Skrentny, John. "The Effect of the Cold War on African-American Civil Rights: America and the World Audience, 1945-1968." *Theory and Society 27, no. 2* (April 1998): 237-85.

Smith, Aaron. "Public Attitudes towards Computer Algorithms." (Pew Research Center, November 16, 2018). https://www.pewresearch.org/internet/2018/11/16/public-attitudes-toward-computer-algorithms/.

_____. "Public Attitudes toward Technology Companies." (Pew Research Center, June 28, 2018). https://www.pewresearch.org/internet/2018/06/28/public-attitudes-toward-technology-companies/.

Snow, David. "Framing Processes, Ideology, and Discursive Fields." In *The Blackwell Companion to Social Movements*, edited by David A. Snow, Sarah A. Soule, and Hanspeter Kriesi, 380-412. (Hoboken, NJ: Wiley-Blackwell, 2004).

Sobieraj, Sarah. *Credible Threat: Attacks against Women Online and the Future of Democracy.* (Oxford: Oxford University Press, 2020).

Sobieraj, Sarah, and Jeffrey Berry. "From Incivility to Outrage: Political Discourse in Blogs, Talk Radio, and Cable News." *Political Communication 28, no. 1* (2011): 19-41. https://doi.org/10.1080/10584609.2010.542360.

Stampnitzky, Lisa. "Disciplining an Unruly Field: Terrorism Experts and Theories of Scientific/Intellectual Production." *Qualitative Sociology 34, no. 1* (March

1, 2011): 1-19. https://doi.org/10.1007/s11133-010-9187-4.

Starr, Paul. *The Creation of the Media: Political Origins of Modern Communications*. (New York: Basic Books, 2005).

Suhay, Elizabeth, Emily Bello-Pardo, and Brianna Maurer. "The Polarizing Effects of Online Partisan Criticism: Evidence from Two Experiments." *International Journal of Press/Politics 23, no. 1* (January 1, 2018): 95-115. https://doi.org/10.1177/1940161217740697.

Sunstein, Cass R. *Republic.com*. (Princeton, NJ: Princeton University Press, 2001).

Tajfel, Henri. *Differentiation between Social Groups: Studies in the Social Psychology of Intergroup Relations*. (London: Academic Press, 1979).

_____. "Experiments in Intergroup Discrimination." *Scientific American 223, no. 5* (1970): 96-103.

Tan, Chenhao, Vlad Niculae, Cristian Danescu-Niculescu-Mizil, and Lillian Lee. "Winning Arguments: Interaction Dynamics and Persuasion Strategies in Good-Faith Online Discussions." In *Proceedings of the 25th International Conference on World Wide Web*, edited by Jacqueline Bourdeau, 613-24. (Montreal: International World Wide Web Conferences Steering Committee, 201). https://doi.org/10.1145/2872427.2883081.

Tavory, Iddo, and Stefan Timmermans. *Abductive Analysis*. (Chicago: University of Chicago Press, 2014).

Toennies, Ferdinand, Georg Simmel, Ernst Troeltsch, and Max Weber. "Max Weber on Church, Sect, and Mysticism." *Sociological Analysis 34, no. 2* (1973): 140-49. https://doi.org/10.2307/3709720.

Traeger, Margaret L., Sarah Strohkorb Sebo, Malte Jung, Brian Scassellati, and Nicholas Christakis. "Vulnerable Robots Positively Shape Human Conversational Dynamics in a Human-Robot Team." *Proceedings of the National Academy of Sciences of the United States of America 117, no. 12* (2020): 6370-75. https://doi.org/10.1073/pnas.1910402117.

Treier, Shawn, and D. Sunshine Hillygus. "The Nature of Political Ideology in the Contemporary Electorate." *Public Opinion Quarterly 73, no. 4* (January 1, 2009): 679-703. https://doi.org/10.1093/poq/nfp067.

Tufekci, Zeynep. "Big Data: Pitfalls, Methods and Concepts for an Emergent Field." (Social Science Research Network, March 7, 2013).

_____. "Grooming, Gossip, Facebook and Myspace." *Information, Communication and Society 11, no. 4* (June 1, 2008): 544-64.

_____. "YouTube, the Great Radicalizer." (New York Times, March 10, 2018). U.S. Customs and Border Protection. "CBP Use of Force Statistics."

(U.S. Customs and Border Protection, 2018). https://www.cbp.gov/newsroom/stats/cbp-use-force.

Vaidhyanathan, Siva. *Antisocial Media: How Facebook Disconnects Us and Undermines Democracy.* (New York: Oxford University Press, 2018).

Vaisey, Stephen. "Is Interviewing Compatible with the Dual-Process Model of Culture?" *American Journal of Cultural Sociology 2, no. 1* (February 1, 2014): 150-58. https://doi.org/10.1057/ajcs.2013.8.

_____. "Motivation and Justification: Toward a Dual-Process Theory of Culture in Action." *American Journal of Sociology 114, no. 6* (2009): 1675-715. https://doi.org/10.1086/597179.

Van Alstyne, Marshall, and Erik Brynjolfsson. "Electronic Communities: Global Village or Cyberbalkans." *In Proceedings of the 17th International Conference on Information Systems*, edited by Simane Hammoudi, Leszek Maciaszek, and Ernest Teniente. (New York: Wiley, 1996).

Van Boven, Leaf, Charles M. Judd, and David K. Sherman. "Political Polarization Projection: Social Projection of Partisan Attitude Extremity and Attitudinal Processes." *Journal of Personality and Social Psychology 103, no. 1* (July 2012): 84-100. https://doi.org/10.1037/a0028145.

Van den Bos, Kees. "Unfairness and Radicalization." *Annual Review of Psychology 71, no. 1* (2020): 563-88. https://doi.org/10.1146/annurev-psych-010419-050953.

Van Green, Ted, and Alec Tyson. "5 Facts about Partisan Reactions to COVID-19 in the U.S." Fact Tank (blog). (Pew Research Center, April 2, 2020). https://www.pewresearch.org/fact-tank/2020/04/02/5-facts-about-partisan-reactions-to-covid-19-in-the-u-s/.

Vavreck, Lynn. "COVID-19: Tracking American Responses." (Democracy Fund Voter Study Group, August 5, 2020). https://www.voterstudygroup.org/covid-19-updates.

Vogel, Erin, Jason Rose, Bradley Okdie, Katheryn Eckles, and Brittany Franz. "Who Compares and Despairs? The Effect of Social Comparison Orientation on Social Media Use and Its Outcomes." *Personality and Individual Differences 86* (November 30, 2015): 249-56. https://doi.org/10.1016/j.paid.2015.06.026.

Von Der Heide, Rebecca, Govinda Vyas, and Ingrid R. Olson. "The Social Network-Network: Size Is Predicted by Brain Structure and Function in the Amygdala and Paralimbic Regions." *Social Cognitive and Affective Neuroscience 9, no. 12* (December 2014): 1962-72.

Wagner-Pacifici, Robin. "Theorizing the Restlessness of Events." *American Journal of Sociology 115, no. 5* (March 1, 2010): 1351-86.

Walt, Steph0en. "The Case against Peace." (Foreign Policy, June 17, 2016). https://foreignpolicy.com/2016/06/17/the-case-against-peace-syria-europe-brexit-donald-trump/.

Watts, Duncan. *Everything is Obvious*. (New York: Penguin Random House, 2012).

Watts, Duncan, and Peter S. Dodds. "Influentials, Networks, and Public Opinion." *Journal of Consumer Research 34 no. 4* (2017): 441-58.

Watts, Duncan, and David M. Rothschild. "Don't Blame the Election on Fake News: Blame it on the Media." (Columbia Journalism Review, December 5, 2017).

Weissman, Cale Guthrie. "How Amazon Helped Cambridge Analytica Harvest Americans' Facebook Data." (Fast Company, March 27, 2018).

Westen, Drew, Pavel S. Blagov, Keith Harenski, Clint Kilts, and Stephan Hamann. "Neural Bases of Motivated Reasoning: An FMRI Study of Emotional Constraints on Partisan Political Judgment in the 2004 U.S. Presidential Election." *Journal of Cognitive Neuroscience 18, no. 11* (November 2006): 1947-58. https://doi.org/10.1162/jocn.2006.18.11.1947.

Westwood, Sean Jeremy, Solomon Messing, and Yphtach Lelkes. "Projecting Confidence: How the Probabilistic Horse Race Confuses and Demobilizes the Public." *Journal of Politics 82, no. 4.* (February 25, 2020). https://doi.org/10.1086/708682.

Wimmer, Andreas. "The Making and Unmaking of Ethnic Boundaries: A Multilevel Process Theory." *American Journal of Sociology 113, no. 4* (2008): 970-1022. https://doi.org/10.1086/522803.

Wojcieszak, Magdalena. "Carrying Online Participation Offline—Mobilization by Radical Online Groups and Politically Dissimilar Offline Ties." *Journal of Communication 59, no. 3* (2009): 564-86. https://onlinelibrary.wiley.com/doi/abs/10.1111/j.1460-2466.2009.01436.x.

——————————. "'Don't Talk to Me': Effects of Ideologically Homogeneous Online Groups and Politically Dissimilar Offline Ties on Extremism." *New Media and Society 12, no. 4* (2010): 637-55. https://journals.sagepub.com/doi/abs/10.1177/1461444809342775.

——————————. "False Consensus Goes Online: Impact of Ideologically Homogeneous Groups on False Consensus." *Public Opinion Quarterly 72, no. 4* (2008): 781-91.

Wojcieszak, Magdalena, and Vincent Price. "Facts versus Perceptions: Who Reports Disagreement during Deliberation and Are the Reports Accurate?" *Political Communication 29, no. 3* (2012): 299-318.

——————————————. "Perceived versus Actual Disagreement: Which Influences Deliberative Experiences?" *Journal of Communication 62, no. 3* (2012): 418-36. https://academic.oup.com/joc/

article-abstract/62/3/418/4085789.

Wojcieszak, Magdalena, and Benjamin R. Warner. "Can Interparty Contact Reduce Affective Polarization? A Systematic Test of Different Forms of Intergroup Contact." *Political Communication*. (June 4, 2020). https://doi.org /10.1080/10584609.2020.1760406.

Wolak, Jennifer. *Compromise in an Age of Party Polarization*. (New York: Oxford University Press, 2020).

Wood, Thomas, and Ethan Porter. "The Elusive Backfire Effect: Mass Attitudes' Steadfast Factual Adherence." *Political Behavior 41, no. 1* (March 1, 2019): 135-63.

Yang, JungHwan, Hernando Rojas, Magdalena Wojcieszak, Toril Aalberg, Sharon Coen, James Curran, Kaori Hayashi, Shanto Iyengar, Paul K. Jones, Gianpietro Mazzoleni, et al. "Why Are 'Others' So Polarized? Perceived Political Polarization and Media Use in 10 Countries." *Journal of Computer-Mediated Communication 21, no. 5* (2016): 349-67. https://doi. org/10.1111/jcc4.12166.

Yang, Qi, Khizar Qureshi, and Tauhid Zaman. "Mitigating the Backfire Effect Using Pacing and Leading." (ArXiv 2008.00049v1, July 31, 2020). https://arxiv. org/pdf/2008.00049.pdf.

Yudkin, Daniel, Stephen Hawkins, and Tim Dixon. *The Perception Gap: How False Impressions Are Pulling Americans Apart*. (New York: More in Common, 2019). https://perceptiongap.us/media/zaslaroc/perception-gap -report-1-0-3. pdf.

Zaller, John R. *The Nature and Origins of Mass Opinion*. (Cambridge: Cambridge University Press, 1992).

Zuboff, Shoshana. *The Age of Surveillance Capitalism: The Fight for a Human Future at the New Frontier of Power*. (New York: PublicAffairs, 2019).

Zuckerberg, Mark. "Bringing the World Closer Together." (Facebook.com, June 22, 2017). https://www.facebook.com/notes/mark-zuckerberg/bringing-theworld-closer-together/10154944663901634/.

Zuckerman, Ethan. "The Case for Digital Public Infrastructure." (Knight
First Amendment Institute, Columbia University, January 17, 2020). https://
knightcolumbia.org/content/the-case-for-digital-public-infrastructure.

찾아보기

소셜 미디어 프리즘

소셜 미디어 프리즘

초판 1쇄 인쇄 2023년 1월 28일
초판 1쇄 발행 2023년 2월 1일

지은이 크리스 베일
옮긴이 서미나
펴낸이 고영성

책임편집 이원석   디자인 이화연   저작권 주민숙

펴낸곳 주식회사 상상스퀘어
출판등록 2021년 4월 29일 제2021-000079호
주소 경기도 성남시 분당구 성남대로 52, 그랜드프라자 604호
전화 070-8666-3322
팩스 02-6499-3031
이메일 publication@sangsangsquare.com
홈페이지 www.sangsangsquare.com

ISBN 979-11-92389-10-3 03300

• 이 책은 저작권법에 따라 보호를 받는 저작물이므로 무단 전재와 복제를 금지하며,
  이 책 내용의 전부 또는 일부를 사용하려면 반드시 저작권자와 상상스퀘어의 서면 동의를 받아야 합니다.
• 파손된 책은 구입하신 서점에서 교환해 드리며 책값은 뒤표지에 있습니다.